徽墨世家

胡开文

胡毓骅 ◎ 著

安徽师范大学出版社

ANHUI NORMAL UNIVERSITY PRESS

·芜湖·

图书在版编目(CIP)数据

徽墨世家胡开文 / 胡毓骅著. — 芜湖:安徽师范大学出版社,2023.12
ISBN 978-7-5676-5554-6

Ⅰ.①徽… Ⅱ.①胡… Ⅲ.①墨—文化研究—安徽Ⅳ.①K875.44

中国版本图书馆CIP数据核字(2022)第254542号

徽墨世家胡开文

胡毓骅◎著

HUIMO SHIJIA HU KAIWEN

责任编辑:蒋　璐　　　　　　责任校对:李慧芳
装帧设计:王晴晴　冯君君　　责任印制:桑国磊
出版发行:安徽师范大学出版社
　　　　　芜湖市北京中路2号安徽师范大学赭山校区　　邮政编码:241000
网　　　址:http://www.ahnupress.com/
发 行 部:0553-3883578　　5910327　　5910310(传真)
印　　　刷:江苏凤凰数码印务有限公司
版　　　次:2023年12月第1版
印　　　次:2023年12月第1次印刷
规　　　格:700 mm×1000 mm　　1/16
印　　　张:18.25　　　　插　　页:8
字　　　数:300千字
书　　　号:978-7-5676-5554-6
定　　　价:60.00元

凡发现图书有质量问题,请与我社联系(联系电话:0553-5910315)

明经公胡昌翼画像

胡昌翼墓

明经胡氏族规

绩溪上庄"明经胡"后裔代表去婺源考水
扫墓祭祖合影（一）

绩溪上庄"明经胡"后裔代表去婺源考水
扫墓祭祖合影（二）

常溪南环的上庄村

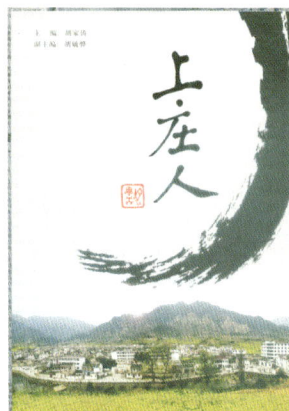
《上庄人》书影

上庄水口

绩溪《上川明经胡氏宗谱》

李唐望族聚居地——上庄

被拆毁的上庄祠堂

胡开文墨业创始人胡天注

南京江南贡院"天开文运"匾

"民国千秋"墨

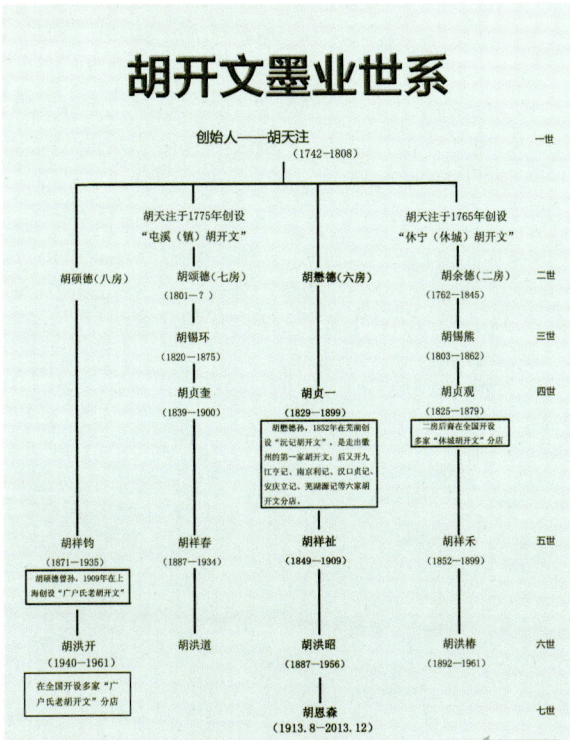

胡开文墨业世系

创始人——胡天注
(1742—1808)
一世

胡天注于1775年创设
"屯溪（镇）胡开文"

胡天注于1765年创设
"休宁（休城）胡开文"

				二世
胡硕德（八房）	胡颂德（七房）(1801—？)	胡懋德（六房）	胡余德（二房）(1762—1845)	

胡锡环 (1820—1875) · 胡锡熊 (1803—1862) 　三世

胡贡奎 (1839—1900) · 胡贡一 (1829—1899) · 胡贡观 (1825—1879) 　四世

胡懋德裔孙，1852年在芜湖创设"沅记胡开文"，是先出徽州的第一家胡开文；后又开九江亨记、南京利记、汉口贞记、安庆立记、芜湖源记等六家胡开文分店。

二房后裔在全国开设多家"休城胡开文"分店

| 胡祥钧 (1871—1935) | 胡祥春 (1887—1934) | 胡祥祉 (1849—1909) | 胡祥禾 (1852—1899) | 五世 |

胡硕德曾孙，1909年在上海创设"广户氏老胡开文"

| 胡洪开 (1940—1961) | 胡洪道 | 胡洪昭 (1887—1956) | 胡洪椿 (1892—1961) | 六世 |

在全国开设多家"广户氏老胡开文"分店

胡恩森 (1913.8—2013.12) 　七世

胡开文墨业世系图

"休城胡开文老店一百五十年纪念墨"

"天开文运"墨

休城胡开文原址

屯溪胡开文

上海墨厂的前身广户氏老胡开文

芜湖长江油墨有限公司的前身芜湖胡开文沅记

上海广户氏老胡开文总店部分职工合影

芜湖胡开文沅记部分职工合影

曾国藩题写的"胡开文"招牌

沈鹏题"胡开文纪念馆"匾

杨振宁题"胡开文纪念馆"匾

启功题"胡开文徽墨"

赵朴初题"胡开文"

和硕睿亲王题《墨赞》

休城胡开文的墨单

祁寯藻题《新安胡君开文精制墨赞》

"地球墨"得奖纪念证

屯溪胡开文老店墨票

汪静之《关于胡恩涛牺牲前两年的经历》

捐赠证书

中国非物质文化遗产名录"徽墨"个性化邮票

胡开文个性化邮票

胡洪道过继书

休城胡开文墨

胡开文早期双款"大国香"墨

屯镇胡开文墨

芜湖胡开文沆记墨

胡子卿墨

上海广户氏老胡开文墨

"地球墨"正面

"秦古权墨"

"地球墨"反面

"鱼戏莲"墨

"八仙"墨（部分）

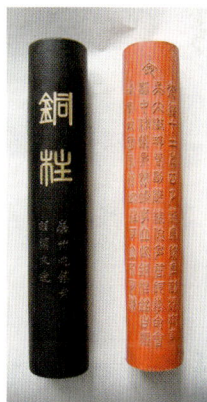
"铜柱"墨

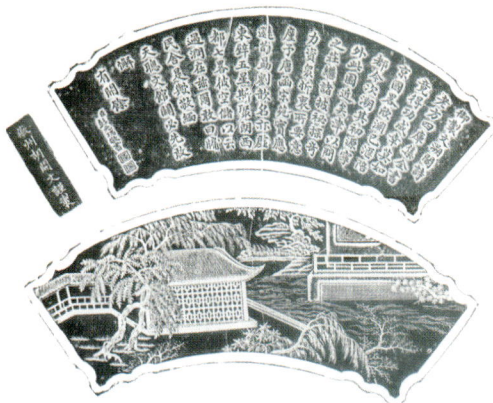
"御制文渊阁诗"墨

"中山遗嘱"墨

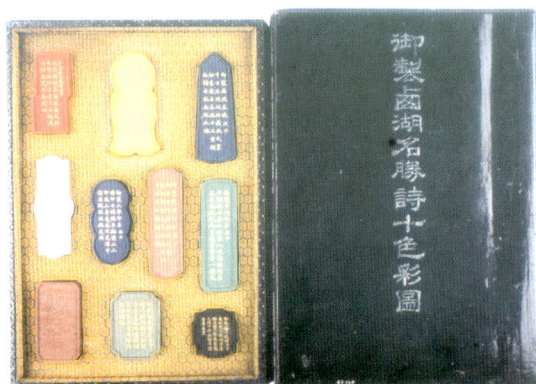

"西湖胜景图诗"墨

"黄山图"墨

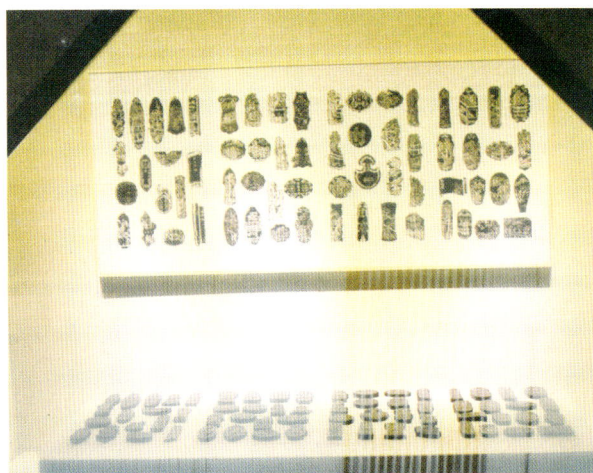

"御园图诗"墨

辛亥革命"纪念墨"　　　　　　　　"宝藏墨"

"十二生肖"墨

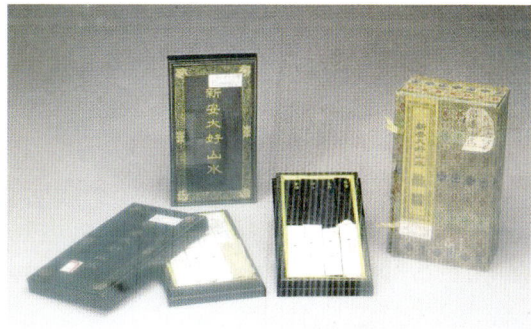

"八仙上寿"墨　　　　　　　　"新安大好山水"墨

胡开文纪念馆（外景）

胡开文纪念馆（内景）

胡云书法艺术馆内景

全国重点文物保护单位标牌

上庄红门楼

"胡开文纪念馆墨"

胡恩森百岁寿辰全家合影

《胡恩森百岁寿辰纪念册》

胡恩森–胡开文墨业的最后传人

■ 胡毓卿 文/图

《胡恩森——胡开文墨业的最后传人》

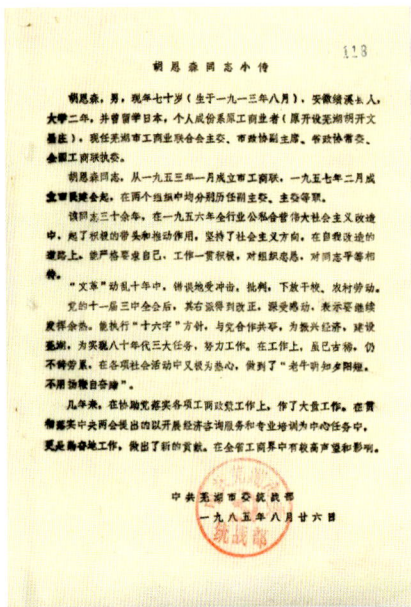

《胡恩森同志小传》

《一个民族企业家（胡恩森）的心路历程》（《江淮时报》2008年6月17日）

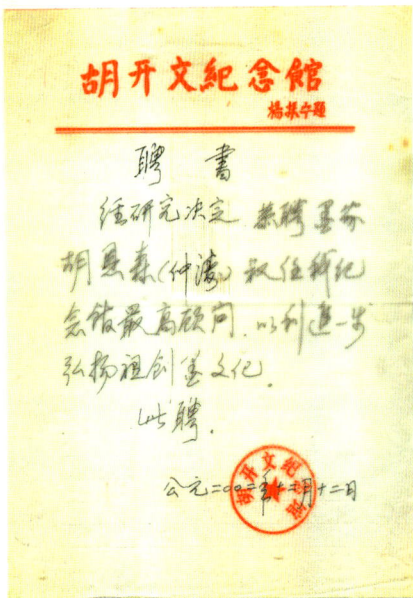

胡开文纪念馆的聘书（胡恩森）

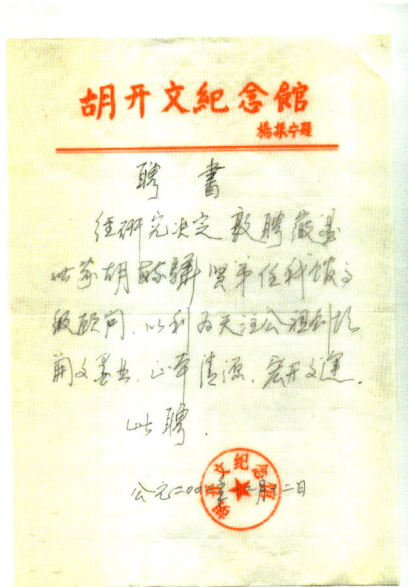

胡开文纪念馆的聘书（胡毓骅）

目　录

1

第一章　胡开文的由来

第一节　"明经胡"的由来

　　"明经胡"的始祖李昌翼是大唐昭宗皇帝李晔与何皇后之子。唐朝末年，黄巢起义军的叛将朱温降唐后，唐僖宗诏封朱温为左金吾卫大将军，并赐名"朱全忠"，后又被制授宣武军节度使，成了握有重兵的军阀。朱温拥兵自重，权倾朝野，对唐室社稷垂涎已久。唐天祐元年（904年）朱温为了取代唐室，进一步控制朝廷的局势，借故岐兵威逼京畿，要唐昭宗迁都到自己势力范围内的洛阳，并且下令把长安的宫殿、王府、民房拆毁，使长安变成了废墟。当年的正月，唐昭宗在朱温的胁持之下，无奈起驾迁往洛阳。一路上，唐昭宗忧心如焚，预感到大祸即将临头。当路过华州时，有百姓夹路高呼万岁。唐昭宗想到此时此地自己的处境，不禁涕泪纵横，告诉路边的百姓说："不要叫我万岁，我不再是你们的主子了。"何皇后也非常害怕朱温，曾经绝望地说："大家夫妇都委身于全忠矣！"二月，迁都人马来到陕州，因为东都洛阳的宫殿尚未建成，于是滞留于陕州。三月朔日，何皇后临产，皇幼子呱呱落地，这就是后来的"明经胡"始祖李昌翼。唐昭宗既沉浸于得子的喜悦之中，但又为皇幼子的命运愁眉不展，寝食不宁。四月，宫阙建造完毕，朱温请求发车起驾。昭宗皇帝派遣宫人告诉朱温，皇后新产，身体尚未恢复，还不能上路，请等到十月再东行。朱温根本无视皇帝的请求，依旧派遣手下部将寇彦卿前来催促发车。昭宗

1

皇帝知道已经不能逃脱朱温的虎口，就与何皇后暗中商量说："事情已经迫在眉睫！不如悄悄地将皇幼子乔装成襁褓中的普通婴儿，挟带一些宝玩和御衣，隐藏在民间。等到大局已定之后，再重新入宫。"当时昭宗皇帝的心腹宫廷近侍郎婺源人胡三跟随御驾东迁，昭宗临危托孤，将皇幼子托付与胡三。胡三不顾个人的安危，将皇幼子带回徽州婺源考水（又名考川）。同年的仲秋，朱温在洛阳指使属下追杀38岁的昭宗李晔，立傀儡太子李柷为昭宣帝。天祐二年（905年），朱温又在九曲池畔一一缢死昭宗的德王裕等诸皇子，抛尸于池中，接着又在积善宫弑何太后。天祐四年（907年），朱温逼唐昭宣帝李柷禅位而称帝，建立朱氏后梁，结束了289年的李唐天下。后梁开平二年（908年），朱温又用毒酒毒死唐昭宣帝，昭宗的宫内诸皇子全部遇害，仅存皇幼子一条血脉。

昭宗的皇幼子与胡三来到婺源考水之后，因胡三姓胡，遂改为胡姓，名昌翼，字宏远，号绎思，融于众胡之中，掩人耳目。后唐庄宗同光三年（925年），昌翼22岁时，以《易经》登"明经科"第二名进士（榜眼）。胡三见昌翼已经长大成人，就将他的真实身世坦言相告，并且出示当初从宫中带出的宝玩和御衣。一番真情告白之后，昌翼失声痛哭。此后，昌翼无意仕途，隐居于乡中，开设明经书院，传道授业解惑，创明经理学，开拓皖派经学研究。他当时作有一首《遣兴诗》："投簪搁笔厌文场，拂袖归来创小堂。但向闲中消日月，岂知世上有兴亡。醉乡往往眠芳草，归路时时送夕阳。倘若异时成得志，林泉惟愿莫相忘。"（《新安考川明经胡氏宗谱》卷1《始祖昌翼公遣兴诗》）诗中刻画了胡昌翼怡然自得的隐居生活，散发出阵阵的田园气息。在他的居处还有"绎思斋"和"畅情池"两处胜景。他曾经赋诗一首提及两处："家住乡庄称僻处，就中幽景胜他人。林园满目犹堪玩，丘亩当门渐觉新。绎思斋中寻古义，畅情池上钓金鳞。人生但得常如此，任是湖边属汉秦。"

胡昌翼在婺源考水怡然自得，旁观战乱纷争的五代十国的结束，又过了宋朝太祖、太宗两代，直到真宗咸平二年（999年）十月三日逝世，享年96岁。他在学术上很有建树，一生倡导明经学，尤精邃《易经》，著有

《周易传注》三卷、《周易解微》三卷、《易传摘疑》一卷。胡昌翼隐居于

婺源考水，倡明经学，为世儒宗，人称"明经
公"，其后裔被称为"明经胡"，又因昌翼本系
李唐皇室，而冒胡姓，故又称"李改胡"或
"假胡"。"明经胡"尊昌翼为始祖，胡三为义
祖。"明经胡"列祖列宗的家训是："义祖大于
始祖，儿孙不得复宗；改姓（李改胡），不改
郡（陇西郡）。"义祖胡三，唐会昌癸亥年
（843年）三月初五生，后唐天成丙戌年（926
年）五月逝世，享年84岁，娶秦氏，继陈氏，
均无出。胡三逝世后，胡昌翼知恩图报，厚葬

胡三公墓碑

胡三，仍蛰居乡间，潜修砥行，讲学施教，并遗训儿孙：李改胡要代代相
传，决不复宗。

第二节　"明经胡"的分支

　　胡昌翼与妻子詹氏生有三子，长子
胡延政、次子胡延宾、三子胡延臻。随
着家族的繁盛，"明经胡"的后裔不断向
外开拓，形成多个分支，广泛散布于皖
赣两省的各处。根据现有的明经胡氏家
谱记载，"明经胡"主要分布在江西省的
婺源以及安徽省的绩溪、歙县、黟县、
旌德、桐城、潜山、望江等地。

　　胡昌翼的长子胡延政，又名胡延进，
字以礼，号节庵。后唐天成己丑年（929
年）二月十五日生，宋景德乙巳年

中王胡延政画像

（1005年）卒，享年76岁，娶妻詹氏。胡延政是"明经胡"迁绩溪的始迁

祖，曾从刘廷让伐蜀，进归峡，破巫山，被朝廷优诏擢用敕授绩溪县令，后知严州军。宋开宝己巳年（969年）又因其为唐室宗支，且征蜀有功，敕封为唐中王。至今，"明经胡"称延政后裔为"中王派"。胡延政在绩溪任职时，经常与好友登山览胜，尽情游玩，最后安家于绩溪北野的隐张山，稍后迁居绩溪龙塘通镇，后改名为胡里（今临溪湖里，"红顶商人"胡雪岩的故里）。其墓葬在胡里。后来随着子孙的繁衍，延政的后裔相继迁杨林、上庄等地，其迁上庄的始祖为二十世祖七二公。胡昌翼的长房后裔主要分布在绩溪胡里、上庄、宅坦、尚廉、江塘冲、旌德河村头、高甲地、庙首东山和歙县竹园等地。明清以后，长房各支随着经商、任官纷纷外迁于云南、江西、浙江、上海和安徽其他县市，如今"明经胡"长房的裔孙遍及国内外。2009年11月19日（阴历十月初三）胡昌翼逝世纪念日，绩溪上庄"明经胡"后裔代表还专程去婺源考水扫墓祭祖。

胡昌翼的次子胡延宾，字以敬，后唐长兴壬辰年（932年）十一月七日生，卒年不详，与其兄延政同时出图功业，奋战疆场，曾任官歙县紫阳，后又升任宣州刺史、枢密院副使。其曾孙胡权曾担任镇江通判。胡昌翼的二房后裔分布于歙县紫阳、汪岔，安庆望江，江西万年、石门、广信等地。但是从明清以来各个版本的宗谱来看，都认定二房一支已无后人。

胡昌翼的三子胡延臻，字以福，后唐清泰甲午年（934年）九月十五日生，宋大中祥符甲寅年（1014年）十月殁，享年81岁，娶程氏，合葬考水焦坑口。胡延臻留婺源考水奉养于家。其长子胡文昊曾任京西转运使，生有四子，谱列甲、乙、丙、丁；其次子胡文晟生有六子，谱列戊、己、庚、辛、壬、癸，称曰"十干衍派"。到宋元

西递村

丰年间，壬派的五世祖胡士良因公赴金陵，途经黟县西递铺"见其山多拱秀，水势西流，遂陪地师前往。见东阜前蹲，罗峰遥拱，有天马涌泉之胜，犀牛望月之奇，产青石而如金，对霭峰之似笔，土地肥沃，泉水甘甜，因此举家从婺源迁居西递"，西递的胡姓亦称"壬派胡氏"，西递村如今是世界文化遗产保护地。

第三节 "明经胡"李改胡前世系

一、"明经胡"唐代以前世系

据《古今姓氏书辩证》卷21记载：李姓"出自嬴姓，颛顼帝高阳氏生大业，大业生女华，女华生皋陶（即传说中的东夷首领咎繇），字庭坚，为尧大理（掌管刑法的理官）。生益，益生恩成，历虞、夏、商，世为大理。以官命族，为理氏"。

以官为氏的理族，传至理征时，任商纣王的理官。时商纣王昏庸无道，理征屡屡进谏，为纣王所不容，终遭杀身之祸。理征的妻子陈国契和氏带着幼子利贞逃到伊侯之墟（今河南境内），饥饿不堪，见一树上结有果实，便采了来吃，母子得以活命。其后利贞畏于纣王的追捕不敢姓"理"，于是以"木子"救命之恩，改称李姓。

第一世

李利贞，利贞为李氏得姓的始祖，亦娶契和氏女。

第二世

李昌祖，为陈（西周之陈国，故址在今河南开封东）大夫，家于苦县（今河南鹿邑县东十里）。

李姓始祖李利贞

第三世

李彤德

第四世

李庆

第五世

李承

第六世

李硕宗，周康王（前1020年—前996年在位）赐采邑于苦县（今河南鹿邑县东十里）。

第七世

李显

第八世

李爽

第九世

李环鼎

第十世

李爵

第十一世

李寅龙

第十二世

李熙宠

第十三世

李尧性

第十四世

李辉

第十五世

李连顺

第十六世

李乾，字元果，周朝上御史大夫，娶益寿氏女婴敷，生耳。

第十七世

李耳，字伯阳，谥曰聃，周平王
（前770年—前720年在位）时为太史
（守藏室史，即管理藏书的史官），后
退隐。古之圣人，博大精深，其学说
流传于世，著有《老子》，亦称《道德
经》，为道家的主要经典。

老子像

第十八世

李宗，字尊祖，战国时人，本晋国人，后至魏，为将军；被封于魏国
的城邑段干，以邑为姓，人称干木大夫、段干木。

第十九世

李同，赵国大将军。

第二十世

李兖，赵国相。

第二十一世

李跻，赵阳安君。

第二十二世

李恪

第二十三世

李洪，字道弘，秦国太子太傅。

第二十四世

李兴族，字育神，一名汪，秦国将军。

第二十五世

李昙，字贵远，赵国柏人侯，后入秦，仕御史大夫，死后葬于柏人
（今河北唐山西）西部。

第二十六世

李崇，字柏祐，仕秦陇西（治甘肃临洮）守，南郑公，为李姓陇西房的始祖。

第二十七世

李瑶，字内德，南郡守，狄道侯。

第二十八世

李信，字有成，秦朝大将军，封陇西侯，"尝以兵数千逐燕太子丹，至于衍水中，终于破得丹，始皇以为贤勇"。

第二十九世

李超，字仁高，一名伉，汉大将军，渔阳太守。

第三十世

李仲翔，汉朝河东太守，征西将军，曾征讨叛乱的羌人，阵亡，追赠太尉，葬于陇西狄道东川（今甘肃临兆县）。

第三十一世

李伯考，陇西、河东二郡太守。

第三十二世

李尚，汉朝成纪（今甘肃秦安西北）令，因居成纪。

第三十三世

李广，李尚长子，汉朝名将，先后任陇西、北地等郡太守，右北平太守，匈奴称之为"飞将军"，闻而避之。元初六年（119年），随大将军卫青攻匈奴，因军无向导迷路而贻误战机受责，回府后自尽。

李广像

第三十四世

李敢，字幼卿，郎中令，在内侯。

第三十五世

李禹，字子通。

第三十六世

李丞公，字丞公，河南太守。

第三十七世

李先，字敬宗，蜀郡、北平太守。

第三十八世

李长宗，字伯礼，渔阳丞。

第三十九世

李君况，字叔干，一字子期，博士、议郎、太中大夫。

第四十世

李本，字上明，郎中、侍御史。

第四十一世

李次公，字仲君，巴郡太守，西夷校尉。

第四十二世

李轨，字文逸，魏临淮太守，司农卿。

第四十三世

李隆，字彦绪，长安令，积弩将军。

第四十四世

李艾，字世绩，晋骁骑将军，魏郡太守。

第四十五世

李雍，字俊熙，济北、东莞二郡太守。

第四十六世

李柔，字德远，北地太守。

第四十七世

李弇，字季子，前凉天水太守，武卫将军，安西亭侯。

第四十八世

李昶，字仲坚，凉太子侍讲。

第四十九世

李暠，字玄盛，西凉武昭王，兴圣皇帝。

第五十世

李歆，字士业，西凉后主，李暠第二子。

第五十一世

李重耳，字景顺，以国（西凉）亡而奔南朝刘宋，后又归后魏，历任恒农太守，安南将军，豫州刺史。

第五十二世

李熙，字孟良，后魏金门镇将，领豪杰镇武川；仪凤（唐高宗年号，676—678年）中追尊献祖宣皇帝。

第五十三世

李懿，字德真，讳天赐，仕魏，大统（西魏年号，535—550年）中，赠司空，仪凤（唐高宗年号，676—679年）中追尊光皇帝。

第五十四世

李虎，字文彬，西魏时官至太尉，赐姓大野氏。因佐周（北周）代魏（西魏）有功封柱国大将军。北周孝闵帝宇文觉接受西魏恭帝禅位时，虎已卒，乃追录其功，封唐国公，谥曰襄。在隋文帝杨坚担任北周大前疑（相当于丞相）时，允许其复姓李。唐高祖武德元年（618年）追谥景皇帝，庙号太祖，陵曰永康，祖妣梁氏曰景烈皇后。

第五十五世

李昞，李虎第八子，先任北周安州总管，后任柱国大将军，袭爵唐国公。唐高祖武德元年（618年）追谥元皇帝，庙号世祖，陵曰兴宁，妣独孤氏曰元贞皇后。

二、"明经胡"唐代世系

唐代是中国封建社会发展中的昌盛时期，国力强盛，经济繁荣，文化灿烂。唐朝从隋大业十四年（618年）隋代王杨侑在长安举行隆重的"禅位"仪式宣布逊位于李渊起，到唐天祐四年（907年）唐哀帝李柷在朱全忠（朱温）的逼迫下禅位于朱温止，持续289年的唐朝宣告灭亡。在以下唐代世系中，第五十六世唐高祖李渊、第五十七世唐太宗李世民、第五十八世唐高宗李治、第五十九世唐睿宗李旦、第六十世唐玄宗李隆基、第六十一世唐肃宗李亨、第六十二世唐代宗李豫、第六十三世唐德宗李适、第六十四世唐顺宗李诵、第六十五世唐宪宗李纯、第六十六世唐宣宗李忱、第六十七世唐懿宗李漼、第六十八世昭宗李晔为"明经胡"的先祖。唐帝前括号内的数字为唐二十帝在位的先后顺序。

第五十六世

（1）唐高祖李渊，父李昺，母独孤氏，生于北周天和元年（566年），7岁袭封唐国公，隋大业十三年（617年）任太原留守，进封唐王。隋大业十四年（618年）隋帝逊位，建立唐朝，改元武德。卒于贞观九年（635年），享年70岁。庙号高祖，谥号神尧大圣大光孝皇帝，葬献陵。

第五十七世

（2）唐太宗李世民，高祖次子，母太穆顺圣皇后窦氏，生于隋开皇十九年（599年），武德九年（626年），玄武门事变后被立为太子，八月即皇帝位，尊高祖为太上皇。卒于贞观二十三年（649年），享年51岁。庙号太宗，谥号文武大圣大广孝皇帝，葬昭陵。

唐太宗像

第五十八世

（3）唐高宗李治，太宗第九子，母文德顺圣皇后长孙氏，生于贞观二年（628年），即位前封晋王，贞观十七年（643年）以其长兄太子承乾被废而立为太子，太宗崩后即位。卒于弘道元年（683年），享年56岁。庙号高宗，谥号天皇大圣大弘孝皇帝，葬乾陵。

（4）唐中宗李显，高宗第七子，母则天顺圣皇后武氏。

第五十九世

（5）唐睿宗李旦，高宗第八子，母则天顺圣皇后武氏，生于龙朔二年（662年），景龙四年（710年）韦后毒死中宗，临朝执政。临淄王李隆基诛韦后，拥立李旦为帝。太极元年（712年），让位于太子李隆基，自称太上皇。卒于开元四年（716年），享年55岁。庙号睿宗，谥号玄真大圣大兴孝皇帝，葬桥陵。

第六十世

（6）唐玄宗李隆基，睿宗第三子，母昭成顺圣皇后窦氏，生于垂拱元年（685年），即位前封楚王，后封临淄王。李旦为帝后，隆基被立为太子。太极元年（712年）受禅即位。卒于宝应元年（762年），享年78岁。庙号玄宗，谥号至道大圣大明孝皇帝，葬泰陵。

唐玄宗像

第六十一世

（7）唐肃宗李亨，玄宗第三子，母元献皇后杨氏，生于景云二年（711年），初封陕王，徙封忠王。天宝十四年（755年），安禄山叛乱后，与玄宗分道北上灵武，七月即帝位于灵武，遥尊玄宗为太上皇。卒于宝应元年（762年），享年52岁。庙号肃宗，谥号文明武德大圣大宣孝皇帝，葬建陵。

第六十二世

（8）唐代宗李豫，肃宗长子，母章敬皇太后吴氏，生于开元十四年（726年），初封广平郡王，后封楚王，徙封成王，乾元元年（758年）被立为皇太子，宝应元年（762年）以太子即位。卒于大历十四年（779年），享年54岁。庙号代宗，谥号文孝武皇帝，葬元陵。

第六十三世

（9）唐德宗李适，代宗长子，母睿真皇后沈氏，生于天宝元年（742年），初封奉节郡王，进封鲁王、雍王，广德二年（764年）被立为皇太子，代宗死，以太子即位。卒于贞元二十一年（805年），享年64岁。庙号德宗，谥号神武圣文皇帝，葬崇陵。

第六十四世

（10）唐顺宗李诵，德宗长子，母昭德皇后王氏，生于上元二年（761年），初封宣城郡王，进封宣王，德宗即位后立为太子。永贞元年（805年）正月即位。当年八月，宦官逼顺宗退位拥立太子，称太上皇，在位186天，卒于元和元年（806年），享年46岁。庙号顺宗，谥号至德弘道大圣大安孝皇帝，葬丰陵。

第六十五世

（11）唐宪宗李纯，顺宗长子，母庄宪皇太后王氏，生于大历十三年（778年），初封广陵郡王，顺宗时被立为太子。永贞元年（805年）八月，宦官逼顺宗退位，以太子即位。卒于元和十五年（820年），享年43岁。庙号宪宗，谥号昭文章武大圣至神孝皇帝，葬景陵。

（12）唐穆宗李恒，宪宗第三子，母懿安皇后郭氏。

（13）唐敬宗李湛，穆宗长子，母恭僖皇太后王氏。

（14）唐文宗李昂，穆宗第二子，母贞献皇后萧氏。

（15）唐武宗李炎，穆宗第五子，母宣懿皇后韦氏。

第六十六世

（16）唐宣宗李忱，宪宗第十三子，母孝明皇后郑氏，生于元和五年（810年），穆宗时封光王，武宗时立为皇太叔。武宗死，由宦官拥立为帝，后因服长生药中毒而死。卒于大中十三年（859年），享年50岁。庙号宣宗，谥号玄圣至明成献文睿智章仁神聪懿道大孝皇帝，葬贞陵。

第六十七世

（17）唐懿宗李漼，宣宗长子，母元昭皇太后晁氏，生于大和七年（833年），武宗时封郓王，宣宗死，立为皇太子，旋即位。卒于咸通十四年（873年），享年41岁。庙号懿宗，谥号睿文昭圣恭惠孝皇帝，葬简陵。

（18）唐僖宗李儇，懿宗第五子，母惠安皇后王氏。

第六十八世

（19）唐昭宗李晔，懿宗第七子，母恭宪皇后王氏，生于咸通八年（867年），懿宗时封寿王，僖宗时立为皇太弟，僖宗死后即位。天祐元年

（904年），朱全忠（朱温）逼帝迁都洛阳，同年八月遇害，享年38岁。庙号昭宗，谥号圣穆景文孝皇帝，葬和陵。

（20）唐哀帝李柷，昭宗第九子，母积善皇太后何氏，天祐四年（907年），禅位于朱全忠，唐亡。帝被封为济阴王，次年被鸩杀。

第四节　胡适父亲胡传解读"明经胡"

胡传像

在"明经胡"的诸多质疑中，胡昌翼长子胡延政因平蜀有功在宋朝封中王之事是疑点之一，与胡适故里上庄毗邻的同属"明经胡"的宅坦村就持否定的态度。同治十三年（1874年），"明经胡"龙井（宅坦）派纂修宗谱，该谱编入《延进（延政）公知建德军考》，认为延政封王，正史中没有记载，应削公（延政）之封爵，并说公与詹氏殁于严州官邸，合葬于桐江。此与胡里（胡雪岩故里）和上川（上庄）合编的《中王宗谱》观点不同，为此，胡适的父亲胡传特作《溯本录序》予以反驳。胡传对始迁祖均系李唐宗室后裔的家谱记载坚信不疑，对"明经胡"其他支裔所作的否定二世祖（胡延政）封王的考辨坚决否定。他所持的理由和根据是正史记载的不少内容采自私家著录和稗官野史，即所谓正史之缺略正赖私家之谱之有记。他进而以曾国藩家谱和裴松之所注的《三国志》作论据，对有关"明经胡"始祖胡昌翼、始迁绩溪祖胡延政在正史中没有记载的情况进行解释，以曾国藩家谱认定的也有争议的关内侯为始祖及正史中的许多内容是参考私家著录补缀为由，强调指出："吾家旧谱所记始祖本唐昭宗太子，避朱温乱改从胡姓；二世祖仕宋卒封王爵，事迹不见于史册，与曾氏始祖关内侯据略同，故予作《溯本录序》，悉从旧谱，亦援曾氏祖据之例焉。吾宗别派有重修家谱，削去二世封爵，且逞其胸臆，谓必无封爵之事，著论辩驳旧谱者，彼其学识未必有过于宋之曾子固，今之曾文正公，亦只见其不知量耳!"这里说的"吾宗别派"是指龙井(宅坦)派。宣统三年(1911年),《上川明经胡氏宗谱》的主修胡近仁在《上川明经胡氏宗谱》中,除编入胡传的《溯本录序》外,还特意撰写了《延政公传》,传文中不但认定胡延政是唐宗室,而且还以平蜀有功封中王,与《明经胡龙井(宅坦)派宗谱》针锋相对。同时,还在传文的末尾附写注言:"吾宗别派有削公之封爵,且谓公与詹氏殁于严州官邸,合葬桐江。是说也,吾族先进铁花公(胡传)《溯本录序》已详言之,予故不赘。"胡传所作的《溯本录序》全文如下:

昔宋南丰曾氏,以曾子十五世孙关内侯据为始祖,欧阳文忠疑之,作书引史例以讽曾子固。而今世湘乡曾文正公家谱仍祖关内侯。据云:据以关内侯避王莽之乱,南迁为南州诸曾之始祖,夫据之事迹不见史册。欧阳公谱牒之学,号为精审。而曾氏宋有子固,今有文正公,皆硕学通儒,卒不从其说,而仍家谱之旧,岂二公之学出欧阳公下哉!盖以历代之史二十有四,不过三千二百五十余卷,而自秦汉以至元明二千余年之中,散佚于兵火,笔削于史臣缺略者多矣,且其书非尽本诸史臣之所记。史宬之所藏乃后世参考私家著录、兼采稗官野史补缀成编,然则史之所无,安知非修史者网罗散失尚有遗漏?谱之所记,安知非其子孙世守旧牒,历久尚存?昔裴松之注三国志,引据博洽,为后人考证之资;而华歆传多引华峤所作家谱,欧阳公修新唐书,事增于前文省于旧,而李泌传亦采李繁所作家传。是国史之缺略,正赖私家之谱有记之者,可据以增修也。而因史册之所无,遂疑谱牒之所记者概不足信,岂通论哉!吾家旧谱所记始祖本唐昭宗太子,避朱温乱改从胡姓;二世祖仕宋卒封王爵,事迹不见于史册,与曾氏始祖关内侯据略同,故予作溯本录序,悉从旧谱,亦援曾氏祖据之例焉。吾宗别派有重修家谱,削去二世封爵,且逞其胸臆,谓必无封爵之事,著论辩驳旧谱者,彼其学识未必有过于宋之曾子固,今之曾文正公,亦只见其不知量耳!

胡传所作的《溯本录序》

2003年春节期间，中央电视台播放了15集电视专题片《百家姓》，片中中国社会科学院历史研究所研究员李世愉说："由李姓改的胡氏和后来的胡氏是不一样的。明经胡氏有一个家谱，正史里头没有这个记载，但整个胡姓家族都这么讲，包括胡适先生自己也这么讲。现在搞姓氏学的人基本上认定，这个家谱说的是可信的。"

第五节　上庄的明经胡氏

安徽省绩溪县上庄村是胡开文墨业的创始人胡天注和国学大师胡适的故里。

上庄村位于绩溪县的西部，距黄山的直线距离仅二十多千米，至今已有七百多年的历史。在古代，上庄有"十里杨林镇，五里后岸街"的厚誉。村中徽派民居耸立，街巷纵横，一色的花岗岩石板路，一色的粉墙黛瓦，古色古香，格调迥异。抗日战争时期，徽州贾儒和外埠商客利用上庄地处偏僻山坳、交通不畅之势利，一时店铺林立，地摊满巷，货郎串户，经济繁荣，有"小上海"之美誉。

　　胡姓首迁上庄的始祖是二十世祖胡七二。胡七二以后的上庄行辈按千、贵、福、真、巽、祖，满、普、道、玄、永，元、文、志、兆、应，天、德、锡、贞、祥，洪、恩、毓、善、良排行。据《上川明经胡氏宗谱》记载："吾族自三十六世以上，均无一定排行，袛以先取者为主；三十七世以下，始有天、德、锡、贞、祥、洪、恩、毓、良等字，使人一诵而知行辈"，"旧谱中自天字行辈后，原有排行名二十字，惟后十字近于生僻难用，故今为易定更增二十字于后，共编成五言律诗一首，皆取通行习见之字，将来依次命名，庶使人一诵而知世数之尊卑焉，诗附于左：'天德锡贞祥，洪恩毓善良；明经承肇祖，世泽振同光；秉国思名彦，为邦有宪章；家庭敦孝友，继起衍宗长。'"上庄胡氏宗谱中的这首五言律诗是宗族为便于支丁取名而特别编制的一首歌谣，它保证了宗族子弟的昭穆世次明确不乱，希望族人发扬祖先忠厚的美德，以保证宗族将来的兴旺昌盛。上庄的胡氏宗族自胡七二始迁上庄到现在，已经在上庄这块土地上繁衍生息了七百多年，写下了不断创造的辉煌历史。

　　胡氏迁居上庄以后，仍然保持着原有的宗族体系，聚族而居，昭穆有序，组织严密；其宗法伦理，乃至饮食起居、冠婚丧祭等皆有定规，族规严明；宗谱系牒齐备，不断修续，一姓相传，数百年世系不乱。从族派结构来看，有宗祠、分祠、分支祠以及族房之分。上庄胡氏的宗祠分为三进，第一进称"仪门"，第二进称"享堂"，第三进称"寝堂"。"享堂"是进行祭祖活动和举行祭祀礼仪的地方；"寝堂"是供奉始祖和创建宗族时的数代祖先以及有功有德的祖先神主，这些神主永远供奉在寝室的神龛之内，永远享受后代子孙的祭礼和血食。还有一类没有什么功德的祖先神主，则"五世则迁"，也就是说，玄孙死绝，高祖的神主即从宗祠里迁走。因为五服以内为亲，五服以外为亲尽。一般无功德的祖先神主亲尽之后，再继续供奉于神龛之中已无多大意义。上庄的胡氏宗祠始建于明万历年间，清道光十三年（1833年）重修，清咸丰十一年（1861年）夏毁于太平天国战火。光绪二年（1876年）在胡适的父亲胡传（铁花）主持下重建胡氏宗祠，中厅的"叙伦堂"由当时颇有声威的经学大师名儒刘熙载书写了一副楹联："五百年教沐新安，家礼秉成编，俎豆馨花先正范；四一世派延唐室，明经始受姓，诗书遗泽后昆贤。"

胡七二迁居上庄以后，传七世开始建立分祠——前门和后门。前门分祠称前门老屋，祠号"存根堂"，分祠祖是胡佛宗；后门分祠称后门老屋，又称"敬公祠"，祠号"笃庆堂"，分祠祖是胡满宗。此后又传两世至道字辈，上庄胡氏开始建立分支祠。由于前门一支繁衍式微，人丁不旺，一直未能建分支祠，至今也不过十余户，人口五十多人。后门一支则人丁兴旺，曾建有一分至七分等七个分支祠，分祠祖分别是胡道政、胡道福、胡道寿、胡道旺、胡道禄、胡道满、胡传广。后来由于五分、七分外迁，三分、四分失传，现在上庄还有大分、二分和六分三个分支祠。大分的分支祠是"致公祠"，俗称"大分厅"（分支祠祖是胡道政）；二分的分支祠是"景惠公祠"，俗称"二分厅"（分支祠祖是胡道福）；六分的分支祠是"景恩公祠"，号"敦复堂"，俗称"六分厅"（分支祠祖是胡道满）。后门的分支祠中又以六分繁衍最快，如今上庄还流传着"六分管半村，都是草鞋兵"的说法。这是因为六分的人口多，后代主要在家乡务农，而大分和二分的子孙则以读书仕进和外出经商居多。胡适就属大分，胡开文墨业的创始人胡天注属二分。每个分支都以分厅（分支祠）作副中心，形成组团。组团之间有巷道相连，有分有合，整体协调一致。从道字辈开始，再传三世至元字辈，上庄胡氏又进一步析为一百零八房派，如元龄公派、元美公派、元当公派、元首公派等。胡适属元当公派，胡天注属元首公派。

胡开文家族在上庄"明经胡"的传承情况。二十世：七二公。二十一世：千公。二十二世：贵一公。二十三世：福孙公。二十四世：真佑公。二十五世：巽公，生于至正二十三年（1363年）。二十六世：祖寿公，生于洪武二十九年（1396年）。二十七世：满宗公，生于永乐二十年（1422年），卒于成化二十一年（1485年）。二十八世：普义公，生于景泰三年（1452年）。二十九世：道福公，生于成化十三年（1477年）。三十世：玄相公，生于正德八年（1513年）。三十一世：永瑶公，生于嘉靖三十一年（1552年），卒于万历十六年（1588年）。三十二世：元首公，生于万历九年（1581年）。三十三世：文谏公，生于万历三十四年（1606年），卒于康熙十六年（1677年）。三十四世：志俊公，生于天启七年（1627年），卒于康熙八年（1669年）。三十五世：兆辉公，生于康熙元年（1662年），卒于雍正十一年（1733年）。三十六世：应芳公，生于康熙四十四年（1705年），卒于乾隆十八年（1753年）。三十七世：天注公，生于乾隆七年（1742年），卒于嘉庆十三年（1808年）。

在清代中期，上庄一时分支祠林立，堂号繁多，号称千灶万丁，成为"李改胡"的一大旺族。据《上川明经胡氏宗谱》记载："吾族在嘉道时，人可五六千，居户鳞次，东连下碓杨林，南、西尽常溪，北濒后岸。"胡适在其口述自传中也说："我们的村落（上庄）正与华南其他地区的村落一样，是习于聚族而居的。洪杨起事之前，我们聚居的胡氏一族总人口在六千上下——当然也包括散居各地经商的族人在内——大半以务农为生。但是大多数家庭也都有父兄子弟在外埠经商的——尤其是在南京、上海一带。"

第二章 胡开文系年

第一节 胡开文墨业系年

《安徽省志·商业志》

胡开文是清代徽墨四大家之一，胡开文虽然成名最晚，但其影响却最为深远，至今长盛不衰，所制作的徽墨为朝廷钦定的贡品。在清代同治、光绪年间，胡开文墨已经占领国内大部分市场，以至在20世纪初世人已经开始将胡开文墨与徽墨混为一谈。1935年前后，当时的《中国经济志》曾记载了各地墨店皆标榜自己为"徽州胡开文"的盛况。1995年出版的《安徽省志·商业志》中称："'胡开文'几乎成了'徽墨'的象征。"在清代后期，徽墨制造业中已不再是胡开文家族与其他墨家诸如曹素功等争夺市场，而是胡开文家族内部诸支的市场竞争。

胡开文墨业自胡天注在乾隆三十年（1765年）创立胡开文墨业开始，到1956年胡开文利记公私合营（南京胡开文利记业主胡毓丰），前后经历了"天、德、锡、贞、祥、洪、恩、毓"八世。

一、胡开文墨业创业前的系年

康熙元年（1662年）

胡天注的祖父胡兆辉出世。据嘉庆《绩溪县志》记载："胡兆辉，字德光，上川人，助修歙邑大溪桥、本村杨林桥，又修竦岭路面百余丈。"

康熙四十四年（1705年）

胡天注的父亲胡应芳出世。

雍正十一年（1733年）

胡天注的祖父胡兆辉逝世。

乾隆七年（1742年）

胡开文创始人胡天注出世，生于绩溪上庄，登侍郎，貤赠奉直大夫，名在丰，字柱臣。殁于嘉庆十三年（1808年），安葬在绩溪上庄水圳上。

乾隆十八年（1753年）

胡天注的父亲胡应芳逝世。

乾隆十九年（1754年）

胡天注经人介绍到墨家林立的屯溪的程正路墨店当学徒。

乾隆二十年（1755年）

胡天注经程正路介绍转入休宁海阳的汪启茂墨室当学徒。

乾隆二十一年（1756年）

胡天注娶休宁汪启茂之女为妻。

乾隆二十二年（1757年）

胡天注长子胡恒德出世，殁于乾隆四十一年（1776年）。

乾隆二十五年（1760年）

胡天注初租屯溪采章墨店。

乾隆二十七年（1762年）

胡天注次子胡余德出世，名正，字端斋，号荣朗，又号开文，议叙监运司知事，覃恩累赠中宪大夫，晋赠资政大夫，休城胡开文的第二代传人，殁于道光二十五年（1845年），其子孙主持休城胡开文。

乾隆二十七年至四十年（1762—1775年）

胡天注三子胡谅德出世。

胡天注四子胡骖德出世，国学生。

胡天注五子胡骒德出世。

二、胡开文墨业创业后的系年

乾隆三十年（1765年）

胡天注收购已为叶姓所有的岳家汪启茂墨室，并将其更名为胡开文墨店，商标"苍珮室"，此时胡开文墨店生产的徽墨落有"胡开文"和"汪启茂"双款。如"大国香"墨正面标为"徽州休宁汪启茂"，墨顶标为"胡开文墨"。

乾隆三十九年（1774年）

此时胡开文墨店生产的徽墨，只落"胡开文"款，没有"汪启茂"款，并且生产了朱砂御墨"五老过河"墨和"归昌叶瑞"墨等。

"五老过河"墨　　　　　　　"归昌叶瑞"墨

乾隆四十年（1775年）

胡天注承顶屯溪的采章墨店，并且将其更名为胡开文墨店（屯溪店），只销售不生产，墨品由休宁的胡开文墨店供应，派其长子胡恒德经持，次子胡余德随父经营墨业。

胡天注六子胡懋德出世，叨受皇恩米绢二次，殁于道光二十八年（1848年），其孙胡贞一创芜湖等地胡开文墨店。

乾隆四十八年（1783年）

胡开文墨店生产"天开文运"墨。该墨正面为"天开文运"四字，背面为"徽州胡开文制"，侧面为"乾隆四十八年苍佩室珍藏"。

乾隆五十四年（1789年）

胡天注原配汪氏逝世。胡天注后娶继妻钟氏。

乾隆五十六年（1791年）

年逾五十的胡天注膝下子孙满堂（八房子孙三代），事业有成，即建宗族传世公厅"思齐堂"，祈望胡开文墨业世世代代持续发展，兴旺发达，立"敬宗睦族，克绍先业，热心公益，崇文助学，行善积德"等为堂训。

胡开文纪念馆的"思齐堂"匾

嘉庆六年（1801年）

胡天注七子胡颂德出世，名敬，字肃臣，国学生，诰封奉政大夫，殁于道光十四年（1834年），其子孙主持屯溪胡开文，屯溪胡开文的第二代传人。

嘉庆七年（1802年）

（胡天注派下长房恒德后裔）胡余德长子胡锡珍出世，因胡天注长子胡恒德早逝且无子，胡锡珍出继胡恒德房下为嗣子，殁于咸丰十年（1860年）。

（胡天注派下六房懋德后裔）胡懋德子胡锡庚出世，诰授奉政大夫，殁于咸丰三年（1853年），其四子胡贞一创芜湖等地胡开文。

嘉庆八年（1803年）

（胡天注派下二房余德后裔）胡余德次子胡锡熊出世，国学生，覃恩通奉大夫，晋封资政大夫，名大醇，字南宾，殁于同治元年（1862年），休城胡开文的第三代传人。

嘉庆十年（1805年）

胡天注八子胡硕德出世，国学生，殁于道光十一年（1831年），其曾孙胡祥钧创上海广户氏老胡开文。

嘉庆年间（1796—1820年）

胡天注聘请良师、名工精制墨模，大胆创新，制造集锦墨，如："棉花图"（全套16笏）、"十二生肖图"（全套12笏）、"铭园图"（全套64笏）。曾经制出"御制文渊阁诗"墨（集锦墨）进呈皇帝，该墨正面有乾隆进士、工部尚书、协办大学士彭元瑞书写的诗，背面有描摹的文徵明等名家之画。

汪近圣的曾孙汪天风编辑的《鉴古斋墨数》，胡开文墨店生产的"御制棉花图"墨（16锭）、"御制铭园图"墨（64锭）、"黄山诗图"墨（36锭）等入选其中。

嘉庆十三年（1808年）以前

胡天注独修家乡绩溪上庄观澜阁下至杨林桥大路，建竦岭半岭亭。

嘉庆十三年（1808年）

胡天注逝世，安葬在绩溪上庄水圳上。逝世前立有分家阄书《思齐堂天注公分析阄书》，规定："分家不分店，分店不起桌（做墨），起桌（做墨）要更名。"此前胡开文墨店由胡天注自己主持，恒德（1776年去世）、余德辅之，胡天注逝世后，由胡余德主持。

上庄胡天注墓面砖

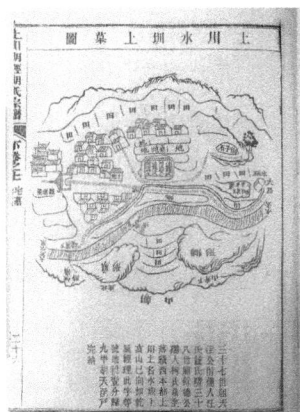

族谱中天注公墓址

嘉庆二十五年（1820年）

（胡天注派下七房颂德后裔）胡颂德长子胡锡环出世，名云衢，号佩伍，国学生，诰授奉政大夫，殁于光绪元年（1875年），屯溪胡开文的第三代传人。

道光元年（1821年）

因道光皇帝名"旻宁"，为避讳，休宁胡开文墨店更名为"休城胡开文墨店"。

道光五年（1825年）

（胡天注派下二房余德后裔）胡锡熊长子胡贞观出世，名桂森，字凫玎，国学生，诰受奉直大夫，覃恩晋封通奉大夫，户部贵州司员外郎兼广东司，考取景山官学教习，咸丰辛亥恩科举人，殁于光绪五年（1879年），休城胡开文的第四代传人。

道光八年（1828年）

合邑（绩溪）议建东山书院，胡余德八兄弟共同捐银一千两（此时胡天注派下的八个房头的子孙尚未分家，胡余德捐献的是八房的共同财产）。

（胡天注派下八房硕德后裔）胡硕德子胡锡炯出世，字明也，殁于同治元年（1862年），其孙胡祥钧创上海广户氏老胡开文。

道光九年（1829年）

（胡天注派下六房懋德后裔）胡锡庚的四子胡贞一出世，名元，字沅阶，例封奉直大夫，赏戴蓝翎，殁于光绪二十五年（1899年），芜湖等地胡开文墨店的创始人。

道光十二年（1832年）

（胡天注派下二房余德后裔）胡余德孙胡贞权出世，名秉衡，字允中，国学生，殁于光绪三十二年（1906年），创胡子卿墨店于休宁。

道光十四年（1834年）

自嘉庆十四年（1809年）以来，胡开文墨业在胡余德的经营下，"于本村开典铺一业，造屋数间，置田百余亩；又买下海阳屋一间"，并且在黟县渔亭设"正太烟房"，在休宁开设"和兴枣庄"，在绩溪上塘开设"和兴枣栈"，在绩溪上庄开设"启茂典"和"启茂茶号"。

道光二十五年（1845年）

胡余德逝世，胡天注的八房子孙正式分家。

休城胡开文由胡余德的次子胡锡熊主持。

屯溪胡开文由胡颂德子胡锡环（1820—1875）和胡锡畴（1826—1883）兄弟俩先后主持。

道光二十五年（1845年）左右

（胡天注派下七房颂德后裔）七房颂德长子胡锡环举家由休宁迁屯溪，并且在屯溪老街榆林巷对面开设屯溪胡开文墨店，开始自制徽墨。

道光二十八年（1848年）

大学士、礼部尚书祁寯藻为胡开文墨业题写《墨赞》。

（胡天注派下八房硕德后裔）胡锡炯子胡贞松出世，名春森，字仰堂，国学生，殁于宣统二年（1910年），其子胡祥钧创上海广户氏老胡开文。

道光二十九年（1849年）

（胡天注派下六房懋德后裔）胡贞一之子胡祥祉出世，名本立，字丙荣，国学生，保奖五品蓝翎，殁于宣统元年（1909年），芜湖等地胡开文墨店的第二代传人。

道光三十年（1850年）

（胡天注派下长房恒德后裔）胡锡珍（1802—1861）捐洋百元，倡建上庄景惠公祠。

咸丰元年（1851年）

（胡天注派下二房余德后裔）胡锡熊长子胡贞观（1825—1879）中举。

三、胡开文墨业走向全国后的系年

咸丰二年（1852年）

（胡天注派下六房懋德后裔）六房四世孙胡贞一与同乡曹文斋、程连水合股集资在芜湖南门正街开设芜湖胡开文沅记。胡开文沅记是胡开文墨业在徽州以外地区开设的第一店，从此胡开文墨业开始走出徽州，走向全国。

咸丰五年（1855年）

胡贞观的九叔胡锡焕在游历中结识太平军翼王石达开及其部属检点范汝杰，其手谕太平军对胡开文墨店给予保护。

咸丰六年（1856年）

（胡天注派下二房余德后裔）胡贞观援例补户部员外郎，因胡贞观入仕，胡天注夫妇、胡余德夫妇和胡锡熊夫妇受到封赠。

咸丰八年（1858年）

（胡天注派下二房余德后裔）胡贞权次子胡祥振出世，字樨严，国学生，胡子卿墨店的第二代传人。

此时，胡天注的六房、七房已经开始以"胡开文"制墨。二房的休城胡开文墨店开始使用墨票随墨发送，以示区别，并且特别强调自己是胡开文老店。

咸丰十年（1860年）

七月至次年四月，曾国藩的湘军驻扎祁门，曾国藩曾嘱休城胡开文墨店制"涤生相国判牍之墨"和"涤生相国拜疏之墨"，并为休城胡开文墨店题招牌"胡开文"。

咸丰十一年（1861年）

（胡天注派下二房余德后裔）胡贞观迁户部贵州员外郎，加三级记录。

同治元年（1862年）

（胡天注派下二房余德后裔）胡锡熊逝世，胡贞观开始主持休城胡开文店务。

在胡贞观主持店务期间，休城胡开文的发展规模超过前人，全店职工百余人，年产墨品数万斤，并在重庆建点烟房，作为自己的原料基地。在徽墨同行中，休城胡开文一直独占鳌头，曾为不少名人、雅士监制过墨品。胡贞观儒而兼商，财雄势大，人称"三公"或"三爷"。他在休城的房产，包括墨店、住房、书房、客厅、客房、戏楼、花园等，共有一百零八个门阙。胡贞观在入仕期间，休城胡开文墨店是由管事代管的，即对内的管理由其弟胡贞乾监管，对外则由其小九叔胡锡焕负责。

（胡天注派下六房懋德后裔）曹文斋、程连水撤股，芜湖胡开文沅记由胡贞一独资经营。

（胡天注派下二房余德后裔）新六房的锡琯长子胡贞权，字允中，国学生，生于道光十二年（1832年），是胡开文第二代传人胡余德之孙。胡贞权，也想开胡开文分店，但当时休城胡开文主人胡贞观（贞权的堂哥）坚持家规不允许，于是胡贞权于同治元年（1862年）在休宁开设胡子卿墨店，另设奎照斋经营。"胡子卿"之名亦可能来源于"子墨客卿"的典故。胡子卿墨店生产之墨不沿用胡开文老店的款式，风格独特，可与休城胡开文老店相媲美。

同治二年（1863年）

由二房孙胡贞观（1825—1879年，名桂森，字凫玎）和胡贞乾（1831—1910年，名钦顺，字健甫）主持召开各系房会议，在《思齐堂天注公分析阄书》的基础上，重新议定：胡天注派下子孙均可利用"徽州胡开文墨庄"字号起桌做墨，但须以"记"字区别，以示各负其责。

同治三年（1864年）

歙县人柯铭曾在休城胡开文定制"一瓣香"墨，特赠李鸿章胞弟李鹤章。该墨的面题是"一瓣香同治甲子年制苍珮室"，侧刻"徽州休城胡开文监制"。这说明当时徽州地区生产胡开文墨的已非休宁一家，屯溪的胡开文墨店也开始生产胡开文墨了。休宁的胡开文老店改用休城胡开文的店号，是为了用"休城"二字和其他胡开文墨店以示区别。其他的胡开文墨店则以"记"区别之，各负质量之责。这对防止粗制滥造，保证胡开文墨品的质量和信誉是起到一定作用的。

同治八年（1869年）

李鸿章嘱胡开文墨店，按十万杵法制"李氏珍藏"墨。此后高官显贵、文人墨客在胡开文墨店定制胡氏徽墨之风盛行。

同治九年（1870年）

著名金石家胡澍、赵之谦联名在休城胡开文定制墨品。该墨呈碑形，有五种，正面行书两行"绩溪胡甘伯会稽赵㧑叔校经之墨"，背面题有"同治九年正月初吉"。墨品题识，均为胡澍手笔。

同治九年（1870年）前后

（胡天注派下六房懋德后裔）胡贞一先后在九江增设胡开文亨记，在南京增设胡开文利记，派自己外甥曹认仙担任经理；在汉口增设胡开文贞记，派其侄儿胡祥善担任经理；在安庆增设胡开文立记，派其侄儿胡祥龙担任经理；在芜湖下长街陡门巷口增设胡开文源记。并且开始经营洋庄茶叶出口生意。

同治十年（1871年）

（胡天注派下八房硕德后裔）胡贞松三子胡祥钧出世，名国钧，字秉成，国学生，创广户氏老胡开文于上海。殁于民国二十四年（1935年）。

同治十一年（1872年）

首任台湾巡抚刘铭传在胡开文墨店定制"大潜山房"墨，正面楷书"大潜山房"四字，阴识填金，下作两行："同治壬申省三嘱开文主人选烟"，下钤小印"省三"阴识填金。

同治十三年（1874年）

胡子卿墨店为道光进士、礼部主事尹耕云制作"拾遗曾奏数行书"墨。

光绪元年（1875年）

胡子卿墨店制"一品富贵"墨赠淮军将领聂士成。

（胡天注派下七房颂德后裔）胡锡环去世，此后的屯溪胡开文墨店对外仍然是一个店，但是内部分为俊记和寿记两股。俊记由锡环的次子贞奎和三子贞堤合资，寿记由锡环之弟锡畴之子贞鉴和贞铭合资。

光绪五年（1879年）

（胡天注派下二房余德后裔）胡贞观逝世，留下遗嘱将休城胡开文产权归二房（即次子）胡祥符。此时胡祥符已经逝世，且无后，因此墨店暂时由四房（即四子）胡祥禾代管，待四房长子胡洪椿过继为嗣后再将墨店归二房。

（胡天注派下二房余德后裔）同治末年至民国初年，休城胡开文墨店在各地设立分店。由胡余德的"祥"字辈曾孙负责的休城胡开文墨店分店有：胡祥醴负责的扬州休城胡开文墨店，胡祥钰负责的杭州休城胡开文墨店，胡祥光负责的长沙和汉口休城胡开文墨店，胡祥泰负责的上海休城胡开文墨店，胡祥厚负责的苏州和安庆休城胡开文墨店，以及胡祥暹负责的歙县休城胡开文墨店和胡祥裕负责的芜湖休城胡开文墨店等。

光绪七年（1881年）

（胡天注派下二房余德后裔）休城胡开文墨店为清工部尚书、顺天府尹祁世长监制"练余心斋墨"。

光绪十年（1884年）

（胡天注派下六房懋德后裔）胡开文沅记因文人用墨和藏墨的需要生产"唐代诗人墨"，其中有"李白""杜甫""王维""白居易""柳宗元"等墨各一枚。

"唐代诗人墨"正面　　　　　　　　　　"唐代诗人墨"反面

光绪十二年（1886年）

（胡天注派下七房颂德后裔）清廷命令都察院左副都御史吴大澂、珲春副都统依克唐阿会勘中俄边界。竣事后，吴大澂于东北长岭一带立铜柱为界碑，并且在屯镇胡开文墨庄定制"铜柱"墨以作纪念。该墨赤金皮，凹铸小篆四行，小篆文字俱石绿色。正面篆书"铜柱"二字，下端楷书"徽州屯镇老胡开文造"。背面还有篆书四行五十八字的铭文，内容是"光绪十二年四月，都察院左副都御史吴大澂，珲春副都统依克唐阿奉命会勘中俄边界。既竣事，立此铜柱。铭曰'疆域有志国有维，此柱可立不可移'"，皆吴大澂的手笔。现在边界上的铜柱已不存在，据说八国联军入侵北京后，北边失守，沙俄遂将铜柱劫走，存于伯力（今哈巴罗夫斯克）博物馆。但"铜柱"墨，却仍然记载着中国人民捍卫祖国领土完整的决心（"铜柱"墨照片见彩页）。

光绪十三年（1887年）

（胡天注派下六房懋德后裔）胡祥祉三子胡洪昭出世，名文妍，字鑑臣，号观爽，国学生，江南高等实业学堂毕业。在实业学堂求学时，加入同盟会，曾任江西矿务学堂教习，殁于1956年，芜湖等地胡开文墨店的第三代传人。

光绪十八年（1892年）

（胡天注派下六房懋德后裔）胡贞一因茶叶生意不景气，亏蚀了四万元，只好将汉口的胡开文贞记出盘给侄子胡祥善经营，胡开文亨记也因此而息业。

光绪二十二年（1896年）

（胡天注派下二房余德后裔）梁启超定制"任公临池墨"，由徽州休城胡开文制。

光绪二十五年（1899年）

（胡天注派下二房余德后裔）胡祥禾逝世，因胡洪椿尚未成人，休城胡开文由管事代管。

（胡天注派下六房懋德后裔）胡贞一逝世，芜湖的胡开文沅记、胡开文源记，南京的胡开文利记和安庆的胡开文立记由其子胡祥祉继业。

光绪二十六年（1900年）

（胡天注派下七房颂德后裔）屯溪胡开文的胡贞奎去世，其子胡祥春继业；后胡贞堤去世，其子胡祥镛执业。

光绪二十九年（1903年）

休城胡开文墨店为金石学家端方仿制"秦古权墨"，墨上有端方的行书小楷题记（"秦古权墨"照片见彩页）。

光绪三十年（1904年）

（胡天注派下八房硕德后裔）胡祥钧侄子胡洪开出世，字菊圃，上海广户氏老胡开文的第二代传人。

光绪三十年十二月初一，徽州府颁谕，令休城胡开文制贡墨。全文如下：

　　钦加同知衔、赏戴花翎、特授徽州府歙县正堂加五级记录、五次邓谕、休城胡开文墨铺知悉：

　　照得光绪三十一年端阳，应进贡品墨、朱锭，自应先期备办，以免临时迟误，合行查案谕知。谕到该墨铺，即便遵照向章，速办"黄山图"墨六斤，每斤十八锭，计大小一百零八锭，分装六屉，合成一楠木箱。又"民生在勤耕织图"墨四斤，每斤十六锭，计六十四锭，

分装四屉，共作一楠木箱。又新刻"棉花图"墨四斤，每斤八锭，计
三十二锭，装四漆匣，外用锦套，敬谨描画，作一楠木箱。

　　以上之墨，共计三提，统计二百零四锭。并添办朱锭五十锭，均
需装潢齐全。所有墨边上，刊刻衔名"恭进"等字样。仍俟奉到宪
行，再行谕知。

　　又抚宪呈祥之墨，系用"黄山图"墨四斤，亦需装潢齐整。所有一
切样式，均宜妥速办齐。事关上用要件，慎勿迟延，致于未便，切切特谕。

　　　　　　　　　　　　　　　　　　　　　光绪三十年十二月初一

光绪三十四年（1908年）
（胡天注派下二房余德后裔）胡洪椿开始主持休城胡开文店务。

宣统元年（1909年）
（胡天注派下八房硕德后裔）胡祥钧在上海开设广户氏老胡开文。"广
户氏"三个字的由来，是因为胡开文家族的《思齐堂天注公分析阄书》是
一式八份的，八份阄书分别按八个房头的顺序，编为"道""以""德"
"宏""身""由""业""广"等字户，每个房头按户头顺序之字户各领一
份。胡祥钧是胡天注的八房子孙，八房对应为"广"字户，故名"广
户氏"。

（胡天注派下六房懋德后裔）胡祥祉逝世，芜湖的胡开文沅记、胡开
文源记，南京的胡开文利记由聘请的经理代管。安庆的胡开文立记由胡祥
祉的堂弟、原安庆胡开文立记的聘用经理胡祥龙承顶，此后胡开文立记更
名为胡开文正记。

宣统二年（1910年）
（胡天注派下二房余德后裔）休城胡开文所制徽墨，获南洋劝业会的
优等奖状。

宣统三年（1911年）
（胡天注派下六房懋德后裔）据《绩溪县志》记载：胡祥祉之三子胡
洪昭（即胡鑑臣、胡文妍）被柏文蔚邀作幕僚，率部从驻屯溪，任徽州、

宁国府联络员，联络光复两府属县事宜，物色、提名各县知事，绩溪县民国首任民事长（知事）宋履丰就是胡洪昭物色提名的。民国二年（1913年）秋，柏文蔚去职，胡洪昭遂离职返里，继承祖业。此时，芜湖、南京等地的胡开文墨店仍聘请经理代管。胡洪昭在家乡被公推为村董，是绩溪有名的绅士。民国十二年（1923年），他和胡绍之等人合并了原上庄第一、第二两所国民小学，创办了上庄毓英小学。胡适任名誉校长，胡洪昭任副校长，主持校务并任教。此后至抗日战争胜利的数十年间，胡洪昭几度担任毓英小学校长和上庄村董。抗日战争胜利以后，胡洪昭离开上庄去芜湖、南京两地。1956年，胡洪昭病故于南京的胡开文利记墨店。

民国元年（1912年）

休城胡开文特制中华民国纪念墨数种，其中一种，有"胡开文造"四字为首字的藏头诗："胡越一家，开我民国；文德武功，造此幸福。"（"纪念墨"照片见彩页）。

芜湖胡开文沅记特制"民国千秋"墨，长10厘米，宽2.5厘米，厚1厘米，正面为"民国千秋 胡开文法造"，背面为盆栽万年青图案，两侧分别题有"驻芜胡开文沅记六十年纪念墨"和"民国元年沅阶氏第三孙鑑臣制"。从此墨两侧提供的信息来看，民国元年（1912年）时，胡开文沅记已经创办60年。由此推算，胡开文沅记的创立时间应该是由民国元年（1912年）上推60年的咸丰二年（1852年）（"民国千秋墨"照片见彩页）。

民国二年（1913年）

胡贞一曾孙胡洪昭次子胡恩森出世，芜湖胡开文沅记的第四代传人。

民国四年（1915年）

休城胡开文特制的"地球墨"荣获巴拿马万国博览会颁发的金质奖章（"地球墨"照片见彩页）。

休城胡开文特制"休城胡开文一百五十年纪念墨"。

民国九年（1920年）

（胡天注派下六房懋德后裔）胡祥善去世，其子胡洪震继承父业的汉口胡开文贞记，后来又在汉口的前花楼、后花楼、集益巷、洪益巷等处开设分店，均由自己全权总管。

（胡天注派下七房颂德后裔）屯溪胡开文胡锡环次子胡贞奎之子胡祥春（1889年生）退股，另设屯镇老胡开文墨店，独资经营；胡锡环三子胡贞堤之子胡祥镛（1895年生）用胡开文俊记做墨，胡祥镛死后，胡连生（非天注公后裔）顶替，并且更名为胡开文仁记；胡贞鉴和胡贞铭之后则退股歇业。

民国十三年（1924年）

安徽桐城人李润伯贩运胡开文沅记墨去成都销售，由于同乡关系，结识了当地名书法家方旭（字鹤斋），得到方旭的支持，在成都青石桥街创设了专营笔墨的商店，并与胡开文沅记立约专销其所产徽墨，沿用"胡开文"招牌，由方旭书写店招"徽州胡开文"，成了胡开文沅记在成都的特约经销店。

上海广户氏老胡开文开始引进"西烟"（碳黑）制墨，"西烟"替代了"松烟"和"油烟"。用"西烟"制成之墨，不仅光泽度比松烟好，而且墨色度不亚于油烟墨，物美价廉，为古老的徽墨注入了新鲜的血液。

民国十六年（1927年）

屯溪胡开文制"天下为公"墨，正面是富含魏碑气息的楷书金字"天下为公"，背面是正体小楷的"总理遗嘱"，墨之顶款是小楷"五石顶烟"。"五石"意为制作不易，花费甚多，"顶烟"是一种柔润和静、体重色紫、细腻不败的油烟墨。

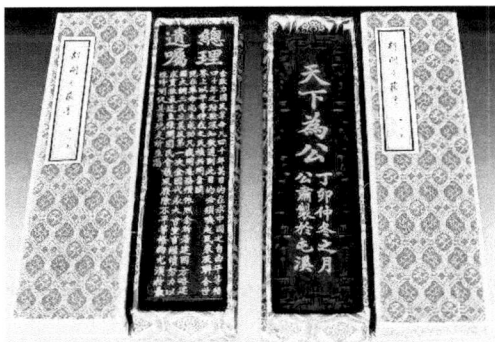

"天下为公"墨

成都胡开文

民国二十二年（1933年）

（胡天注派下八房硕德后裔）胡祥钧从上海运回钢材、水泥，在家乡绩溪上庄建"红门楼"。红门楼的外形以及平面结构仍是徽派民居的方形封闭三开间，其结构与装饰极为协调，但门楼及窗的形状则像一个外国洋行或天主教堂，而且建房的材料也非传统的单一砖木结构，使用了水泥混凝土，据江苏美术出版社出版的《老房子》记载，这是皖南建筑中首次使用水泥混凝土。

绩溪上庄红门楼

（胡天注派下六房懋德后裔）南京胡开文利记承顶南京中华路的汪近圣墨店，并将其改为胡开文利记中华路分店。

民国二十四年（1935年）

（胡天注派下八房硕德后裔）胡祥钧逝世，上海广户氏老胡开文由胡洪开（胡祥钧的侄子、其二哥胡祥礼之子）接任总经理，统揽一切权力。在胡洪开主持上海广户氏老胡开文期间，广户氏老胡开文有了很大发展，拥有职工百余人，资本累至几十万。在宁国河沥溪建点烟房，在上海建三处支店，一支店在河南中路和昭通路口，二支店在福州路和山西路口，三支店在淮海中路和重庆路口的复兴公园附近。在全国各地建分店，如北京琉璃厂分店、天津滨江道分店、南京太平大路分店、汉口后花楼分店、杭州分店以及沈阳、万县、成都、重庆、宜宾、灌县、内江、昆明和腾冲等地的支店和特约代理店。广户氏老胡开文其资金之雄厚，分店之多，在胡开文墨业及徽墨业中堪称第一。广户氏老胡开文，是胡开文墨业后期的巅峰。

1935年的《中国经济志》记载：民国期间，各省墨店皆以"徽州胡开文"等相标榜。

民国二十五年（1936年）

屯镇老胡开文墨店因为胡祥春逝世后无子，由其妻程氏掌管，此时程氏抱病卧床不起，决定选嗣。由胡鑑臣（芜湖胡开文沅记第三代传人，当时闲居绩溪上庄，被公推为村董，是绩溪有名的绅士）出面，以上庄胡祥育（非胡天注后裔）四子胡洪道过继给程氏为嗣，并且易名继宗。店业由胡祥春的胞姐胡仙芝及程氏胞弟程永庚监护并且代管。6月22日在《徽州日报》上登《屯溪老胡开文墨庄主人胡程氏启事》宣布此事。

民国二十六年（1937年）

芜湖沦陷，芜湖胡开文源记分店被日机炸毁。

南京沦陷，南京利记中华路分店收歇。

胡适在上海期间曾经为上海广户氏老胡开文监制的中级墨"松滋侯"墨题墨赞曰"笔精墨妙"四字。后来，广户氏老胡开文将此四字制版印刷成墨票，随墨品销售。

（胡天注派下八房硕德后裔）老八房的裔孙胡祥英（1883年生）及兄胡祥运（1881年生）大肆出租"胡开文"招牌，于是出现了许多非胡天注后裔开设的胡开文墨店。

民国二十七年（1938年）

（胡天注派下六房懋德后裔）胡洪震去世，汉口的胡开文贞记等由其子经理店务。

民国三十年（1941年）

（胡天注派下六房懋德后裔）胡恩森全面接管芜湖胡开文沅记店务。此前胡开文沅记由绩溪中屯人曹筱庄任经理代理。胡恩森此后开始改革胡开文沅记的经营方式，针对当时交通阻塞问题，用邮售以扩大销路；针对当时制墨技工少问题，用"打工"（即基本工资加计件工资）的方式以提高生产；针对当时物价飞涨问题，利用芜湖是"四大米市"之一的优势，购储大米以保币值等；改进了徽墨的配方，选用价格低廉的工业碳黑（即西烟）作原料，效果好，质量可靠。

民国三十六年（1947年）

（胡天注派下六房懋德后裔）芜湖胡开文沅记第三代传人胡洪昭六十大寿，胡适题"这样的神仙世界，多活几年好"的条幅祝贺。

抗日战争胜利以后，内战即将爆发，形势日趋紧张，芜湖胡开文沅记的胡洪昭吸取民国二十六年（1937年）分店被炸的惨痛教训，在处理流动资金时，在购物和存钱之间难下决断，民国三十六年（1947年）决定通过其朋友江苏金坛县长在金坛购田500亩，解决了流动资金的处理问题，因为战争期间即使田地被炸，但是土地还在，损失不会太大。

民国三十七年（1948年）

（胡天注派下七房颂德后裔）胡洪道主持屯溪老胡开文墨店后，店务难以维持，于是就带着模具加入设在屯溪的股东店胡开文义记，自此以后屯溪就没有胡天注后裔独资经营的胡开文墨店了。

"一品锅"

（胡天注派下六房懋德后裔）胡洪昭孙胡毓丰开始接管南京胡开文利记店务，此前胡开文利记的店务由汪智诚任经理代管。

胡适去南京参加国民党政府的"国大"会议，胡洪昭在南京的胡开文利记设宴招待胡适，由其儿媳妇掌勺，烧的是胡适爱吃的绩溪岭北的家乡菜"一品锅"，陪同胡适赴宴的还有当时国民党政府的教育部部长朱家骅和清华大学校长梅贻琦。

1950年

由上海10个同业会一致推选笔墨业胡洪开（上海广户氏老胡开文业主）为上海市第二届人民代表大会工商界代表。

1952年

由胡开文沅记牵头联合八家同业准备筹办"私营胡开文教育用品股份

公司",并已制订了组织章程草案。芜湖市工商局批复"侯'五反'运动告一段落,再行核批"。后因为1956年的资本主义工商业社会主义改造的到来,该组织章程草案没有实行。

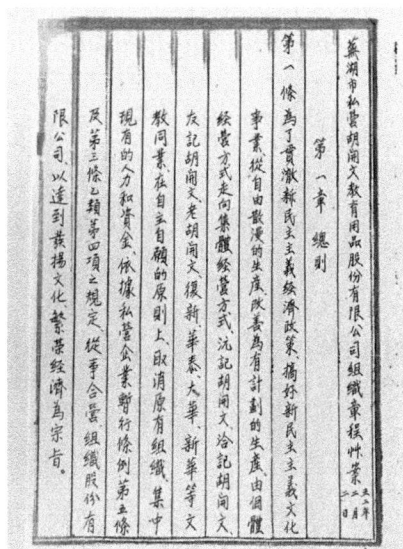

芜湖市私营胡开文教育用品股份公司组织章程草案

1955年

屯溪的胡开文仁记、胡开文义记和木材行商程襄侯三家合并为胡开文墨品工业社。

1956年

屯溪的胡开文墨品工业社、日新化工厂和其他几家胡开文合并成立公私合营屯溪徽州胡开文墨厂。

歙县的老胡开文、胡开文正记、胡开文顺记、胡开文仁山氏四家胡开文墨店合并为地方国营歙县老胡开文墨厂。

芜湖市工商界定股资金户名册（胡开文墨厂）

芜湖的胡开文沅记、胡开文友记、胡开文筱庄氏、胡开文洽记四家胡开文合并成立公私合营芜湖胡开文墨厂。据芜湖档案馆资料记载，其中胡开文沅记占定股的百分之七十五。胡开文沅记主持人胡恩森被安排担任芜湖市文化用品公司副经理兼公私合营芜湖胡开文墨厂厂长，1957年初调任芜湖市工商业联合会主委。

上海的胡开文墨店与曹素功墨店合并成立上海墨厂。由广户氏老胡开文墨店（资产249 368元）、休城老胡开文发记墨店（资产43 337元）、屯镇老胡开文墨店（资产38 436元）和曹素功尧记墨庄（资产71 957元）、曹素功敦记墨庄（资产10 822元）五家合并成立了上海墨厂。当时三家胡开文墨店的资产合计为331 141元，占上海墨厂总资产的百分之八十；两家曹素功的资产合计为82 779元，占上海墨厂总资产的百分之二十。上海墨厂的厂址就设在闸北南山路的原广户氏老胡开文的制墨工厂。

武汉的胡开文贞记与鲍乾元、严天元、周开元、张开元几家墨店合并成立公私合营武汉胡开文制墨厂。

南京的胡开文利记并入南京市工艺美术服务部，业主胡毓丰任经理部副经理。

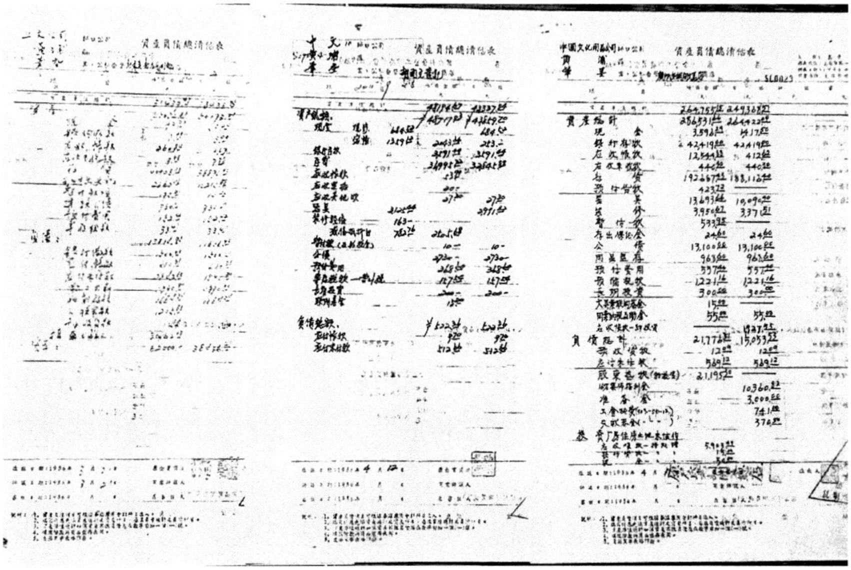

上海三家胡开文的资产负债总清估表

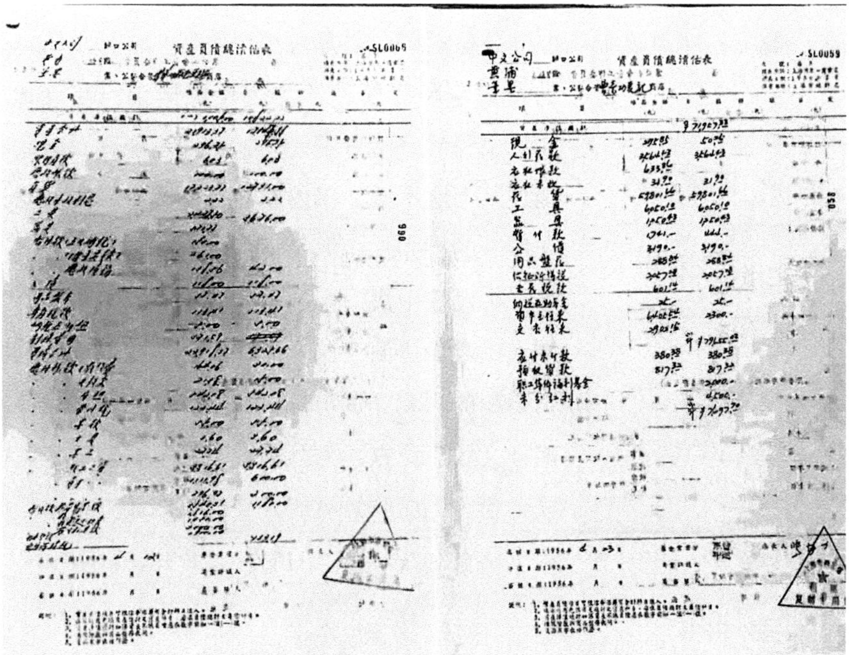

上海两家曹素功的资产负债总清估表

1956年，时因休宁制墨行业只有休城胡开文墨店一家，当时除有近2000

副墨模、陈墨和部分原料外，流动资金甚少，无法对其进行社会主义改造。

1959年

休宁和屯溪合并后，根据屯溪国营徽州墨厂（今徽州胡开文墨厂）恢复和发展胡开文传统名牌产品的需要，由休宁县统战部会同县轻工业局着手筹办休城胡开文墨店与屯溪国营徽州墨厂合并事宜，休城胡开文墨店正式撤销。

1961年

正当资产清点登记、上报审批尚未结束时，即遇到休宁、屯溪再次分辖，合并工作半途而废。当年胡洪椿逝世。之后，有关部门将休城胡开文墨店固有财产、工厂、店屋交付胡洪椿儿子代为保管。

1961年时，现代著名书画家、廖仲恺夫人何香凝女士，为庆祝中国共产党成立40周年，以个人名义特制一款敬贺纪念墨。此墨长12厘米，宽3.3厘米，厚1厘米。墨的正面摹印何香凝女士绘画的一棵茂盛挺拔的烫金古松，屹立于峭壁之上。古松旁还题写有"万古长青敬贺"一行小楷。墨的背面摹印有廖仲恺先生于民国十三年（1924年）书写的"富贵不能淫，贫贱不能移，威武不能屈"书法手迹。墨的左侧还摹印有"徽州胡开文制"的字样。

《文史资料选辑》第二十三辑

由民建中央、全国工商联史料小组供稿，中国人民政治协商会议全国委员会文史资料研究委员会编的《文史资料选辑》第二十三辑以《芜湖胡开文墨店调查》为篇名，刊登了芜湖市工商业联合会（工商联）对胡开文沉记的调查材料。该历史调查对此后全国的胡开文研究，影响很大。

1962年

《芜湖胡开文墨店调查》在《文史资料选辑》第二十三辑刊登后，《光明日报》学术部认为该文对于研究中国民族手工业史是有价值的，因此在征得全国政协文史资料研究委员会的同意后，于4月9日在《光明日报》

上公开发表。发表时，他们作了一些删减。

1963年

安徽省博物馆从休城胡开文墨店征集到一批文物，其中包括"地球墨"及其获奖证书（即巴拿马万国博览会得奖奖状，该奖状纸质，彩印花边，中华民国六年（1917年）安徽筹办巴拿马赛会出品协会总理郑鸿瑞填发）和五套珍贵的集锦墨模（"御制四库文阁诗""御制棉花图诗""御制西湖名胜图"

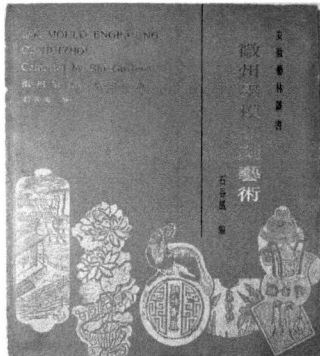

《徽州墨模雕刻艺术》

"御制铭园图""新安大好山水"）。五套墨模雕版水平极高，前四套为宫廷特制，后一套为徽州民间艺术精品，五套墨模图1985年辑入《徽州墨模雕刻艺术》图谱集，由黄山书社出版。

"文化大革命"时期

休城胡开文店内遗存的最后一点珍贵的遗产，包括老店招牌、匾额（曾国藩手书）、陈墨、部分原材料及1900多副墨模，尽数被抄，其损失已无法挽回。至此，曾轰轰烈烈两个世纪、名震中外的胡开文墨业发迹地——休城胡开文从此销声匿迹。

1974年

绩溪文化用品厂更名为绩溪徽墨厂。

1979年

十一届三中全会以后，芜湖胡开文沅记主持人胡恩森重新担任芜湖市工商业联合会主委兼芜湖市民主建国会主委，同时担任芜湖市政协第五、六、七届副主席，安徽省政协常委，中华全国工商业联合会执行委员。

屯溪胡开文墨厂生产的"超顶漆烟墨"获国家优质产品银质奖。

1980年

（胡天注派下二房余德后裔）老二房七世孙胡枫任休宁县副县长。

1983年

（胡天注派下六房懋德后裔）胡恩森在参加中华全国工商业联合会和

中国民主建国会代表大会时，受到邓小平同志接见。

歙县老胡开文墨厂生产的"超漆烟墨"获国家优质产品银质奖。

屯溪胡开文墨厂生产的"超顶漆烟墨"再获国家优质产品银质奖。

1986年

应日本泛亚细亚文化中心之邀，安徽省博物馆在日本举办中国胡开文古墨展，展出"地球墨"、"鱼戏莲"墨、"六十四景御园图"墨等。中国人民对外友好协会副会长，中国日本友好协会会长孙平化题词："墨中冠金不换·祝胡开文古墨展开幕。"

绩溪徽墨厂更名为胡开文墨厂。

1989年

歙县老胡开文墨厂生产的"超漆烟墨"获国家优质产品金质奖。

屯溪胡开文墨厂生产的"超顶漆烟墨"获国家优质产品金质奖。

1990年9月

第六、七、八届全国政协副主席，著名作家、诗人和书法大师赵朴初题诗："自幼便知胡开文，东涂西抹不肯罢。白首来观老墨庄，黄山松云光四射。学书不成每自惭，要我题词无可话。只道墨家近佛家，摩顶放踵利天下。"

1993年

绩溪县准备在上庄镇建胡开文纪念馆。11月23日，上庄镇人民政府印发上政字〔1993〕第46号文件《关于开设上庄胡开文纪念馆报告》，提出"整个筹备工作由天注公长房八世孙胡云先生负责"。

胡云(右)和本书作者胡毓骅(左)合影

1994年

5月6日，绩溪县文化局印发绩文政字〔1994〕第17号文件《关于同意开办胡开文纪念馆的批复》。

8月28日，胡天注长房八世孙胡云遵照县文化局的批复文件，在胡天注的家乡绩溪上庄胡天注长房旧宅开设胡开文纪念馆，杨振宁、沈鹏挥毫题写馆名，其中沈鹏的题字是由胡锦涛同志代为求得的。

1995年

当年出版的《安徽省志·商业志》称："'胡开文'几乎成了'徽墨'的象征。"

1997年

4月，黄山电视台去绩溪上庄胡开文纪念馆作专题采访，专题片先后在黄山电视台和安徽电视台播放。

1999年

5月，黄山市电视台采访胡云及各胡开文墨厂，摄制专题片《胡开文徽墨名天下》。

10月，胡开文纪念馆建馆五周年，绩溪县人民政府赠送"天注公·胡开文故居"金字匾额，以鉴其宅，地、县、镇领导参加赠匾仪式。

"天注公·胡开文故居"匾

2000年

黄山市举办"千年徽州杰出历史人物评选"，评选结果共评出30人，胡天注名列其中。

2002年

12月，胡开文纪念馆为进一步弘扬祖创徽墨文化，聘墨家胡恩森为纪念馆最高顾问，另聘胡开文创始人胡天注的六房八世孙胡毓骅为胡开文纪念馆高级顾问，以利为天注公祖创胡开文墨业正本清源、宏开文运。

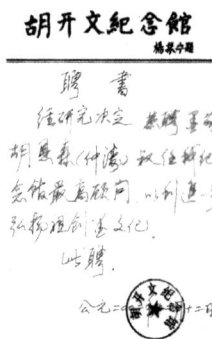

胡开文纪念馆聘书（胡恩森）　　　　胡开文纪念馆聘书（胡毓骅）

2003年

曾国藩题写的"胡开文"匾额出现在山西平遥的古玩市场上，后为上海徽墨收藏家王毅先生购得、收藏。

2005年

上海电视台纪实频道《档案》栏目，推出一部以中国近代商业先驱为主角的大型电视纪录片《百年商海》，该片共52集，包括上海、天津、北京、安徽、浙江、山西、江苏、广东、四川等地的百年老店，胡开文名列其中，片名为《徽墨世家胡开文》。

3月，以胡开文为原型的32集电视连续剧《红墨坊》正式播出，该片由著名演员陈建斌、许晴、张国立、马苏、李大强、寇振海、魏宗万主演。

《百年商海》　　　　电视连续剧《红墨坊》宣传画

8月，黄山（屯溪）"胡开文旅游广场"由黄山胡开文墨厂与香港恒汇国际有限公司合资注册的黄山市徽州胡开文文化艺术有限公司投资兴建，占地面积8333多平方米，建筑面积1.4万平方米，共五层，主要有胡开文文墨广场和旅游商场等。

胡开文旅游广场

9月10日，邮政部发行胡开文个性化邮票，一套四枚，分别是"胡天注像""胡余德像""地球墨"及"胡开文"招牌（照片见彩页）。

9月底，商务部公布全国老字号和所属企业名称，安徽省8家入列，胡开文名列其中。

2008年

6月17日，安徽日报报业集团的《江淮时报》刊登了《一个民族企业家的心路历程》，叙述了胡天注六房七世孙胡恩森在三大改造期间向中共（芜湖）市委书记倾吐的心声，为波澜壮阔的新芜湖复苏事业倾注的心血，为如火如荼的芜湖发展倾献的精力。

9月，中央电视台国际频道，采访胡云及各胡开文墨厂，摄制专题片《徽墨——胡开文传奇》。

10月25日，CCTV-4《走遍中国》栏目播出专题片《徽墨——胡开文传奇》。

2011年

中国首部徽文化题材八集黄梅戏电视连续剧《墨痕》以清代徽墨传奇为主线，以清代墨商胡天注（胡开文创始人）原型为背景，围绕以制墨为业的陈、汪两家的兴衰及陈氏孤女墨荷和胡天注二人面对困难境遇时的艰难选择，演绎了一段缠绵悱恻的徽商传奇故事。该剧由安徽汤池影视文化产业有限公司、黄山市委宣传部、黄山电视台联合摄制。由安徽省戏剧界著名人士黄梅戏国家一级演员徐君、董家林、王成、徐世银，徽剧演员王丹红，特邀著名影视演员宁晓志等领衔主演。中国戏曲家、音乐家协会名誉主席、黄梅戏音乐泰斗时白林先生担任音乐顾问，谢国华先生任该剧音乐总监，中央电视台中国电视剧制作中心资深导演袁牧女女士任总导演。

电视连续剧《墨痕》开机仪式

2013年

11月22日，故宫博物院接受胡天注六房八世孙胡毓骅捐赠的胡开文沉记生产的"黄海松精"墨、胡开文法造"民国千秋"墨、胡开文利记制"五百斤油"墨，并颁发捐赠证书。

12月17日，胡开文墨业的最后传人胡恩森逝世（1913年8月3日生），享年101岁。

2014年

2月26日，《中国文物报》发表胡毓骅《胡开文的族内竞争与胡开文墨的题款变化》一文。

2015年

胡开文墨业创设250周年，由胡开文纪念馆出版《胡恩森百岁寿辰纪念册》，该书由胡开文纪念馆馆长、书法家胡云先生题写书名。

2016年

1月，中国政协文史馆编《文史学刊》第三辑发表胡毓骅的《芜湖胡开文是"源记"还是"沉记"？》一文。

6月19日，胡天注铜坐像落成仪式在绩溪县上庄胡开文纪念馆举行。铜坐像高1.5米，重116公斤，由黄山市新世纪旅行社捐赠。宣城市人大常委会副主任张玉峰，黄山市人大常委会副主任徐建敏，黄山市政协副主席张俊杰，绩溪县政协主席高建斌，绩溪副县长柯宁宁，胡天注九世孙黄山学院副院长胡善风，铜像捐赠方黄山市新世纪旅行社总经理胡登林出席落成仪式并一同为铜像揭幕。

8月，由故宫博物院副研究员林欢先生著的《徽墨胡开文研究（1765—1965年）》一书由故宫出版社出版。该专著结合相关文献资料，从故宫博物院所藏墨品文物的配方、造型、题材、款识等特征入手，将胡开文制墨家族的发展历程进行了全面总结，并对其在不同历史时期的发展状况进行了探究，填补了徽墨研究中的空白，是胡开文研究的集大成之作。既方便了普通读者了解胡开文的情况，又为专家学者深入研究提供了线索，是一本系统介绍徽墨胡开文的百科全书。

胡天注铜坐像

《徽墨胡开文研究（1765—1965年）》

2020年

6月26日—8月2日，上海笔墨博物馆举办"天开文运、墨蕴神韵——墨海楼胡开文藏品展"。失踪多年的曾国藩题"胡开文"店招现身上海滩。上海著名收藏家王毅先生讲述了这块店招的传奇身世。展品中有大量清末至民国时期的墨品及相关

上海墨海楼胡开文藏品展

文献。

胡云书法艺术馆开馆，该馆位于上庄老胡开文墨厂，馆名由书法家、安徽省文学艺术界联合会主席、中国文学艺术界联合会第十届全委会委员吴雪题写。

胡云是徽苑精英，书坛翘楚。一生为教育、方志、档案事业无私奉献，业绩公认；集资创办胡开文纪念馆，钩沉史料，发表新见，对徽墨文化的继承与发展作出积极贡献；书艺自成一家，影响深远，对新安艺术与徽州文化的复兴与创新起着积极推动作用。他被列为"绩溪名人"，生平业绩由绩溪名人档案馆立档，这是对他的最好评价。

综上所述，我们不难看出在胡开文墨业发展的历史过程中，存在着休宁（二房余德、三房谅德、四房骖德、五房骒德、七房颂德）和绩溪（长房恒德、六房懋德、八房硕德）两支胡天注的后裔，他们共同打造了胡开文品牌。前期是胡天注及其休宁一支在休宁和徽州地区创造了胡开文品牌；而后期则是胡天注的绩溪一支走出徽州，走向全国，把胡开文品牌推向全国，使之誉满中外。

第二节　胡开文家族世系

一、胡开文家族的世系传承

胡开文家族的世系传承情况，见如下胡开文家谱，因年份久远，保存不善，故部分内容模糊不清。

胡开文家谱

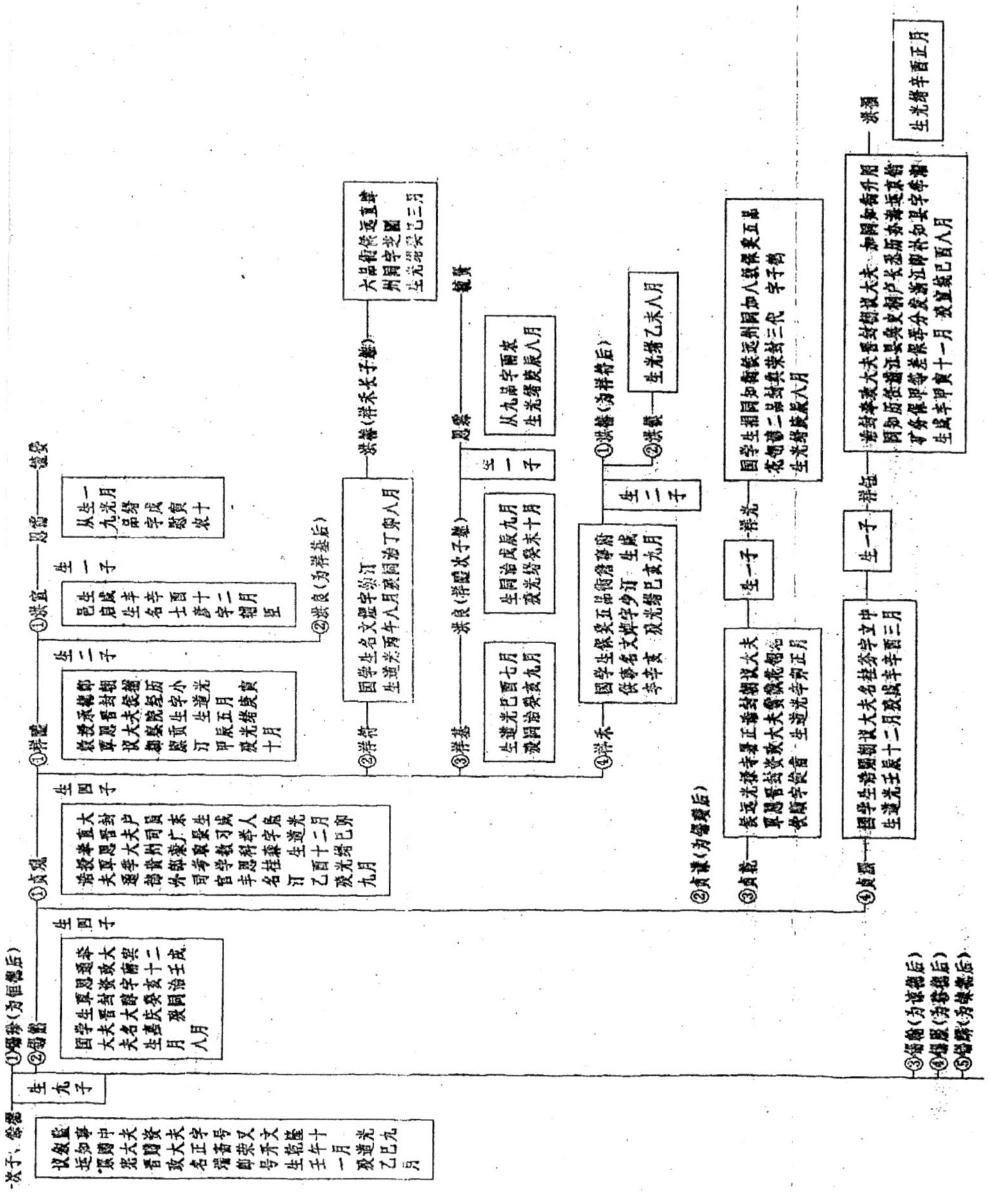

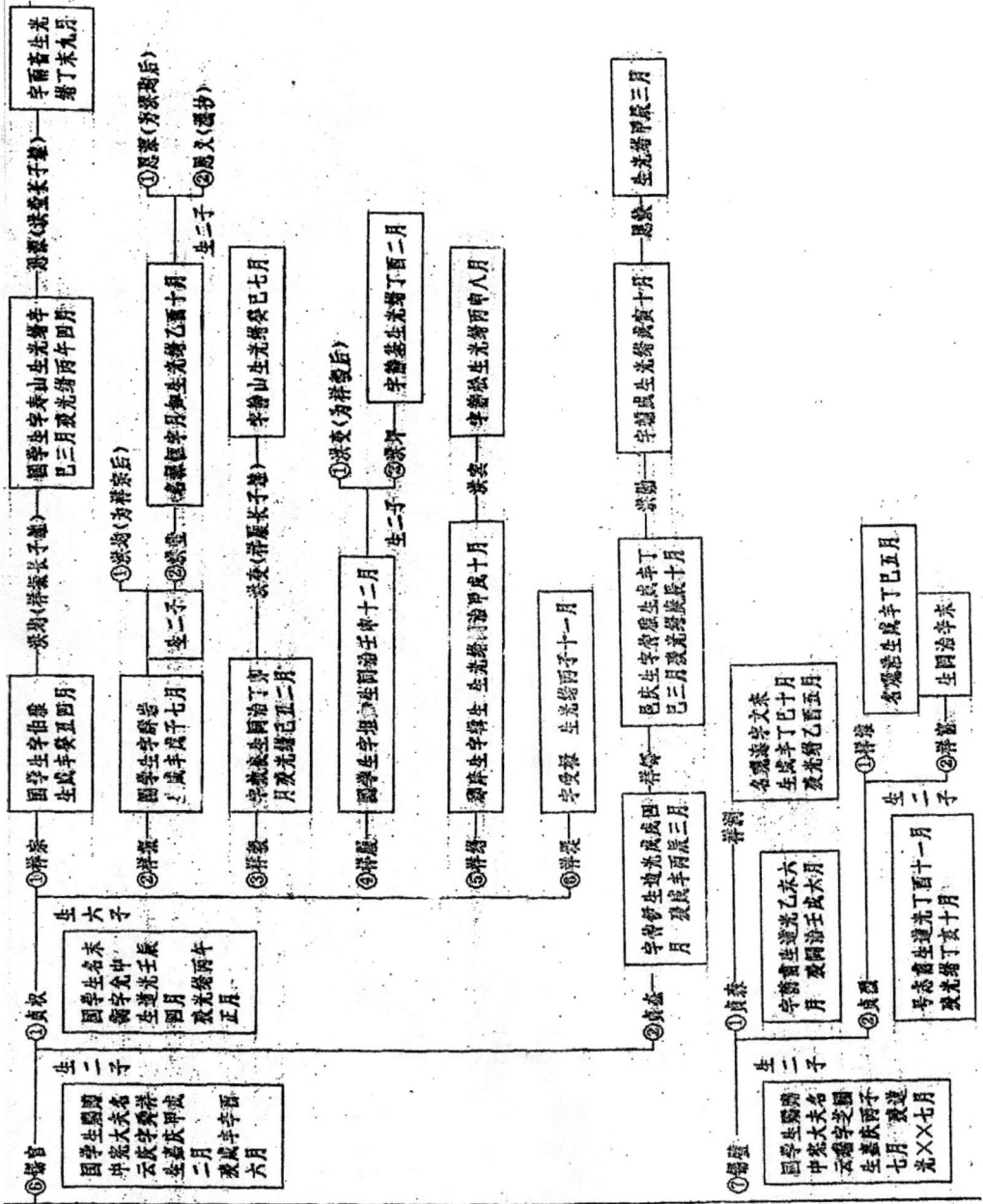

①贞收

生
二
子

①绍闿　国学生熙阿中宪大夫名云驺字芝圃生嘉庆丙子七月殁咸光××七月　葬建

②绍孟　字仲香寿山生光绪辛丁月殁光绪癸已三月复葬绪丙午四月

②贞泰　字衡甫生道光乙未六月殁同治壬戌六月

①贞凯　字志音生道光丁酉十一月殁光绪丁亥十月

①绍音　国学生熙题中宪大夫名孝秀祥生至庆甲戌二月殁咸丰丙午六月

生
六
子

②绍涤　国学生名来衡字允仲生道光壬辰四月殁光绪丙午正月·

①绍崇　国学生字伯康生戚丰癸丑四月

②绍湘（为祥鹭后）　国学生字群鹭上戚丰戍于七月　生二子①绍堂（春谷堂生于戊申生光绪乙酉十月）

③绍祥　字燕森表国治己卯月殁光绪己巳三月

④绍醒　国学生字理斋生同治庚寅十二月

⑤绍锡　国学生字梓生光绪癸丑十月

⑥绍谟　字身珍　生光绪丙子十一月

国学生字奉山生光绪辛卯三月殁光绪丙午四月　懸鉴（送至本子堂）　字甫生光绪殁丁未九月

①绍泉（为祥鹭后）　生二子②起儿（过步）

①本翠（春谷堂半月殁生光绪乙酉十月）

字春山生光绪癸巳七月

①送变（为祥鹭后）　生二子②绍孙

字静基生光绪癸酉二月

送奎　生光绪丙午十月

坚鹭绍生光绪丙申八月

昆庆生字绍恩生咸辛丁三月殁复复葬绪辰十月

字绍晟生光绪癸黄十月　懸祭　生光绪端辰三月

①名绍森文来生威辛丁五十月复光绪乙酉五月

①祥泽　②祥鹭

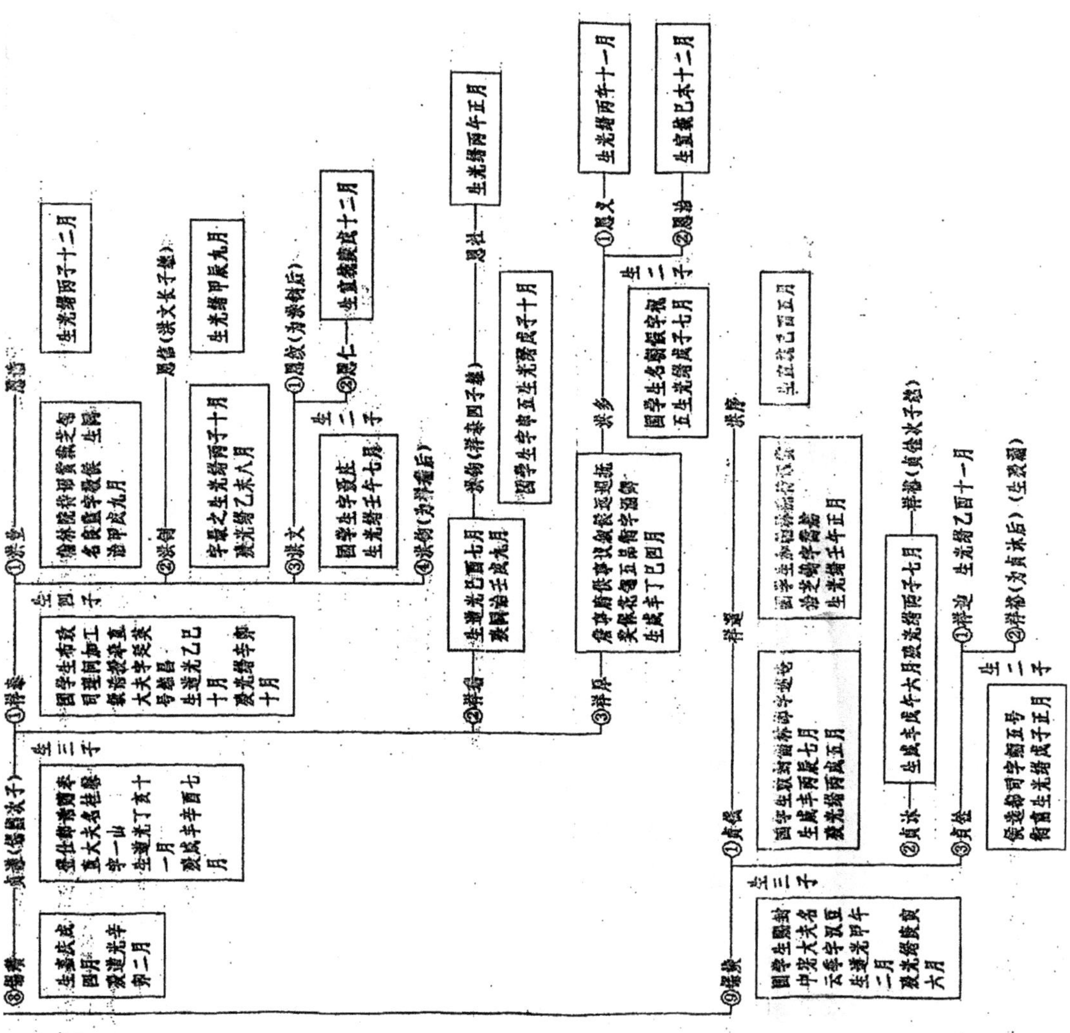

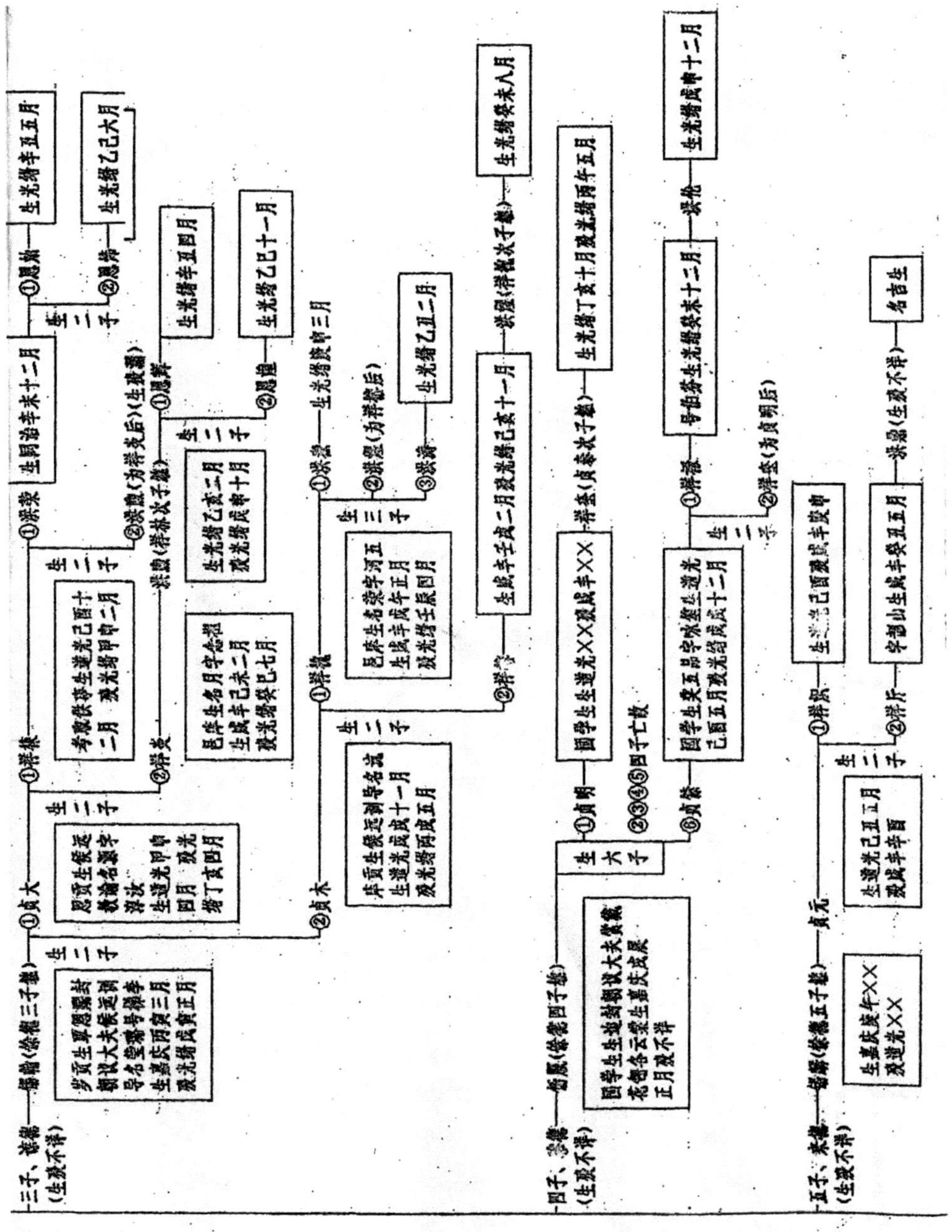

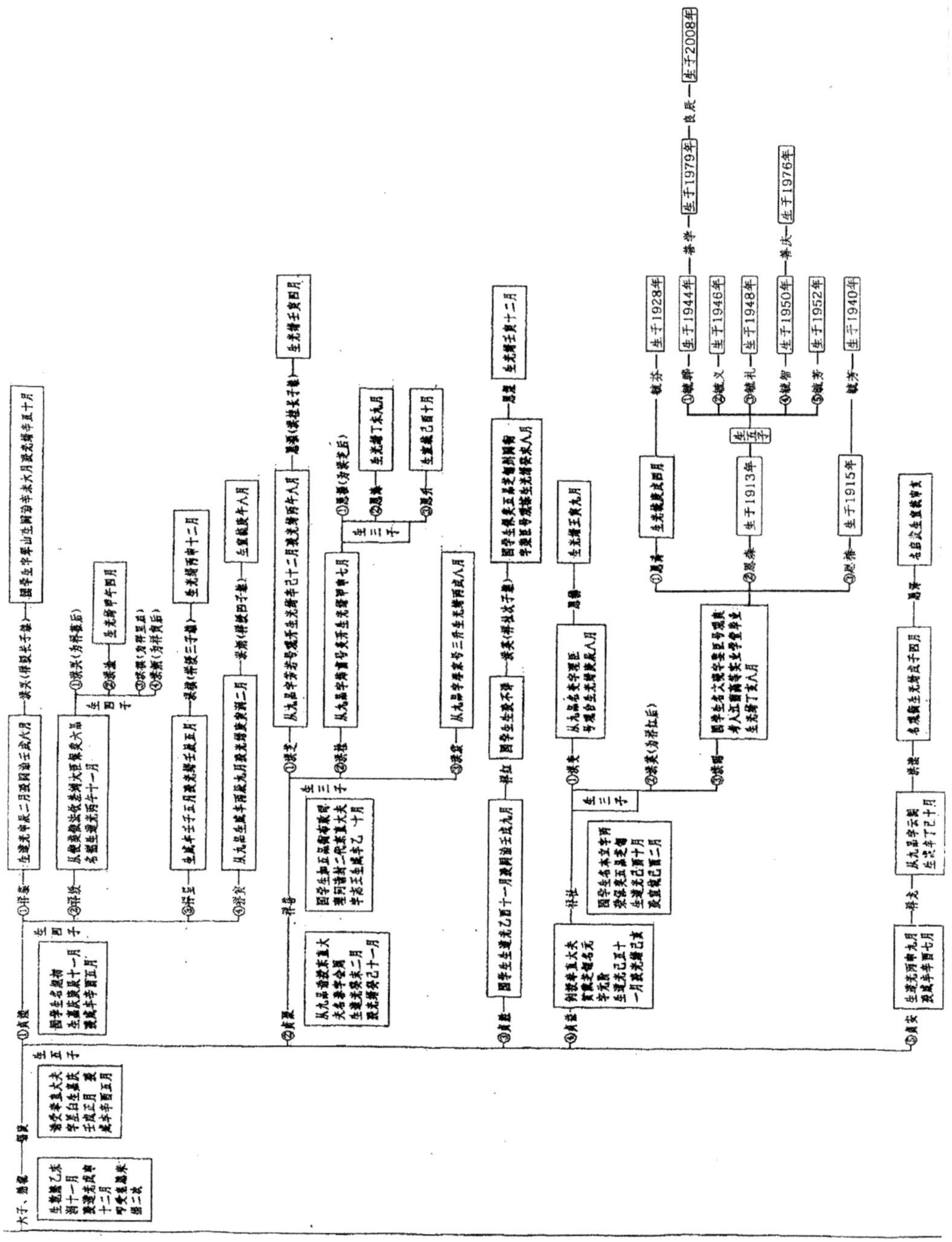

名仁麟器生光緒乙酉二月

洪麦（得緒長子孫）

①得文　生咸丰癸丑九月　殁同治甲戌五月

②得贊　昌聯生名信等等食　食廪同治壬酉二月　庠生

①張芙（为得文后）生　五子

②渠棋　生光緒丁未二月

③渠相　生光緒己丑二月

④渠績　生光緒甲申十二月

⑤渠祭　生光緒乙酉十二月

⑥渠禧　生光緒丙午六月

生光緒己丑十一月　渠蓮（殤）　器衡

③器豫（待后）

名文麟字翼卿聚生逶光緒己亥六月　殁光緒庚戌六月

②貞壁　國學生名文显字显宗鉤　生二子

生　二子

①祥鎔　生光緒乙未二月

②祥鎔　生光緒甲辰七月

③貞琨　國學生保五乱尚之鉤　名镶号掌门　生咸丰乙卯六月

①黄蕃　序貢生候选训导　名荣海号駕荪　生逶光緒丁酉九月　殁同治戊戌六月

①鎮容　國學生诰封奉封　赏戴藍翎号　代名云霄号　讳五　生咸丰戊辰正月　殁光緒乙亥十月

七子、紫蕃　國學生诰封　奉政大夫名　号甫臣　生道光丙申　十月　殁道光甲午十月

①黄蕃　生咸丰癸丑十一月（待后）殁同治乙丑三月

②黄益　國學生名荣等食三字　等赏生国盤酉質七月（待后）

③黄容　國學生名荷鈡号寶亭字　羊翰生同治己巳十月（待后）

②经蕃　國學生名云期　号寄田生逶光　丙戌七月　殁光緒祭未

生　三子

57

说明：胡氏表、排行辈：天、德、锡、贞、祥、涤、恩、毓、善、良。

二、解读胡开文家族的"析箸阄书"

阄书，是徽州常见的一种契约文书。徽州人在其晚年往往将家产均分成数份载入文契，令诸子以拈阄的方式确定各自所能继承的那一份产业，这种文契就是析箸阄书，析箸即分家。胡开文墨店创始人胡天注曾于嘉庆十四年（1809年）立了一纸分家阄书，其后，他的次子胡余德又于道光十四年（1834年）续立一纸分家阄书。两纸"阄书"分别有"原序"和"后序"，"前例"和"续例"，主要是叙述家庭和胡开文墨业的经营情况、分产原则和一些具体规定，但其实质就是"分家不分店"。

在中国，诸子均分的继承传统常被认为是造成中国家族企业富不过三代的重要原因。但是，通过从制度层面深入分析胡开文墨业，可知胡开文墨业"分家不分店"的继承模式则是其实现数代传承的重要原因。这种传承模式是在资本诸子均分的前提下，墨业的经营实行不分，实际上实现了家族墨业的单传。这种传承模式，其形成有着制度和非制度两方面的因素。"分家不分店"本质上只是在产权层面实现了所有权和经营权一定程度上的分离。

具体来说，诸子均分是自给自足农业经济和血缘拟血缘群体共有制共同规定的独特的财产继承制度，它包含袭位与析产两个基本内涵。袭位是为了传宗，即保障父家长集权的传承；析产是为了接代，即保障族群分脉枝叶同生共长。二者相辅相成，保证了祖业传承。胡开文墨店创始人胡天注晚年即考虑家族传承的问题，采用的是"分家不分店"的传承方式。"分家不分店"是在资本诸子均分的前提下，墨业的经营实行不分，实际上实现了家族墨业的单传。单传是为了传宗，即保障父家长集权的传承。传宗在家族经济组织上则表现为一种管理权威的传承，析产均分是为了保障族群分脉枝叶同生共长。而将店本均分、经营权适当剥离，实际上实现了管理权威的单子传承，这是一种同时满足家族延续需求和避免内部纠纷的变通做法。"分家不分店"本质上在产权层面实现了所有权和经营权一定程度上的分离，进而促进了合伙制和聘用代理人等有利于传承的制度的形成，这是历史上中国家族企业现代性的体现。

（一）从分家阄书看"分家不分店"

胡天注于乾隆三十年（1765年）在休宁创设胡开文墨店，创立了自己的品牌"胡开文"。进而于乾隆四十年（1775年）又在屯溪开设分店。胡天注有八子，胡天注逝世后次子余德担任起已逝长兄的职责操持家业。胡余德精明能干，家业做大，然而也面临着多房分产和家业的继承问题。关于分产和家业的继承，胡天注和胡余德先后订立阄书以分家和维系产业。阄书总的分家原则可总结为"分家不分店，分店不起桌，起桌要更名"，所谓"分家不分店"，就是休城胡开文老店和屯镇胡开文分店分别由二房和七房执业，不再分产，家中其余产业和资本除留一部分用以"养老"和"酬劳"外，全部按八股均分。可见家虽分了，但墨店却未分，即仍是单传执业。这样就可避免分散资本、分散技术和精良工具，防止出现店业名存实亡的局面。而单传执业也便于上一代在移交店业时，从诸子中选择贤明能干之人作为继承人，使店业不致因新老交替或传承不当而衰落。在此祖训指导下，加之可靠的质量和有效的经营管理，休城与屯溪老店在胡开文家族得到了较为完整的传承，其余子孙则分枝开花，同老店一起，几支相互扶持又相互竞争的族裔将"胡开文"招牌做到了全国盛名，甚至走向了世界。

具体来说，为了保证胡开文墨业的顺利传承，胡天注生前订立了《思齐堂天注公分析阄书》，后胡余德在遵从先父遗愿的基础上对阄书进行了修订。胡天注所订内容称"原序"和"凡例"，因墨迹未干，胡天注即病逝，阄书未得到顺利执行，因而25年后胡余德又订立了"后序"和"续例"，对原阄书进一步修订补充，对家族境况和墨店的经营、分产原则做了一些具体说明，并增加了对自己新创产业的具体分析情况。

分家阄书总的原则是"分家不分店"，分家原则上遵守"诸子均分"的传统，守业原则上坚持"不分店"和"分店不起桌，起桌要更名"。这里的所谓"分店不起桌",即指屯溪胡开文分店不准起桌制墨,这是胡天注在世时规定的:"屯店本不起桌,所卖之墨向系休城店制成发下。"胡余德"悉遵遗稿",在分产书中又重申此条原则,要求后世遵行。所谓"起桌要更名",也是胡天注规定的。胡天注也曾预料,由于起桌制墨的高额利润,虽有"分店不起桌"的规定,但自己身死之后,万有不肖子孙硬要起桌制墨怎么办,所以预先立下规定:"屯店起桌自造,更换'胡开运'招牌,不得用'胡开文'字样。"胡余德统持家政时虽没有发生起桌制墨之事,但不能保证今后永远不会发生,于是他重申父亲这一遗命。这一原则是相当重要的,因为他知道"胡开文"的声誉已名噪海内,"胡开文"已成为一块金字招牌,将来诸子诸孙凡经营墨业者谁都想打着这块招牌,但子孙中一旦有谁在制墨过程中偷工减料或粗制滥造,或以劣充优,祖宗亲自创立的这块金字招牌就会毁于一旦。有了"起桌要更名"的规定,就可避免这种情况发生。

胡天注订立的阄书对分家的具体规定总结如下:"将祖遗及予手创田地、山塘、屋宇并海阳、屯溪两店资本,除坐膳、坐酬劳外,品搭八股均分,编成'道''以''德''宏''身''由''业''广'八阄,各拈一阄执业。"意为胡天注将家庭资产除去食资和管理酬劳,按时价估算分为八股,分予各房执业。"不分店"的具体规定:"休城墨店坐次房余德,屯溪墨店坐七房颂德,听其永远开张,派下不得争夺。屯店本不起桌,所卖之墨向系休城店制成发下。嗣后不论墨料贵贱,仍照旧价,不许增减;屯店代休城店办买各货照原买价发上,亦不许加增。屯店起桌自造,更换'胡开运'招牌,不得用'胡开文'字样。"也即休城和屯溪老店由二房余德和七房颂德继承后,永为这两房的后代开张,其他房子嗣不得争夺。并且只允许休城店制墨,屯溪店不得起桌制墨,而是作为销售分店;倘若自造,则不允许再用"胡开文"的招牌。分店不制墨和招牌控制实际上是对家族商誉的保证措施。但是,因为胡天注订立阄书不久后便因病离世,这个阄书并未得到实际的拈阄执行,后来胡余德在修订阄书时并未改变基本原则。胡余德此后修立的阄书"照先父遗稿,权以时宜",也即在遵从其父的遗愿基础上权衡时宜略作修改，并对自己再创的家业做了进一步规定："而五房贞元、八房锡炯尚俱年幼，未识持业之艰难，日后恐生嫌隙，余心不安。惟思一本相顾之宜，照先父遗稿，权以时宜，特将五、八两房股分所派店屋及资本，照时田价坐以田业另立租谱，权交弟侄儿辈代为掌持，俟其成立，然后交与执业。""余手开创本村启茂典业坐与长房、三房、四房、六房合同开张，庶各房皆有恒业。"胡余德在遵从父亲"分家不分店，分店不起桌，起桌要更名"的原则下，对两老店进行了妥善安排，而对于新创的典业，则让几房合同开张，实际上是类似合伙合股的运营形式；对于两老店的运营，规定店本均分，但经营管理则分别交由二房和七房单传执行。在具体执行时，因为胡天注的八子中长子及三、四、五子早殁，而胡余德则育有九子，胡天注见此对胡余德说："儿既多生男，吾家之福也。亡儿未立嗣，是吾之忧也。"于是，胡天注让胡余德将儿子依序分别过继给他的几个已故但已成家的兄弟，以维持各房的延续。由于子孙众多，胡开文墨业不乏继承者，家长的重要任务则是尽量在众多子孙间合理分配家财以减少矛盾，同时又要顾及所创商业的传承，从而为子嗣提供长远的经济保障。在胡天注与胡余德所订"祖训"的指导下，加之良好的声誉、上乘的质量和有效的经营管理，两家老店得以完整传承下来，并在不同时期有所发展。同时由于人丁兴旺，一些子嗣在祖制的基础上有所变通，从而使"胡开文"字号愈加响亮，不断繁衍出新枝，由最初的休城、屯溪两店逐渐扩展到全国多个大城市。

（二）"分家不分店"对胡开文墨业经营的影响

胡氏子孙一直恪守"分家不分店"的祖制，这种传承模式对于胡开文墨业的经营治理产生了深远的影响，成为胡开文墨业得以持久经营的重要保证。

其一，分家坚守了诸子财产平分的继承传统，可以有效避免家族内部冲突，并保证每个子嗣的生计问题，均分的家产为各房另谋出路提供了资金支持。到二房四世孙胡贞观时，由于胡开文家族子嗣繁多，其他房派子孙纷纷要求起桌制墨，位高权重的胡贞观采取了对祖制变通的办法，即在"胡开文"后加上"某记"的字样，满足了其他房子孙坚持要用家族招牌的诉求。自此，未继承店业的其他房后裔也纷纷从事墨业，形成了相互学习又相互竞争的关系。后来出现了几位对"胡开文"名号的发扬做出重要贡献的子孙，如六房四世孙胡贞一使"胡开文"的招牌走出了徽州。他先在芜湖设立胡开文沅记，后又在九江、南京、汉口、安庆等地设立了亨记、利记、贞记、立记等分店，胡贞一用"沅（元）、亨、利、贞、立"作为自己创立的胡开文的店名，是源于《周易》："元者万物之始，亨者万物之长，利者万物之遂，贞者万物之功。"将"元、亨、利、贞"和"立"（存在、生存）看作一个整体，可以表示"天"生生不息的功能。八房五世孙胡祥钧在上海设立了广户氏老胡开文，随后又在南京、天津、北京、杭州等地设立分店，使胡开文的招牌走向了全国。"广户氏"三字的由来，是因为胡开文家族的《思齐堂天注公分析阄书》是一式八份的，八份阄书分别按八个房头的顺序，编为"道""以""德""宏""身""由""业""广"等八户，每个房头按户头顺序之字户各领一份。胡祥钧是胡天注的八房子孙，八房对应为"广"字户，故名"广户氏"。

其二，这种家族财产和家庭商业的传承方式，不但起到了保持家族资本完整的作用，客观上还使家族资本所有权和经营权实现了一定程度上的分离，进而带来了胡开文墨业治理结构和激励机制的变化，催生了兄弟间的合股经营与相应的利润分配及激励模式。尽管田地、房屋和不动产等可以按时价折算均分，但墨厂、商铺却是不断营利的组织，因而未分到商铺的子嗣必然会认为有失公平。正是在这种考虑下，店本按股均分、委托善于经营的子嗣进行管理的这种合伙模式得以形成。在此基础上，这些管理者会得到更多的酬劳，而其余股东则按股分利。胡开文墨业早期即采取了店本均分，实际经营却交由一房执行的模式。具体来说，二、七两房大多采用单传继承的模式。最初阄书即规定实行"八股均分"，并委托二房胡余德单房经营。此外，为了保持这种单传继承，在没有子嗣或者子嗣无条件经营的情况下还会通过过继优秀子侄以继承店业，如休城店的六世孙胡洪椿，实际上是胡贞观四子胡祥禾的亲子，后过继给继承店业的次子胡祥符以继承店业。

另外，"分家不分店"在客观上促进了胡开文墨业对外部代理人的聘用。如六房五世孙胡祥祉的南京分店，在股份均分的基础上就直接聘用外部经理人管理，而三个儿子与其母其姐妹分享四股，除每股按月从店中支取生活费外，年底结账时还均分红利。胡开文墨业不仅在外地分店聘用外姓经理人，总店有时也是如此，如二房五世孙胡祥符去世时，因胡洪椿尚未成人，休城胡开文墨店也主要是由管事代为经营。后来在全国各地设立分店的几房后嗣则更多聘用外姓职业经理人来管理，如广户氏老胡开文聘用的外姓人曹根泰。曹根泰由于在上海时工作突出，先后被派到天津和北京分店做经理。对于墨店的经理人和伙计，胡氏家族则采取了多种激励手段，一般来说，从学徒一直工作到告老回家的老员工，墨店每月付给津贴供养老之用，此外，还有升工、"二八"提红、月规等福利。"升工"就是每月升工五天，一年就有六十天，因此一年工资按十四个月计算。职工一般都是两三年回家一次，每次假期两三个月。回家后工资仍照十二个月计算。平时因事请假，如果时间不长，是不扣工资的。"二八"提红就是每年从红利中提出百分之二十，按职工工资比例分配。

胡开文墨业的这种"分家不分店"的家产析分方式，从产权角度讲，分家与不分店实际上是对家族墨业产权的不同安排，这对家族墨业在传承方式、治理机制甚至激励模式上有着完全不同的影响，总的来说，"分家不分店"的继承模式对于胡开文墨业的传承具有显著的正面影响，进而影响家族墨业组织治理模式的变迁。实践证明，胡开文创始人胡天注和继承人胡余德立的分家阄书是经过深谋远虑的，后来的胡氏子孙基本上一直遵循着这一祖宗之法。在后来的政治风云变幻、市场竞争激烈的情况下，"胡开文"的金字招牌不仅没有黯然失色，而是更加大放异彩。至清末，胡开文已成为徽墨四大家之一，1935年前后，当时的《中国经济志》曾记载了各墨店皆标榜自己为"徽州胡开文"的盛况。1995年出版的《安徽省志·商业志》中称："'胡开文'几乎成了'徽墨'的象征。"

（三）《思齐堂天注公分析阄书》中一处值得商榷的地方

屯溪徽州胡开文墨厂所藏的《思齐堂天注公分析阄书》"后序"中，有"余（忆）乾隆四十七年，先父创开海阳、屯溪二店，屯店命长兄恒德经持，海阳命余管理，与长兄各承父命"句。此句值得商榷。

首先，"后序"中的"余（忆）乾隆四十七年（1782年），先父创开海阳、屯溪二店"，与民国四年（1915年）胡开文墨店生产的"休城胡开文老店一百五十年纪念墨"提供的信息有冲突。根据"休城胡开文老店一百五十年纪念墨"提供的信息推算，"民国四年（1915年）"时胡开文已经创设150年了，那么由1915年上推150年应该是乾隆三十年，即1765年，胡开文的创设时间不可能是乾隆四十七年（1782年）。

再从《上川明经胡氏宗谱》提供的信息来看。如果胡开文墨店是创设于乾隆四十七年（1782年）的话，《思齐堂天注公分析阄书》"后序"中的，"余忆乾隆四十七年，先父创开海阳、屯溪二店，屯店命长兄恒德经持，海阳命余管理，与长兄各承父命"的事，根本不可能发生。因为根据《上川明经胡氏宗谱》的记载：胡余德的长兄恒德"生乾隆丁丑（乾隆二十二年，即1757年）六月十五日，殁乾隆丙申（乾隆四十一年，即1776年）六月十八日"。胡余德"生乾隆壬午（乾隆二十七年，即1762年）十一月二十九日，殁道光乙巳（道光二十五年，即1845年）九月三十日"。如果按照《思齐堂天注公分析阄书》"后序"，胡开文墨店是创设于"乾隆四十七年"的话，此时恒德早已去世，又怎么能够"屯店命长兄恒德经持，海阳命余管理，与长兄各

族谱中关于胡恒德生卒时间的记载

承父命"呢？如果事情确实存在的话，那么时间必须提前，笔者认为这个时间点应该是乾隆四十年（1775年）。因为，乾隆四十年（1775年）时，恒德已经19岁，余德也有14岁。按照徽州人的就业时间"十三四岁，往外一丢"来算，恒德已在商场上有了五六年的历练，胡天注在屯溪开设分店，并将分店交给恒德经持也是有可能的。如果以这个时间点来看，《绩溪县志》记载的，余德"十四岁随父经营墨业"，也是合乎情理的事实，不过"海阳命余管理"，似乎有些言过其实。如果舍此时间点，用"乾隆四十七年"的话，则胡恒德已经去世，另外胡开文墨业的创始时间也与"休城胡开文老店一百五十年纪念墨"提供的信息有冲突。这应该是《思齐堂天注公分析阄书》中值得商榷的地方。

三、解读胡开文家族的过继现象

在胡开文家族的传承过程中，有多次的过继现象。过继是传统宗族观念中的一种收养行为，大多数是为了延续男性继承人而为之。当一个家庭需要后嗣时，就从亲属或宗族中，收养一位子女以维持祭祀香火或男性继承人。即使一名男性无子身亡，家族仍可为其选择一位嗣子，形成亲子关系。

（一）胡开文家族的过继原则

胡开文家族是徽州胡氏宗族中的一支。徽州是明清时期中国境内宗族组织极为发达、宗族制度较为典型的地域之一。明清以来，徽州宗族在族内过继问题上，表现出对国家法律的高度认同，"承继立后，律有明条"。《唐律疏议》中规定：无子者，听养同宗于昭穆相当者。唐宋至明清，同宗过继成为无子乏嗣之家继承方式的主流，同宗过继遵循的基本原则是由亲及疏、昭穆相当。《大明令》也明确规定："凡无子者，许令同宗昭穆相当之侄承继，先尽同父周亲，次及大功、小功、缌麻，如俱无，方许择远房及同姓为嗣。若立嗣之后，却生亲子，其家产与原立均分……立同姓者亦不得尊卑失序以乱昭穆。"《大清律例》也规定立继需按血缘亲疏的法定顺序，除律文之外，立嫡子违法还有十条例文，对民间继嗣做出规定，如附例一的条文与《大明令》几乎完全相同，亦强调宗祧继承除同宗外，必须是昭穆相当之人，"若立嗣虽系同宗，而尊卑失序者"，与嫡子违法同，处杖八十，并且"其子亦归宗，改立应继之人"。在国家律令的基础上，徽州的各宗族则制定了族规家法，按照宗法制度的设计和规定，一个宗族之下的每个男性成员在其过世之后，都应有人来承继他的宗祧。本位宗祧由嫡子承继，众子则不断另立宗祧。如果一个男性成员没有亲生儿子，就要通过立继的方式，以确定其宗祧承继人。为保持宗族血缘关系的纯洁和稳定，过继与承继必须在本族范围内实行，这是立继的一个基本原则，并且反对与控制异姓异族承继，以维持宗族血缘秩序的稳定。严格规定族内的宗祧由亲及疏、由长及幼的继承顺序。

《上川明经胡氏宗谱》就在国家律令的基础上，制定族规称："凡派下子孙有不幸无后者，必须于亲房中以序继立一人为后，亲房无有，然后求诸远房，若亲房子不愿为之后，而为之求诸远房者听，若亲房子以序当为之后而贪图远房家产弃此继彼者，不许入祠。"这条族规可以分为两个层次，首先，无后为不孝之大，立继以承嗣，礼也。照例立继，先择亲房昭穆相当者，谓之应继。其次，亲房不得其人，则择远房贤能者，谓之爱继。必须说明的是，应继和爱继都是对祖宗血统继承的法律拟制，但其地位有先后之分，对宗族立嗣而言，应继是首选，不得已才进入爱继阶段，但无论是应继还是爱继，都要循昭穆相当的原则。另外，我们从应继中的"应"字也可看出其带有某种强制性，亲族强调的是承祧，为了延续户绝之家的世系，必须要在亲房中继立一人，无论所继之家贫富与否，只要符合过继资格就应承继，如果不愿过继或在继承家产之后放弃过继则会受到不许入祠或收回继产的惩处。通俗地说，就是同宗过继有应继与爱继之分，应继多于五服亲属中，按照由亲及疏、昭穆相当原则进行，即所谓"族中有无嗣者，即凭尊长处商议有子应继者"。在应继无人情况下，再行爱继，即于五服之内或服亲之外同宗亲属中择立昭穆相当者为嗣。

（二）胡开文家族中的过继

按照上面提到的宗法制度设计和规定，一个宗族之下的每个男性成员在其过世之后，都应有人来承继他的宗祧。本位宗祧由嫡子承继，众子则不断另立宗祧。如果一个男性成员没有亲生儿子，就要通过立继的方式，以确定其宗祧承继人。为保持宗族血缘关系的纯洁和稳定，过继与承继必须在本族范围内实行，这是立继的一个基本原则。从绩溪上庄宗谱资料提供的信息来看，胡开文家族在传承的过程中曾经有过多次典型的过继事例。

在胡开文创始人胡天注创业的初期就发生过一例。胡天注原配汪氏生长子恒德，次子余德，三子谅德，四子骖德，五子骙德，六子懋德；继妻钟氏生七子颂德，八子硕德，这八个儿子，称胡开文的"老八房"。胡天注的次子胡余德有九个儿子，称胡开文的"新九房"。胡开文的"老八房"中，由于长子恒德，三子谅德，四子骖德，五子骙德，早逝无子，后来在承继的过程中选择亲房昭穆相当的二子胡余德的胡开文的"新九房"应继，胡天注的长房恒德由胡余德的长子锡珍过继，胡天注的三房谅德由胡余德的三子锡翰过继，胡天注的四房骖德由胡余德的四子锡服过继，胡天注的五房骙德由胡余德的五子锡麟过继。这次过继完全按照有不幸乏嗣须立继子者，当在亲房中序立，由亲及疏，依照伦次立继，应该是徽州宗族过继的一个典型事例。从服亲之内的应继者身份来看，无子乏嗣者择侄为继当属首选，即使侄辈没有书立应继文书，侄承叔伯财产亦被视为当然。从胡开文分家阄书中的内容来看，这些过继给其叔伯的胡余德的儿子们都得到分给其叔伯的那一份财产。

在胡开文的传承过程中，还曾出现第四代传人胡贞观逝世，留下遗嘱将休城胡开文产权归二房（即次子）胡祥符的情况。但是当时胡祥符已经逝世，且无后，因此墨店暂时由四房（即四子）胡祥禾代管，将四房胡祥禾的长子胡洪椿过继为二房嗣后再将墨店归二房。光绪三十四年（1908年），胡洪椿开始主持休城胡开文店务。在他主持休城胡开文店务期间，宣统二年（1910年），休城胡开文所制徽墨获南洋劝业会的优等奖状。民国四年（1915年），休城胡开文所制的"地球墨"获巴拿马万国博览会金质奖。

以上的过继都是在亲房近亲家庭内进行，过程简单，家庭认可就行了。

胡开文家族还有一次因亲房不得其人，则需择远房贤能者的爱继。这次过继由族长胡鑑臣（即胡洪昭）及族贤等主持，受到宗族领导者的控制与干涉。屯溪老胡开文的胡祥春去世之初，店业由遗孀程如意掌管。程氏未育，嗣续犹虚。胡祥春生前虽有遗言："就族中昭穆相当，年龄相合者，选择立为嗣。"但程氏考虑到墨店债务太巨，不愿累及后人，欲俟店务稍好，债务逐渐清偿之后，再行选嗣。不料，民国二十五年（1936年）春，她即抱病卧床不起。这样，就只得提前选嗣。同年间，绩溪上庄胡祥育（属"明经胡"，但非胡天注后）第四个儿子胡洪道过继给程氏，并更名继宗。当年胡洪道过继时，曾凭族人立下名为《庆衍螽斯》的过继书，过继书中写明"祥春公遗下田产、屋业、店业，概归承继人洪道执管，双方亲房及外人均不得干涉"。

《庆衍螽斯》的内容如下：

立愿继书人胡祥育□身生有四子，长洪福，次洪金，三洪平，四洪道。惟长子洪福巳序继三房祥庭公为嗣，兹因本族元首公派下贞奎公之子祥春者，于民国二十三年八月间一病逝世，身后嗣续犹虚，理合求诸近房序继立嗣，奈因近房昭穆无相当之人，故不得不舍近而求诸远者，于是伊亲房鑑臣先生前来与身酌商欲以身之第四子洪道爱继为祥春公之后。身因念同族一本情不能却即允其请嗣。此继成之后，而祥春公遗下田产、屋业、店业，概归承继人洪道执管，双方亲房及外人均不得干涉，惟愿立继之后，螽斯蛰蛰，瓜瓞绵绵，子孙蕃衍，光大门闾，是身所厚望。□□□亲族共立继书，一样三本，一本存祠，一本存厅，一本交程氏继母收执，永远大发。存照。

民国二十五年□□五月□日　　立愿继书人胡祥育　　亲房等人画押

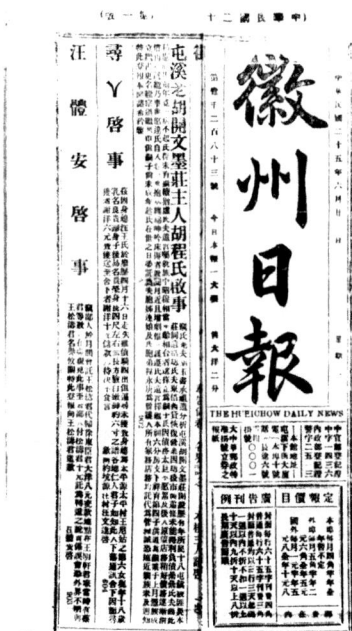

胡洪道过继的登报启事

当时胡洪道虚龄才11岁，不能理店务，于是继母程如意只好委托胡祥春胞姐胡仙芝及程氏胞弟程永庚为墨店监护人，所有家务店务均托为代管。为使远近亲族周知此事，程氏还在民国二十五年（1936年）六月二十二日《徽州日报》上刊登了《屯溪老胡开文墨庄主人胡程氏启事》。民国三十七年（1948年）下半年胡洪道开始亲自管理店务。

从以上与胡开文家族有关的过继来看，过继都是在无子嗣的情况下进行的。家族之间的应继，一般程序简单，家庭内认可即成立。但是宗族之间的爱继则程序复杂得多。因是族内过继，往往因继子与继父母没有直系血缘关系而产生诸多矛盾。为了规范过继行为，实现延续宗祧的初衷，徽州胡氏宗族不但制定族规家法，更直接出面主持过继，见证当事人双方订立文书盟约，公之于众，立明之日，告于祠堂，闻于家族，咸知为己之后，以己之家产传之。这对具有强烈契约意识的徽州人而言，订立文书意味着过继得到了宗族的承认，继子获得了合法地位，同时也通过文书把继子应享有的权利及应履行的义务规定下来，以避免日后产生纠纷。由于过继文书是以立约的形式协调和规范当事人之间的利益关系，经亲族见证，当事人画押之后，过继文书便具备了法律意义上的书证作用，日后如若一方破坏继承法律的生效，另一方面可执此文书鸣官告究。

（三）胡开文家族中的名义上过继

改革开放以后，胡开文创始人胡天注的故乡绩溪上庄出现了多家以"胡开文"为名号的私人墨厂。这些墨厂中，有的为了证明自己是胡开文的传人，说自己曾经过继给胡开文的后人，并且自称是胡开文的第某代子孙。

笔者查阅了《绩溪上庄村志》，上面的"过继习俗"中说："旧时，若夫妻婚后多年无子，为确保'香火'不断，就到别人家收养一个继子。"还有一种特殊情况，"也有一些人，因孩子八字硬，怕孩子长不大，故出生后就过继给多子多孙的有福之家，是一种名义上的过继，称'爱继'"。并且指出"收养继子，必须是先本家兄弟之子。若长房无子，二、三房兄弟，哪怕只有一子，也要过继给长房，以保长房不缺嗣。在兄弟也无子嗣的情况下，就由近及远收养一个继子"。并且特别指出"无论何种过继，都要请亲属做证人，立下文书，称过继书"。上述者不知有没有过继书，就是有，也只是一种名义上的过继，因为他所说的过继人不仅有三个儿子而且孙子都比他大。对于过继，宣统年间的《上川明经胡氏宗谱》就明确规定过继必须是在"凡派下子孙有不幸无后者，必须于亲房中以序继立一人为后，亲房无有，然后求诸远房，若亲房子不愿为之后，而为之求诸远房者听"的情况下进行的。《绩溪上庄村志》上提到的这种名义上的过继是没有实际意义的，因为双方彼此之间没有什么权利和义务。从字面解释来看，"名义上"就是形式上的、表面上的，这种"过继"是不被宗族认可，也上不了族谱的。笔者查阅了宣统年间的《上川明经胡氏宗谱》和2009年编的《绩溪上庄行政村姓氏系谱》中的《上川明经胡氏世系谱》，两谱上面胡开文创始人胡天注的后裔中都没有该经营者的一支。

从上述的《唐律疏议》、《大明令》、《大清律例》、徽州宗族族规及《上川明经胡氏宗谱》的规定来看，过继就是过房、过嗣、继嗣，是在正常的代际传承无法持续的情况下，人为的延续宗祧世系的一种选择，是传统宗族观念中的一种收养行为。无论是应继还是爱继都是继子与原来的家庭断绝关系，视继父母如亲生父母，生相奉养，死则安葬，承其家产。这与怕小孩难养、好生病等所进行的名义上的过继是有本质区别的。名义上的过继者，不与继父母生活在一起，不脱离原来的家庭，也不视继父母为亲生父母，也不存在收养行为，生不相奉养，死则不安葬，不承其家产。这与过继的本意是相违背的，不被宗族认可也是理所当然的。

四、胡天注各房胡开文墨业传承世系

（一）胡天注二房有关胡开文墨业传承世系

世数以胡天注的"天"字辈为一世，"天"字辈以下按"德、锡、贞、祥、洪、恩、毓、善、良"排序。

世数	姓名	出生时间	逝世时间	从属	备注
一世	天注	1742年	1808年	应芳次子	名在丰，字柱臣
二世	余德	1762年	1845年	天注次子	名正，字端斋，号朗荣，又号开文
三世	锡熊	1803年	1862年	余德长子	名大醌，字南宾
四世	贞观	1825年	1879年	锡熊长子	名桂森，字凫玎
四世	贞乾	1831年	—	锡熊三子	名钦顺，字健甫
五世	祥符	1846年	1867年	贞观次子	名文煜，字幼汀，
五世	祥禾	1851年	1899年	贞观四子	名文焯，字少汀
六世	洪椿	1893年	1961年	祥符子	字圃生
七世	恩铭	1928年	—	洪椿子	—
八世	毓兰	1951年	—	恩铭女	—
八世	毓进	1953年	—	恩铭长子	—
八世	毓君	1958年	—	恩铭女	—
八世	毓杰	1961年	—	恩铭次子	—
八世	毓志	1963年	—	恩铭三子	—

（二）胡天注七房有关胡开文墨业传承世系

世数以胡天注的"天"字辈为一世，"天"字辈以下按"德、锡、贞、祥、洪、恩、毓、善、良"排序。

世数	姓名	出生时间	逝世时间	从属	备注
一世	天注	1742年	1808年	应芳次子	名在丰，字柱臣
二世	颂德	1801年	1834年	天注七子	名敬，字肃臣
三世	锡环	1820年	1875年	颂德长子	名云衢，号佩五
四世	贞奎	1839年	1900年	锡环次子	名文照，号聚星
四世	贞堤	1855年	—	锡环三子	名镔，号柳门
五世	祥春	1889年	—	贞奎子	—
五世	祥镛	1895年	—	贞堤长子	—
五世	祥瑞	1904年	—	贞堤次子	—
六世	洪道	—	—	—	祥春过继子

（三）胡天注六房有关胡开文墨业传承世系

世数以胡天注的"天"字辈为一世，"天"字辈以下按"德、锡、贞、祥、洪、恩、毓、善、良"排序。

世数	姓名	出生时间	逝世时间	从属	备注
一世	天注	1742年	1808年	应芳次子	名在丰，字柱臣
二世	懋德	1775年	1848年	天注六子	—
三世	锡庚	1802年	1853年	懋德子	字星白
四世	贞一	1829年	1899年	锡庚四子	名元，字沅阶。六房胡开文沅记等创始人
五世	祥址	1849年	1909年	贞一子	名本立，字丙荣
六世	洪昭	1887年	1956年	祥址三子	名文砚（妍），字鑑臣，号观爽
七世	恩涛	1910年	1940年	洪昭长子	南京胡开文利记继承人
七世	恩森	1913年	2013年	洪昭次子	芜湖胡开文沅记继承人
七世	恩椿	1915年	1945年	洪昭三子	—
八世	毓丰	1928年	1998年	恩涛子	南京胡开文利记继承人

世数	姓名	出生时间	逝世时间	从属	备注
八世	美丽	1938年	—	恩森长女	—
八世	又珠	1941年	—	恩森次女	—
八世	惠芬	1943年	—	恩森三女	—
八世	毓骅	1944年	—	恩森长子	—
八世	毓义	1946年	—	恩森次子	—
八世	毓礼	1948年	—	恩森三子	—
八世	毓智	1950年	—	恩森四子	—
八世	毓芳	1952年	—	恩森五子	—
八世	毓芳	1940年	—	恩椿子	—

（四）胡天注八房有关胡开文世系

世数以胡天注的"天"字辈为一世，"天"字辈以下按"德、锡、贞、祥、洪、恩、毓、善、良"排序。

世数	姓名	出生时间	逝世时间	从属	备注
一世	天注	1742年	1808年	应芳次子	名在丰，字柱臣
二世	硕德	1805年	1831年	天注八子	—
三世	锡焖	1828年	1862年	硕德子	—
四世	贞松	1848年	1910年	锡焖长子	名春森，字仰堂
五世	祥礼	1868年	—	贞松长子	名国桢，字谨齐
五世	祥钧	1871年	1936年	贞松三子	名国钧，字秉成，广户氏老胡开文创始人
六世	洪开	1904年	1961年	祥礼子	字菊圃，广户氏老胡开文第二代继承人
六世	洪钊	1906年	1988年	祥钧子	—
七世	恩亮	1924年	—	洪开长子	—
七世	恩英	1927年	1985年	洪钊女	—
七世	恩德	1928年	—	洪开次子	—
七世	恩赉	1934年	1997年	洪钊长子	—
七世	恩金	1936年	—	洪钊女	—
七世	恩龙	1940年	2003年	洪钊次子	—

世数	姓名	出生时间	逝世时间	从属	备注
八世	毓仁	1951年	—	恩亮长子	—
八世	毓敏	1953年	—	恩亮女	—
八世	毓佳	1956年	—	恩德子	—
八世	毓芳	1958年	—	恩德女	—
八世	毓俊	1960年	—	恩亮次子	—
八世	潘骁	1965年	—	恩赉长子	—
八世	胡喆	1970年	—	恩龙子	—
八世	晓明	1972年	—	恩赉次子	—

五、解读胡子卿墨店

胡贞权，字允中，国学生，生于道光十二年（1832年），是胡开文第二代传人胡余德之孙。其父为胡余德的六子，新六房的锡琯，胡贞权为其长子。胡贞权能制墨又善书法，能在毛笔杆上刻字，起初也想开胡开文分店，但当时休城胡开文主人胡贞观（贞权的堂哥）坚持家规不允许，才打出胡子卿招牌，于同治初年，设肆安徽休宁，另设奎照斋经营。经营制墨的同时还兼营毛笔，生意尚好。同治十三年（1874年），为道光进士、礼部主事尹耕云定制"拾遗曾奏数行书"墨，与著名的杭州邵芝岩笔店合作经营毛笔，并随时按顾客要求在笔杆上刻字促销。

胡贞权虽是胡开文裔孙，但是完全放弃了"胡开文"以及"胡开运"的字号，更张另创字号并取得成功。其与胡开文其他几大家支一起，分别在不同时期、不同地域延续了胡开文墨业的辉煌。

关于"胡子卿"的得名历来没有记载，但根据"胡开文"源于"天开文运"的传说，故而"胡子卿"亦可能来源于"子墨客卿"的典故。胡开文墨业中多有"子墨客卿"墨作为普通墨出售。"客卿"本为春秋战国时期的秦国官名。秦王请其他诸侯国的人来秦国做官，其位为卿，而以客礼待之，故称。后亦泛指在本国做官的外国人。《战国策·秦策三》记载：

"秦昭王召见与语、大说之，拜为客卿。"又《汉书·扬雄传》载："雄从至射熊馆，还，上《长杨赋》，聊因笔墨成文章，故借翰林以为主人，子墨为客卿以风。"后以"翰林子墨""子墨客卿"泛指文人墨客。

从制墨技艺上看，胡子卿风格独特，不落前人窠臼，主要表现为制墨用料精细考究和墨型款识新颖别致。胡贞权虽是胡开文裔孙，但并没有墨守成规沿用胡开文墨品款式，而是开模雕刻了一批新颖品种。如"写经墨"，墨面镌刻一尊南北朝时期佛像，通体漱金，虽微小之处，纤细毕呈，清晰悦目，足见其刻模之研细。从外形上讲，所制本色墨、漱金墨、漆边墨都令人耳目一新。特别是漆边技术炉火纯青，漆边是指在墨的两面边施漆，防止开裂。此锭"写经墨"不仅四面边上施漆，并且在墨背篆书"印龛写经"四字也涂漆，光亮如镜，润而不粘，毫不逊色于擅长此法的名家汪节庵。

胡贞权创业之初，徽州墨业高手如林，强大的胡开文墨店就是主要竞争对手，当务之急是以质取胜，争得市场一席之地，故在用料方面下了极大功夫，尤其善用松烟和油烟混合造墨。如胡子卿制"写经墨"，侧款为"中元甲子造用松烟三成漆烟七成和剂"。松烟是用松树枝干点烧而成，漆烟是生漆点燃所成，但纯生漆不能熏点，只有掺入其他油烟才能燃烧，技术要求较高。但用此法捣制的墨，墨质精细，黝黑发亮，墨家所制"纯漆贡烟"就属此类。明张谦德《论墨》载："……松烟墨深重不姿媚，油烟墨姿媚而不深重，取烟二者兼之……"胡贞权适度掺和三成松烟七成漆烟捣制，揉和各种烟料特点，达到"墨色如漆，丰肌腻理"的境界。因此，开张不久时人就称颂曰："古色莹莹，烟香缕缕。淋漓洒金，浓淡点雨。"

"曲园先生著书之墨"

有关其创业于同治初年的事迹，从留存下来的墨可知一二。曾有一份为胡子卿墨店作宣传的墨票，署年款为同治十年（1871年），另见道光年礼部主事尹耕云于同治十三年（1874年）定制的"拾遗曾奏数行书"墨，这些都是胡子卿墨店所署年款中较早的。有一锭"仲黼观察公余吟诗之墨"，侧款"同治癸酉徽州胡子卿制"，另侧"汪鸿运谨呈"。这锭是汪鸿运进呈上司之墨，说明了胡子卿墨店至同治末年已小有名声，否则汪鸿运不会贸然嘱托无名墨店制墨。迨至光绪年间，奎照斋以其完美的产品，博得众人交口称赞。诸多名家相继嘱托制墨，光绪元年（1875年），聂士成制"一品富贵"墨，光绪二十三年（1897年），大学者俞樾定造"曲园先生著书之墨"。

光绪二十三年（1897年），胡贞权易箦之际，命次子胡祥振总掌店务。胡祥振，字樨岩，在胡贞权六个儿子中最善经营，又精于绘画和雕刻，是胡子卿墨店掌门最佳人选。光绪末年清政府废科举，市场对笔墨需求锐减，整个制墨业已成衰败之势。奎照斋墨肆于民国二十七年（1938年）歇业，当时已传至四世孙胡观贵。胡子卿墨店从同治初年创业，光绪年间鼎盛，至民国年间衰落，共历时70余年，可谓清末徽州墨坛的一株绚丽的奇葩。

第三节　列入《绩溪县志·人物》中的胡开文家族成员及胡开文分店的创始人

一、胡天注（1742—1808年）

胡开文墨业的创始人，清代四大徽墨家之一。据《上川明经胡氏宗谱》记载："登仕郎，貤赠奉直大夫，名在丰，字柱臣。"先娶汪氏，生有六子；后续娶钟氏，生有二子，共八子，俗称胡开文的老八房。

乾隆十九年（1754年），经人介绍到墨家林立的屯溪的程正路墨店当学徒。一年后，经程正路介绍转入休宁海阳的汪启茂墨室当学徒。在汪启茂墨室当学徒期间，由于他诚实勤劳，精于店务，深得老板的器重。乾隆二十一年（1756年）娶汪启茂之独生女为妻。乾隆二十五年（1760年），胡天注初租屯溪采章墨店。该墨店的前身是程正路经营的悟雪斋墨店，是康熙年间的名坊之一，乾隆年间为休宁人汪采章接替。

乾隆三十年（1765年），汪启茂墨室在与同行的竞争中失利，墨店为叶姓所有，胡天注从叶姓手中收购了原岳家的汪启茂墨室，并将其更名为胡开文墨店。胡天注接手汪启茂墨室后，为制出高质量产品，不惜巨资购买上等原料，聘请良师、名工精制墨模，大胆创新，制造集锦墨，如："棉花图"（全套16笏）、"十二生肖图"（全套12笏）、"御园图"（全套64笏）。胡天注还沿用汪启茂墨室原有的标记（商标）"苍珮室"，有时也用与"苍珮室"一字之差的"苍佩室"。由于胡开文墨用料考究，制作精细，形式新颖，受到广大用户的欢迎。乾隆四十年（1775年），胡天注承顶了初租的采章墨店，将其更名为胡开文墨店（屯溪店），只销售不生产，墨品由休宁的胡开文墨店供应，并且派其长子胡恒德经持，次子胡余德随父经营墨业。

胡天注在墨家如林的竞争中，独占鳌头，获得厚利，继而开设茶号、枣庄，置田产，成为乡里巨富。胡天注事业有成，起堂名为"思齐堂"，教育子孙要"见贤思齐"，祈望胡开文墨业世世代代持续发展，兴旺发达。

嘉庆十三年（1808年），胡天注逝世，安葬在绩溪上庄水圳上。逝世前立有分家阄书《思齐堂天注公分析阄书》。此前胡开文墨店由胡天注自己主持，恒德（1776年去世）、余德辅之，胡天注逝世后由胡余德主持。

胡天注在乡里多行善事，独资修建上庄村观澜阁下至杨林桥石板大路和竦岭半岭亭。

二、胡余德（1762—1845年）

胡天注次子。据《上川明经胡氏宗谱》记载：胡余德"议叙监运司知事，覃恩累赠中宪大夫，晋赠资政大夫，名正，字端斋，号荣朗，又号开文"，他先娶柯氏，无子；继娶陈氏，生三子；续娶翁氏，生二子；纳吴氏，生三子；再纳何氏，生一子，共九子，号称"新九房"。九子中，除五子、八子外，其余七子中，有一人是岁贡生，六人是国学生。胡余德在治家立业的理念上，与其父胡天注不同，走的是徽商"贾儒结合"的道路。

胡余德十几岁即入店，不仅对墨业有浓厚的兴趣，而且对制墨流程也了如指掌。他聪敏好学，志存远大，有才干，是父亲的好帮手，积累了很多经营管理方面的经验。胡天注病故后，胡余德

胡余德像

遵遗嘱继承休宁胡开文墨店，获得"苍珮室"商标专用权，为了发扬光大胡开文，他始终不懈地在质量上下功夫。在制墨工艺上，坚持按"易水法"制墨。每一斤松烟之中，用珍珠三两，玉屑、龙脑各一两，再和以生漆，捣十万杵而成，故其墨坚如玉，纹如犀，色如漆。又不惜重金购买原料，不偷工减料、粗制滥造，故其胡开文墨质量超群，所制"苍珮室"墨，屡充贡品，名震天下。

胡余德在扩大墨业的同时，利用多余的资金在黟县渔亭开办正大烟房，在休宁和绩溪上塘开办"和兴枣栈"，在家乡上庄开设"启茂典铺"和"启茂茶号"，开展多种经营；在休宁和绩溪买田买屋，形成一个以墨业为龙头，又有多种经营的胡开文经济实体。利用强大的商业资本，使各企业互为犄角，以便在商业市场上展开激烈的竞争，从而使胡开文商务越做越大，资本越积越多。

胡余德在发家致富后，道光八年（1828年），捐银一千余两倡建绩溪东山书院。

三、胡贞观（1825—1879年）

胡天注的二房四世孙，胡余德孙，休城胡开文第四代传人。据《上川

明经胡氏宗谱》记载：胡贞观"诰授奉直大夫、覃恩晋封通奉大夫、户部贵州司员外郎兼广东司，考取景山官学教习，咸丰辛亥恩科举人，名桂森，字凫玎"。同治元年（1862年），胡锡熊（余德次子）逝世，胡贞观开始主持休城胡开文店务。在胡贞观主持店务期间，由二房胡贞观和胡贞乾主持召开胡天注派下各系房会议，重新议定：胡天注派下子孙均可利用"徽州胡开文墨庄"字号起桌做墨，但须以"记"字区别，以示各负其责。

另据《上川明经胡氏宗谱》之《学林》和《仕宦》记载：胡贞观"……由咸丰辛亥恩科举人考取景山官学教习，丙辰援例补户部员外郎，迁户部贵州司员外郎。同治壬戌转为户部广东司员外郎，光绪己卯卒于官"。从上述记载看，胡贞观一生中有相当一段时间在外为官。在此期间，休城胡开文墨店实际是由管事代管，即对内的管理由其弟胡贞乾监管，对外则由其小九叔胡锡焕负责。

在胡贞观主持店务期间，休城胡开文的发展规模超过前人，全店职工百余人，年产墨品数万斤，并在重庆建点烟房，作为自己的原料基地。在徽墨同行中，休城胡开文一直独占鳌头，曾为不少名人、雅士监制过墨品。胡贞观入仕，光宗耀祖，胡开文家族始获封赠，人们尊敬他，称他为爷。同时由于他三任户部员外郎，所以胡开文家族成员都称他为"三爷"。他在休城的房产，包括墨店、住房、书房、客厅、客房、戏楼、花园等，共有一百零八个门阙。

光绪五年（1879年），胡贞观逝世，留下遗嘱将休城胡开文产权归二房（即次子）胡祥符。此时胡祥符已经逝世，且无后，因此墨店暂时由四房（即四子）胡祥禾代管，待四房长子胡洪椿过继为二房嗣后再将墨店归二房。

四、胡恩涛（1910—1940年）

胡天注的六房懋德七世孙，胡洪昭之长子。初中毕业于芜湖工业专门学校，后来毕业于湖北武昌美术专科学校，专科毕业后返乡任上庄毓英小学教员。在上庄毓英小学任教期间，于民国二十二年（1933年）加入中国共产党，化名胡迪云，民国二十三年（1934年）任上庄支部书记。1934年下半年与表兄汪静之（湖畔诗人）一起去上海浦东中学任教，担任美术教师。民国二十四年（1935年）下半年离沪去南京担任祖传的胡开文利记墨店经理，并试制了"胡开文利记鑑臣氏'五百斤油'墨"。民国二十六年（1937年）下半年离开南京返乡（此后南京胡开文利记由汪智诚负责），返乡期间积极投入抗日宣传鼓动工作。据《绩溪文史资料》第二辑

胡恩涛像

《抗战期间绩溪大事述要》记载："全县各地出专刊，搞宣传，演戏剧，抗日活动轰轰烈烈。最突出的是岭北八都上庄村胡鑑臣老先生之子，上海美专（应该是武汉美专）学生胡恩涛，他步行数十里来城参加抗日救亡工作，拿起画笔，绘制大幅宣传画和幻灯片，在城隍庙放映，观众很多，效果显著。"现在上庄村依然可见当年胡恩涛画的抗日宣传画。民国二十七年（1938年）4月与1937年12月返乡的表兄汪静之一起去武汉，胡恩涛考入设在武汉的国民党"军事委员会战时工作干部训练团"（简称"战干团"，团长是蒋介石，副团长是陈诚），后调入该团所属的"忠诚剧团"，任美术组长。

据《綦江县党史研究资料》记载："1939年秋，国民党'战干团'（全称是军事委员会战时工作干部训练团）从武昌迁到綦江，因该团所属'忠诚剧团'上演话剧《李秀成之死》，被特务密报为隐射蒋介石，宣传共产主义。该团教育长桂永清（大特务）报经团长蒋介石、副团长陈诚批准，从剧团开始，继而在全团五千多学员中，大肆清查共产党人。到1940年，先后分别在綦江、桥河、湾滩子、桐梓兴隆场、江津广兴、五岔一带驻地，活埋屠杀了学员二百七十多人，其中有共产党员胡恩涛（又名胡迪云，忠诚剧团美术组长）等。另酷刑致残四十余人，关押在三角集中营摧残折磨的八十多人，受特务监视的三百多人，制造了震惊中外、惨绝人寰

的大血案。"胡恩涛是民国二十九年（1940年）四月二十七日在綦江城南偏东之山上惨遭杀害的，牺牲后埋在茶桃林之西端，距（当时）汽车站一华里。

《綦江县党史研究资料》

五、胡洪昭（1887—1956年）

胡洪昭像

胡天注的六房懋德六世孙，行名文研，字鑑臣，又名观爽，芜湖、南京等地胡开文的第三代传人。胡文研早年入私塾，后毕业于南京实业学堂。据《绩溪县志》记载：胡洪昭在实业学堂求学期间，加入中国同盟会，后任江西矿务学堂教习。辛亥革命时期胡洪昭被安徽都督柏文蔚邀作幕僚，并率部从驻屯溪，任徽州、宁国两府联络员，联络光复两府属县事宜，物色、提名各县知事。民国时的绩溪首任民事长

（知事）宋履丰就是胡洪昭物色提名的。民国二年（1913年），袁世凯以武力威胁孙中山让位后，袁世凯免去柏文蔚都督之职，任命祁职环为新都督，胡洪昭被撤职，遂返回家乡绩溪上庄。在家乡，被公推为村董，是八都有名的绅士。

民国十二年（1923年），他和胡绍之等人合并了原上庄第一、第二两所国民小学，创办了上庄毓英小学。胡适任名誉校长，胡洪昭任副校长，主持校务并任教。此后至抗日战争胜利的数十年间，胡洪昭几度担任校长和村董，是乡间士绅。他平易近人，为人正直，办事公道，为乡人所尊敬，被称为"老鑑先生"。有人编歌谣以赞曰："老鑑讲话，言之有理，办事垫钱，百事百了。"民国三十二年（1943年），上庄的学校教育已得到发展，但社会教育尚感不足，作为村董的胡洪昭主持全村保甲暨公民会议，决定将原上庄阅报社扩大，改为正风进修社。社内除备各种报刊书籍外，更添兵役宣传、农业推广、卫生促进、体格锻炼、民众问字、业余娱乐等部，以适抗日战争之需要，增社会之繁荣。抗日战争胜利以后，因国民党反动派全面镇压革命力量，上庄的情况复杂。胡洪昭便离开上庄迁居芜湖、南京两地。在芜湖期间，胡洪昭解决了芜湖胡开文沅记一直存在的两大问题，其一是房产问题：芜湖胡开文沅记自鱼市街迁至长街后一直租用的是李鸿章家族的李淑兰堂房产，胡洪昭到芜湖后通过其旧有的人事关系，由芜湖地方上的头面人物高铁君作中间人与李淑兰堂签下转让合同，解决了沅记一直想解决的房产问题。其二是流动资金的处理问题：抗日战争胜利以后，内战即将爆发，形势日趋紧张，沅记吸取民国二十六年（1937年）分店被炸的惨痛教训，在处理流动资金时非常谨慎，民国三十六年（1947年）胡洪昭即通过其朋友江苏金坛县长在金坛购田500亩，解决了流动资金的处理问题，因为战争期间即使田地被炸，但是土地还在，损失不会太大。

民国三十六年（1947年），胡洪昭六十大寿，胡适题送条幅"这样的神仙世界，多活几年好"。1956年，胡洪昭病故于南京的胡开文利记墨店，1963年，归葬绩溪上庄。

六、胡洪开（1904—1961年）

胡洪开像

广户氏老胡开文的第二代传人。胡天注的八房硕德六世孙，字菊圃。广户氏老胡开文的创始人胡祥钧哥哥胡祥礼之子。少年时随父去上海学刻墨模，16岁入叔父胡祥钧的上海广户氏老胡开文当学徒，二十几岁就参与广户氏老胡开文的管理业务。民国二十四年（1935年），叔父胡祥钧去世后，胡洪开担任广户氏老胡开文总店的总经理。

在胡洪开主持广户氏老胡开文期间，广户氏老胡开文在宁国县拥有大片桐子山林，在该县的河沥溪建立点烟房。先在南京太平大路设立分店，后又在北京琉璃厂、天津滨江道、杭州以及奉天（今沈阳）、成都、重庆、万县、宜宾、灌县、内江、昆明和腾冲等地设立支店和特约代理店，在上海市内也开设三家支店。广户氏老胡开文其资金之雄厚，分店之多，在胡开文墨业及徽墨业中堪称第一。广户氏老胡开文是胡开文墨业后期的巅峰。1945年抗日战争胜利后，开始做起进口英国百结牌工业碳黑（西烟）的销售生意，成为工业碳黑的独家销售商，就连当时上海的橡胶厂也向广户氏老胡开文求购原料。

胡洪开履历表

民国二十五年（1936年），齐白石到成都游玩期间，结交了准备在成都拓展广户氏老胡开文墨业的胡洪开。回沪后，胡洪开与齐白石仍有书信和物品往来。齐白石在给胡洪开所刻之印中以其诗句"胸间富丘壑""腕底有鬼神"赠之，表明其对胡开文笔墨的赞赏和与胡洪开之间的友谊。

1950年，上海10个同业会一致推选笔墨业胡洪开为上海市第二届人民代表大会工商界代表。

七、胡贞一（1829—1899年）

胡开文沅记的创始人，胡天注的六房懋德四世孙。据《上川明经胡氏宗谱》记载："例授奉直大夫，赏戴蓝翎，名元，字沅阶。"

咸丰二年（1852年）以前，胡贞一曾在家乡绩溪上庄制墨，后来就制墨，背墨包，沿旌德、泾县、南陵到芜湖，再过江到附近地区推销徽墨，多次往返，因此对芜湖及其周边的徽墨需求情况有所了解，在芜湖及其附近聚集了各种徽墨的销售群体。

咸丰二年（1852年），胡贞一与乡人曹文斋、程连水及程平均兄弟合股在芜湖南正街开设胡开文沅记，以"沅记"和其他胡开文墨店区别，是走出徽州的第一家胡开文墨店。同治元年（1862年），曹、程撤股，胡开文沅记由胡贞一独资经营。胡贞一不但在墨的制作技术、配料等方面精益求精，而且利用上庄地区盛产优质绿茶的优势，动用资本经营茶叶，与墨业经营互为补充，提高经营利润。同治九年（1870年）前，胡开文沅记已拥有雄厚的资本，先后在九江增设胡开文亨记，在两江总督府所在地南京增设胡开文利记，派自己外甥曹认仙担任经理，在湖广总督府所在地武汉（汉口）增设胡开文贞记，派其侄儿胡祥善担任经理，在安徽省会安庆增设胡开文立记，派其侄儿胡祥龙担任经理，在芜湖下长街陡门巷口增设胡开文源记，并且开始经营洋庄茶叶出口。

胡贞一墓碑

由于胡贞一的努力经营，墨店业务蒸蒸日上，到同治九年（1870年）已发展成拥有四十四个职工的大型手工作坊，成为皖省制墨业的后起之秀。胡贞一为了就地解决制墨的原料，谋取更大的商业利润，便想利用"洋油"（煤油）燃烧后产生的烟炱来解决制墨原料的短缺问题。由于历史的局限，他没有分析研究煤油的物理和化学成分，更无法控制煤油的燃烧程度，结果用煤油制烟失败。光绪二十五年（1899年），胡贞一去世。

1956年，在资本主义工商业社会主义改造中，芜湖的胡开文沅记和其他三家租胡开文招牌开的墨店联合申请公私合营，成立了公私合营芜湖市胡开文墨厂，胡开文沅记占其定股的四分之三。

八、胡祥钧（1871—1936年）

广户氏老胡开文的创始人，胡天注八房硕德五世孙。据《上川明经胡氏宗谱》记载：胡祥钧"国学生，名国钧，字秉成"，俗名烧炭，原为汉口胡开文贞记制墨师。光绪十六年（1890年），在其岳父和胡开文贞记的扶持下，在汉口后花楼关帝庙附近开设胡开文笔墨庄汉口新店，并起桌做墨，称汉口新店，尊称前花楼胡开文贞记为汉口老店。

胡祥钧是一个富有开拓精神的人物。为了运销

胡祥钧像

徽墨，他经常自汉口乘船跑上海，联络各外省驻上海的办庄（商务办事处），以及外国来沪的商船，接洽购销业务，了解了上海的徽墨行情。他经过数年的努力，很快掌握了上海的生意路子，于是决定在上海开设墨庄。光绪二十六年（1900年），他带领一批墨师，到上海创业。在上海，几经迁徙，最后在上海黄浦区的黄金宝地抛球场北首河南中路471号的南京东路口，设立徽州老胡开文笔墨庄。该店为前店门市，内庄批发，又在店后门的济阳里7号设立墨作坊。

胡祥钧在上海创业的初期，正值清末民国初年，其时洋货充斥中国市场，民族工商业处在风雨飘摇、岌岌可危的逆境之中，加之钢笔行销中国，受其冲击，徽墨首当其冲，销路锐减。在这种情况下，胡祥钧革新制墨的原料，用工业碳黑（西烟）代替本烟（松烟和油烟），开工业碳黑（西烟）制墨之先河。选用西烟作原料制普通墨，成本降低，利润上升，价廉物美，很受欢迎。墨的销路和利润大增，在市场的竞争中独占先机。

宣统元年（1909年），胡祥钧以胡开文家族的《思齐堂天注公分析阄书》为依据，将店号招牌正名为广户氏老胡开文总店，注册商标为"广户氏"。

胡祥钧对于制墨工艺、配方、模印、装潢都极其考究，其墨都恪守继承胡开文老店的规范，烟、胶、冰、梅、脑、麝、金箔等配方极其严格，其中的本烟必须自行点炼。民国九年（1920年），胡祥钧为置办点烟房，特派人去安徽宁国河沥溪购置一处山坡，广种桐子山林，榨桐油，并建广户氏点烟房，点炼桐油烟。于右任等书法家曾经专程去河沥溪点烟房视察，得到于右任的高度赞赏。当时的工商企业，中式财务记账、银行、钱庄、票号、汇票等都要精选广户氏名牌墨。1920年后，广户氏在上海闸北区南山路（今上海墨厂所在地）建立墨作坊，扩大生产规模。

胡祥钧在其晚年，任用其二哥胡祥礼之子胡洪开担任广户氏老胡开文总店的总经理，逐步退居二线。20世纪30年代，胡祥钧从上海运回钢材、水泥，在家乡绩溪上庄建"红门楼"，为自己叶落归根、回家乡安度晚年之所。红门楼的外形以及平面结构仍是徽派民居的方形封闭三开间，其结构与装饰极为协调，但门楼及窗的形状则像一个外国洋行或天主教堂，而且建房的材料也非传统的单一砖木结构，使用了水泥混凝土，据江苏美术出版社出版的《老房子》记载，这是皖南建筑中首次使用水泥混凝土。

第四节　胡开文墨业的最后传人
——胡恩森

一、胡恩森简历

胡恩森像

胡恩森（1913—2013），字仲涛，胡天注六房七世孙。

1913年8月3日，出生于徽州绩溪县上庄村。

1919年—1925年（7—13岁），就读于上庄毓英小学。

1925年—1928年（13—16岁），就读于芜湖工业专门学校、绩溪县初中（初中）。

1928年—1931年（16—19岁），就读于芜湖省立五中，即芜湖一中的前身（高中）。

1931年—1934年（19—22岁），就读于上海光华大学。

1932年（20岁），在民国二十一年（1932年）三月十六日出版的绩溪《春晓》半月刊物第一卷第十九期（胡适题刊名）上发表小说《一个赌徒》。

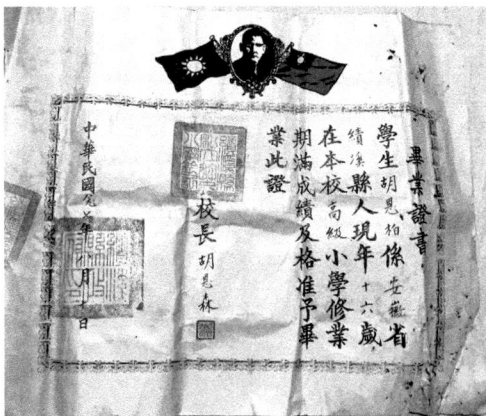

胡恩森任绩溪县上庄毓英小学校长时发的毕业证书

1934年—1938年1月（22—26岁），在东京日本大学商科学习。

1938年1月—1939年7月（26—27岁），担任绩溪县上庄毓英小学校长。

1939年7月—1940年1月（27—28岁），担任安徽省教育厅财务科长。

1940年1月（28岁），开始担任芜湖胡开文沅记经理。

1941年（29岁），开始改革胡开文沅记的经营方式。针对当时交通阻塞，用邮售以扩大销路；针对当时制墨技工少，用"打工"（即基本工资加计件工资）的方式以提高生产；针对当时物价飞涨，利用芜湖是"四大米市"之一的优势，购储大米以保币值等；改进了徽墨的配方，选用价格较松烟、油烟低廉的工业碳黑（即西烟）作原料，效果好，质量可靠。

1946年（34岁），李鸿章家族开始撤离芜湖，并出售其房产。由其父胡洪昭出面，芜湖地方头面人物高铁君为中间人，购得原租（李鸿章家族）李淑兰堂的房产（上长街井儿巷口，从长街到青弋江边的胡开文沅记原租房产）。

1947年（35岁），由于抗日战争胜利以后，内战即将爆发，形势日趋紧张，芜湖胡开文沅记吸取民国二十六年（1937年）分店被炸的惨痛教训，在处理流动资金时，民国三十六年（1947年）决定由其父胡洪昭出面，通过其在江苏金坛县当县长的朋友，在金坛购田500亩，解决了流动资金的处理问题，因为战争期间即使田地被炸，但是土地还在，损失不会太大。

抗日战争胜利后，胡开文沅记先后用油烟（桐油烟）、麝香、冰片、公丁香以及广胶（广东产）等制作了"古隃麋""骊龙珠""黄山图""棉花图""百寿图"等二三十种高级上色墨一千四五百斤。但是，由于时代的变迁，科学的进步，社会各界（除书画界）大都用上了钢笔、墨水、圆珠笔

"古隃麋"墨

等。因此墨业的经营遭受很大的冲击，高级上色墨成了积压商品，店内资金周转不灵。

1950年（38岁），参加抗美援朝捐献，认购胜利建设公债及社会救济

捐献。

1952年（40岁），为贯彻新民主主义经济政策，搞好新民主主义文化事业，从自由散漫的生产改变为有计划的生产，由个体经营方式走向集体经营方式，由胡恩森牵头在自主自愿的原则上，依据《私营企业暂行条例》的规定，准备取消原来的组织，集中人力和资金，联合其他同业，组织胡开文教育用品股份公司，制定了股份公司的章程，并且上报芜湖市人民政府。后来，由于"三反""五反"运动的进行及对资本主义工商业的社会主义改造的到来，胡开文教育用品股份公司没有成立。

同年，在武汉召开的全国物资交流会上，胡开文沉记推销了积压多年的上色墨八百多斤，计款约八千元，做成了胡开文沉记有史以来唯一一次大交易，增加了周转资金。在皖南物质交流会上，胡开文沉记购进当时急需的原料（烟煤）。

1953年（41岁），在召开的芜湖市工商业联合会第一届（1953—1957年）会员代表大会上胡恩森当选为副主任委员。

同年，"五反"运动以后，胡恩森带头在芜湖市及安徽省率先成立劳资协商会。由于胡开文沉记是家百年老店，百年来，家店不分，全家十几口，依店为生，劳资协商会决定：1.家店分开，店主不得在店支取家用；2.经理月支工资66元（职工月支工资40至50元）。这对于私营独资企业来说是一次前所未有的重大改革。他作为资方，既要为经营好坏负责，又要承担全家生活的重负，但他仍然毫无怨言地接受下来，尊重职工意见，不计较个人得失。这也充分体现了他拥护党和政府，接受社会主义改造的决心。

1954年（42岁），购买公债2000元，这个数字在当时的芜湖是不多见的。

1955年11月（43岁），中共芜湖市委书记郑家琪去市工商联单独约见胡恩森。郑家琪书记告诉他，芜湖市与全国一样，即将在工商业实行公私合营，为新芜湖的建设创造一个良好的经济环境，请胡恩森谈谈自己的看法，并且勉励他"认清形势，掌握命运，积极准备，参加公私合营"。

同年12月，胡恩森做出一生中重大的选择，响应中共芜湖市委的号召，主动申请将胡开文沇记转业并筹建公私合营的长江制药厂。

1956年（44岁），在全行业公私合营高潮时，为了行业对口，胡恩森又牵头与其他三家墨店合营，创办芜湖胡开文墨厂。这对当时芜湖市乃至安徽省的资本主义工商业社会主义改造都有积极的影响。1996年，全国工商联出版《对资本主义工商业社会主义改造胜利完成四十周年纪念专辑》，就向他约稿，胡恩森写了一篇回忆文章，题目是《公私合营老店变新颜》。2008年6月17日的《江淮时报》以《一个民族企业家的心路历程》，报道介绍他在资本主义工商业社会主义改造中，"义无反顾地走近朝阳，坚定不移地跟共产党走，走上社会主义康庄大道，向如火如荼的芜湖发展倾献精力"。

《对资本主义工商业社会主义改造胜利完成四十周年纪念专辑》目录

同年胡恩森任芜湖市文化用品公司副经理，兼公私合营胡开文墨厂厂长。

1957年1月（45岁），调芜湖市工商联，在召开的芜湖市工商业联合会第二届会员代表大会上当选为主任委员。

胡恩森担任市工商联主任委员期间，正值芜湖市资本主义工商业社会主义改造进入关键时期。作为市工商联主任委员的他，积极地投入芜湖市资本主义工商业社会主义改造的宣传动员工作中，经常与市资改办的同志联系研究，宣传政策，做好工作。在他的影响下，经过广大干部的努力和细致工作，芜湖市很快实现了工商业全行业公私合营，在全省各地市中名列前茅。

1958年（46岁），反右斗争后期被错划为右派分子。

1959年10月（47岁），摘掉右派分子的帽子。

1960年（48岁），胡恩森任市工商联、民建会秘书组长。当时的芜湖市工商联和民建会对芜湖的张恒春药店、胡开文沆记墨店以及芜湖米市进行了调查，当时任市工商联、民建会秘书组组长的胡恩森具体负责这项工作。在这次市工商联进行市工商界文史资料的收集研究的过程中，他组织调查并且参加有些文史专题的撰写工作，在市档案馆的市工商联的档案中，就发现有他写的文史专题的初稿。市工商联经过这次调查，形成了《芜湖张恒春药店调查报告》《芜湖胡开文沆记墨店调查报告》和《芜湖米市调查报告》三篇文字稿，上报全国工商联。经全国工商联的审查后，又报全国政协文史资料研究委员会。后经全国政协文史资料研究委员会审查，决定选用《胡开文沆记墨店调查报告》，并以《芜湖胡开文墨店调查》为题发表在全国政协《文史资料选辑》第二十三辑上。《芜湖胡开文墨店调查》在全国政协《文史资料选辑》第二十三辑上刊登后，《光明日报》学术部认为该文对于研究中国民族手工业史是有价值的，又在征得全国政协文史资料研究委员会的同意后，于1962年4月9日在《光明日报》上公开发表，文章题目是《芜湖胡开文墨店的历史调查》。该调查报告对此后全国的胡开文研究，影响很大。

1964年（52岁），以特别邀请人士身份担任安徽省第三届政协委员。

1966至1979年（54—67岁），下放农村及芜湖市"五七"干校。

1978年（66岁），担任安徽省第四届（1978—1983年）政协委员、常务委员。

1979年（67岁），中共芜湖市委摘掉其右派分子帽子，给予平反改正。

1980年（68岁），在召开的芜湖市工商业联合会第五届（1980—1984年）会员代表大会上，胡恩森当选为芜湖市工商联主任委员及民主建国会芜湖市委员会主任委员（1980—1983年）。

同年，在召开的中国人民政治协商会议芜湖市第五届（1980—1983

年）委员会第一次会议上，胡恩森当选为政协芜湖市第五届副主席，同时兼政协文史委员会主任。

1982年6月4日（70岁），芜湖市成立第一届地方志编纂委员会，胡恩森担任副主任。

1983年（71岁），在召开的中国人民政治协商会议芜湖市第六届（1983—1988年）委员会第一次会议上，当选为政协芜湖市第六届副主席。

同年，在参加全国民建会和工商联代表大会时，受到邓小平同志的接见。

同年11月16日，在中华全国工商业联合会第五届代表大会上被选为第五届执行委员。

担任安徽省第四届（1983—1988年）政协委员、常务委员。

1984年（72岁），在召开的芜湖市工商业联合会第六届（1984—1989年）会员代表大会上，胡恩森当选为主任委员。

1985年（73岁），在市政协六届三次会议期间，召开了芜湖市各级政协委员为四化建设服务经验交流会，作为市工商联主委及市政协副主席的胡恩森，具体负责筹备了这次会议。会议在市政协领导的支持和政协机关工作人员的努力下，取得圆满成功。参加经验交流会议的代表在讨论中，大家一致认为，这次会议交流和总结了政协委员为四化建设服务的经验，使他们深受教育和启发，并纷纷表示，一定要将会议上的好经验带回去，竭尽全力，为芜湖的改革和经济腾飞努力做好工作。在经验交流会的闭幕会上胡恩森还作了闭幕词，总结了反映各民主党派和工商联同志新面貌和新进步的四点值得学习和发扬的可贵精神，提出了大会闭幕后，要学习好、贯彻好大会的精神，发扬愚公精神，团结奋斗，再展宏图，同心同德，谱写新篇，为实现第七个五年计划，为继续推进芜湖市两个文明建设，创造新的业绩而努力奋斗的目标。

1987年（75岁），监制由芜湖市油墨厂（芜湖市胡开文墨厂）生产的"胡开文书画软墨膏"，此产品集徽墨墨汁优长于一体，弃磨墨污染之弊端，为国内独家首创。

1988 年（76 岁），在召开的中国人民政治协商会议芜湖市第七届（1988—1993 年）委员会第一次会议上，胡恩森当选为政协芜湖市第七届副主席。

胡恩森担任安徽省第五届（1988—1993 年）政协委员、常务委员。

1989 年（77 岁），在召开的芜湖市工商业联合会第七届（1989—1993 年）会员代表大会上，胡恩森被选为名誉主委。

胡恩森在担任芜湖市工商联主任委员期间，随着党的工作重点的转移，他积极贯彻中央两会（全国工商业联合会和全国民主建国会）所提出的"坚定不移跟党走，尽心竭力办四化"的行动纲领，团结两会领导和广大成员，发挥两会的特点和优势，开拓芜湖市工商联新局面。他率先创办安徽省两会系统的第一所"中江业余补习学校"，开办会计、企业管理、国药业务知识和加工炮制等专业培训班，毕业学员达数百人，为培养工商业人才，作出贡献。又先后成立中药、酱作两个咨询服务组，为这两个行业提供咨询服务，特别是中药咨询服务组对国药行业的体制改革、国药炮制、提高药品质量进行了大量调查研究，提出建议和改进方案，受到省、市国药公司的重视，有的还付诸实施。他还协助其他同志兴办建联商店等三个经济实体，为繁荣市场，扩大就业机会发挥了芜湖市工商联应有的作用。他关心原来工商界人士的合法权益，尽力协助政府落实政策。值得一提的是，安徽省绝无仅有的"抗拒资改"的错案和原建业公司"私方人员的安置"等问题，经过他一再反映，终于得到妥善解决，起到了"落实一个，影响一片"的效果，有利于爱国统一战线的发展。

十一届三中全会以后，胡恩森重新担任市工商联主委，并担任芜湖市政协第五、六、七届副主席兼任市政协文史资料研究委员会主任。胡恩森组织芜湖市工商联的同志并且聘请了当时已经退休在家的许知为老先生，开展了芜湖长街、商会、钱庄、米市的店史、厂史和经营管理经验等有关芜湖工商界史料的社会调查，并且实地测量芜湖长街，后来，根据这次社会调查的资料形成了《芜湖十里长街史话》《芜湖米市兴衰》等文史专题研究稿。据这些调查报告的主要作者许知为先生回忆，这些具有较高史料价值的文史资料稿，都是经过胡恩森反复修改充实才编写而成的，后来引起省内外文史界的重视并转载。胡恩森还曾计划编印《芜湖工商界名人传记简编》，为后人留一份宝贵历史资料，作为四化建设的参考，可惜没有完成。胡恩森在担任芜湖市政协副主席期间（1980年至1993年），兼任市政协文史资料研究委员会主任，在市政协领导的重视和有关同志克尽厥职下，芜湖市政协编辑出版了《芜湖文史资料》第一辑（1984年）、第二辑（1986年）、第三辑（1988年）、第四辑（1990年）、第五辑（1992年）。胡恩森也参与部分稿件的审阅。

1991年11月（79岁），江泽民总书记视察芜湖，接见了芜湖市四大班子。

1993年10月（81岁），政协第七届委员会届满后退休。

2008年5月17日（96岁），以"工商联退休干部"的名义匿名为汶川地震灾区捐款。

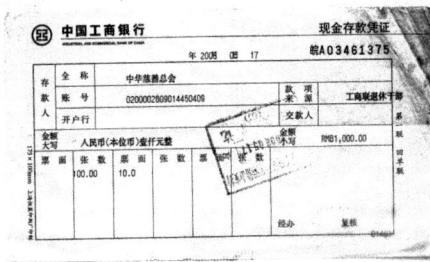

捐款收据　　　　　　　　　　芜湖市工商联领导祝贺老人百岁华诞

2013年8月3日（100岁），芜湖市工商联领导向胡恩森赠送青瓷花瓶，祝贺老人百岁华诞，祝福老人健康长寿。

2013年12月17日9时（101岁），胡恩森在平静中溘然逝世，享年101岁。在12月19日的追悼会上，芜湖市委书记高登榜，市长潘朝晖，市政协主席胡邦明都送了花圈。

二、胡恩森同志小传

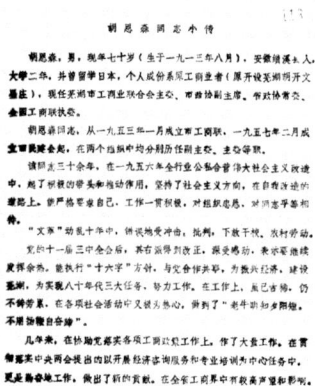

《胡恩森同志小传》

胡恩森，男，现年七十岁（生于一九一三年八月），安徽绩溪县人，大学二年，并曾留学日本，个人成分系原工商业者（原开设芜湖胡开文墨庄），现任芜湖市工商业联合会主委、市政协副主席、省政协常委、全国工商联执委。

胡恩森同志，从一九五三年一月成立市工商联，一九五七年二月成立市民建会起，在两个组织中均分别任副主委、主委等职。

该同志三十余年，在一九五六年全行业公私合营伟大社会主义改造中，起了积极的带头和推动作用，坚持了社会主义方向，在自我改造的道路上，能严格要求自己，工作一贯积极，对组织忠恳，对同志平等相待。

"文革"动乱十年中，错误地受冲击，批判，下放干校、农村劳动。

党的十一届三中全会后，其右派得到改正，深受感动，表示要继续发挥余热。能执行"十六字"方针，与党合作共事，为振兴经济，建设芜湖，为实现八十年代三大任务，努力工作。在工作上，虽已古稀，仍不辞劳累，在各项社会活动中又极为热心，做到了"老牛明知夕阳短，不用扬鞭自奋蹄"。

几年来，在协助党落实各项工商政策工作上，作了大量工作。在贯彻落实中央两会提出的以开展经济咨询服务和专业培训为中心任务中，更是勤奋地工作，做出了新的贡献。在全省工商界中有较高声望和影响。

中共芜湖市委统战部
一九八五年八月二十六日

三、一个民族企业家的心路历程

在中共中央发布纪念"五一"口号60周年之际，我们怀着崇敬的心情，拜访了在中华人民共和国成立初期与中共亲密合作的胡恩森先生。胡老今年92岁，回首60年前的往事，他很激动，十分感谢中共芜湖市委对他的长期关怀。

1.向中共市委书记倾吐心声。

胡恩森先生介绍，1765年他的七世祖胡天注在徽州休宁县创办胡开文墨业。1913年8月3日，胡恩森出生，1928年考入省立五中（即今芜湖一中），后东渡日本留学。

作为当代中国第一代海归人员，1941年胡恩森来芜湖长街井儿巷口继承祖业。到中华人民共和国成立前夕，产业虽存，但作为民族企业进退维谷。1949年4月23日，芜湖解放了，民族企业终于迎来了东方第一缕灿烂的朝阳。

《江淮时报》2008年6月17日

1955年的一个晚上，这是胡恩森先生最难忘怀的日子，中共芜湖市委书记郑家琪单独约见胡恩森先生谈心。

这一天，胡恩森精神焕发，晚7时许来到市工商联办公室，中共芜湖市委书记已坐在那里等候。郑家琪告诉他，芜湖市与全国一样，即将在工商业实行公私合营，为新中国新芜湖建设创造一个良好的经济环境，请胡恩森先生谈谈自己的看法。胡恩森听后，用他现在的话说："高兴啊！"他抑制不住激动的心情，回顾了胡氏企业的境况，深深地感到民族企业的春天来了，实行公私合营是民族企业的最佳归宿，中年的胡恩森仿佛回到了青年时代，爽快地表示，要积极带头实行公私合营，做好家属的工作，做好其他业主的工作，在中共芜湖市委的领导下，为在满目疮痍的芜湖建立一个生机勃发的新芜湖献智出力。不知不觉已近子夜，双方会心地站起来，胡恩森紧紧握住市委书记郑家琪的手，开颜大笑，激动不已，庆幸自己的企业回到了政府的怀抱，庆幸自己的人生回到了党的怀抱。

2.向波澜壮阔的新芜湖复苏事业倾注心血。

中华人民共和国成立之初，芜湖市面很是萧条，私营企业大多难以支撑。

在与中共芜湖市委资改办主任董仲刚多次交流后，胡恩森做出慎重选择，响应中共芜湖市委的号召，将自己经营的胡开文墨业一厂一店迅速实行公私合营，实际上这是他走上中国特色社会主义道路的第一步。

胡恩森迈开这一步是十分不容易的事。胡老说，从1941年到1956年这15年中，是继承祖业振兴祖业的15年，年产量已达1万斤墨，年营业纯收入3万多元。芜湖市原有4家"胡开文"的招牌，在实行公私合营时，固定总资产5万多元，其中胡恩森占3.65万元。对于胡恩森来说，他的企业率先实行公私合营，既是个人的脱胎换骨，也是把祖业和自己15年的心血汇入祖国母亲的血脉。这时，胡恩森作为芜湖市工商联的副主委义无反顾地走近朝阳，坚定不移地跟共产党走，走上社会主义康庄大道。

3.向如火如荼的芜湖发展倾献精力。

企业公私合营后，胡恩森被安排担任芜湖市文化用品公司副经理和胡开文墨厂厂长。同时，胡恩森被定为18级，月薪80余元，拿一些定息。1957年初，芜湖市工商联换届后，胡恩森担任第二届主委，这时，他把主要精力投入全市工商业实行公私合营的繁忙工作中，夜以继日，废寝忘食。

胡老静静地回忆着当时的情景，到1956年时，经济大萧条大崩溃的影响还没有完全消失，芜湖的私营企业大多缺少资金周转，业主也丧失信心，只有企业实行公私合营才能改变这一情况，才能恢复芜湖经济。他经常与资改办联系研究，宣传政策，做好工作。在他的影响和奔波下，芜湖市很快实现了工商业全行业公私合营，市面热闹了，市场活跃了，市民开心了。

临别时，我们向胡老道一声"谢谢"，深情的胡老特意起身为我们送别。我们看着他神采奕奕的举止，衷心地祝愿胡老健康幸福，与繁荣发展一日千里的芜湖同行，跨越百年，享受阳光，走向更加美好和谐的明天。

（摘自《江淮时报》2008年6月17日）

四、报国之心 终生不悔——访原市政协副主席、工商联主委胡恩森

在芜湖市工商界和统战系统，一提起现年92岁的老寿星胡恩森先生，可谓无人不知。这不仅因为胡恩森先生是闻名遐迩的徽墨胡开文的嫡系传人，又是原市政协副主席、市工商联主委，更因为他是一位毕生思报国、德高望重的爱国民主人士。

胡恩森先生于1913年，安徽绩溪人。1926年，他在家乡毓英小学毕业后，进入位于芜湖赭山的省立五中（芜湖一中前身）学习。1928年，他进入绩溪县立初中继续读书。1929年，又转入芜湖工业专门学校

《大江同舟》2004年第4期

学习。胡恩森先生求学期间，当时国弱民穷，还面临着被列强侵略、瓜分的厄运。当时，他由喜欢读书、看报逐渐对政治、时事产生了深厚的兴趣，渴望着民族经济的振兴，实业救中国。抱着这个理想，他东渡日本，先在日语补习班学习，后进入东京日本大学学习商科。1937年，日军向卢沟桥进攻，制造了震惊中外的七七事变，抗日战争全面爆发。此时，回国探亲的胡恩森先生毅然决然地打消了重返日本读书的念头，先在家乡毓英小学担任校长，后在安徽省教育厅总务科工作。1941年，他回到芜湖承继祖业，担任胡开文沅记经理，直至芜湖解放。

中华人民共和国诞生后，胡恩森先生感到时代发生了巨大变化，报效祖国的日子终于来到了，于是他满腔热忱地投入社会主义建设热潮之中。胡恩森先生的企业在芜湖带头公私合营后，他被安排担任芜湖市文化用品公司副经理兼公私合营的胡开文墨厂厂长。1957年初，调任芜湖市工商联主委。"反右整风"和"文革"期间，他遭受到不公正待遇，先后被下放工厂、"五七"干校劳动，但他未因个人坎坷而沉沦，始终不渝地坚信中国共产党的领导，"报国之心，终生不悔"。

中共十一届三中全会为统一战线注入了蓬勃的生机。1979年，芜湖市民主党派、工商联恢复活动，年过花甲的胡恩森先生被安排为市工商联主委兼民建主委，市政协换届时又被安排为市政协副主席，一干就是10余个年头。无论是炎炎烈日的夏天，还是冰天雪地的隆冬，他总在办公室里或基层忙碌着。"但得夕阳无限好，何须惆怅近黄昏"，作为工商联负责人，他深感任重而道远。尽管当时工作繁多，但他始终认为能为统一战线事业做些事，能为芜湖市建设出点力是自己最大的欣慰。他在主持市工商联工作时，开拓性地做了以下几件事：一是根据党和国家已把工作重点转移到经济建设上来的新形势，积极创办企业，做好拾遗补阙和传帮带工作；二是面向社会，成立行业咨询服务组；三是开办会计补习班，为社会培养急需人才；四是组织工商联骨干赴外地参观考察，进一步加深他们对党和国家有关发展民营经济一系列方针政策的认识；五是吸收了一批高素质的新会员，为工商联增添了生机和活力；六是在深入调研的基础上，向省、市政协会议提交过许多有关加快民营经济发展步伐的提案。每当别人谈起他主持市工商联时所取得的成绩时，胡恩森先生总是谦虚地说："党的领导是我做好工作的保证，不断学习是我做好工作的前提，团结同事是我做好工作的必要条件，在其位必谋其政是我做好工作的基础。"

"报国之心，终生不悔"，如今耄耋之年的胡恩森先生仍在关注我市民营经济的发展。他对近年来民营经济较快发展带动了芜湖市经济总量的增长，尤感欣慰。他衷心祝愿今后民营经济能更好地发展！

（摘自《大江同舟》2004年第4期）

五、我的父亲——胡恩森

我的父亲胡恩森是徽州绩溪上庄人，"明经胡"四十三世，胡开文创始人胡天注的六房七世孙，芜湖胡开文沉记的第四代传人。他生于1913年8月3日，2013年12月17日逝世，享年101岁，是芜湖市及安徽省知名的爱国民主人士。

父亲曾经就读于芜湖工业专门学校（中江中学）和上海光华大学，后赴东京日本大学留学，攻读商业经济。1938年回国，先在家乡绩溪上庄毓英小学担任校长，后在安徽省教育厅总务科工作（任科长）。1940年，出任祖传的芜湖胡开文沉记经

《徽派》总12期

理，运用所学专长，重振祖业。他的经营策略是，针对当时交通阻塞，用邮售以扩大销路（类似现在的邮购）；针对当时制墨技工少，用"打工"（即基本工资加计件工资）的方式以提高产量；针对当时物价飞涨，利用芜湖是"四大米市"之一的优势，购储大米以保币值等。到抗日战争结束，胡开文沉记的资金积累已超过原有水平。

1949年以后，经过十年的经商实践，他已成为一位经验丰富的工商业者。由于他少年时受大哥胡恩涛参加革命的影响，思想上一直向往光明，追求进步。我的伯父胡恩涛，共产党员，后为革命壮烈牺牲。1988年湖畔诗人汪静之，还写了《关于胡恩涛牺牲前两年的经历》的证明材料。父亲也曾写悼念文章《悼念大哥胡恩涛》发表于《大江同舟》杂志上。1949年以后，他积极响应党和政府的号召，增资增产，扩大经营，保障供给；积

极参加抗美援朝捐献，认购胜利建设公债及社会救济捐献，表现了极大的爱国热忱。1952年，为贯彻新民主主义经济政策，搞好新民主主义文化事业，从自由散漫的生产改善为有计划的生产，由个体经营方式走向集体经营方式，由父亲牵头在自主自愿的原则上，依据《私营企业暂行条例》的规定，准备取消原来的组织，集中人力和资金，联合其他同业，组织胡开文教育用品股份公司，制定了股份公司的章程，并且上报芜湖市人民政府。后来，由于"三反""五反"运动的进行及对资本主义工商业的社会主义改造，胡开文教育用品股份公司没有成立。

"五反"运动以后，父亲带头在芜湖市及安徽省率先成立劳资协商会。由于胡开文沅记是家百年老店，百年来家店不分，全家十几口，依店为生，劳资协商会决定：1.家店分开，店主不得在店支取家用；2.经理月支工资66元（职工月支工资40至50元）。这对于私营独资企业来说是一次前所未有的重大改革。他作为资方，既要为经营好坏负责，又要承担全家生活的重负，但他仍然毫无怨言地接受下来，尊重职工意见，不计较个人得失。这也充分体现了他拥护党和政府，接受社会主义改造的决心。

1954年底，他通过学习"过渡时期总路线"，明确了要放下家和店两重包袱，走社会主义道路。1955年11月的一个晚上，当时的中共芜湖市委书记郑家琪去市工商联单独约见父亲。郑书记告诉他，芜湖市与全国一样，即将在工商业实行公私合营，为新芜湖的建设创造一个良好的经济环境，请父亲谈谈自己的看法，并且勉励他"认清形势，掌握命运，积极准备，参加公私合营"。父亲当即爽快地表示，要积极带头实行公私合营，做好家属的工作，做好其他业主的工作，在中共芜湖市委的领导下，为建立一个生机勃发的新芜湖献智出力。后来，父亲作出一生中重大的选择，响应中共芜湖市委的号召，将自己经营的沅记胡开文墨店公私合营。听我母亲说当时我祖父想不通，认为胡开文沅记是祖上留下的产业怎么能在自己的手上丢掉。后来父亲做工作，最后也得到祖父的支持。

1955年12月，父亲主动申请将胡开文沅记转业并筹建公私合营的长江制药厂；后来在全行业公私合营高潮时，为了行业对口，他又牵头与其他三家墨店合营，创办芜湖胡开文墨厂。这对当时芜湖市乃至安徽省的资本主义工商业社会主义改造都有积极的影响。1996年，全国工商联出版《对资本主义工商业社会主义改造胜利完成四十周年纪念专辑》，就向他约稿，父亲写了一篇回忆文章，题目是《公私合营老店变新颜》。2008年6月17日《江淮时报》（现属《安徽日报》集团）以《一个民族企业家的心路历程》为题，报道介绍他在资本主义工商业社会主义改造中，"义无反顾地走近朝阳，坚定不移地跟共产党走，走上社会主义康庄大道。向如火如荼的芜湖发展倾献精力"。父亲在胡开文沅记公私合营后，积极地投入芜湖市资本主义工商业社会主义改造的宣传动员工作，作为当时兼任市工商联副主任委员的他，经常与市资改办的同志联系研究，宣传政策，做好工作。在他的影响下，经过广大干部的努力和细致工作，芜湖市很快实现了工商业全行业公私合营，在全省各地市中名列前茅。1957年初，父亲调任市工商联主任委员。

1957年整风运动，他在运动后期的1958年被错划为右派，一度下放劳动。1959年摘掉右派帽子，任芜湖市工商联秘书组组长。十一届三中全会后，平反；1980年接任芜湖市工商联主任委员兼市民主建国会主委；1983年专任芜湖市工商联主任委员，并且被选为全国工商联执委，省政协第五、六届常委，芜湖市政协第五、六、七届副主席兼文史资料研究委员会主任委员，积极参与民主协商，参政议政。1983年，在参加全国民建会和工商联代表大会时，受到邓小平同志的接见。

父亲在担任芜湖市工商联主任委员期间，随着党的工作重点的转移，他积极贯彻中央两会（全国工商业联合会和全国民主建国会）所提出的"坚定不移跟党走，尽心竭力办四化"的行动纲领，团结两会领导和广大成员，发挥两会的特点和优势，开拓市工商联新局面。他率先创办我省两会系统的第一所"中江业余补习学校"，开办会计、企业管理、国药业务知识和加工炮制等专业培训班，毕业学员达数百人，为培养工商业人才，作出贡献。又先后成立中药、酱作两个咨询服务组，为这两个行业提供咨询服务，特别是中药咨询服务组对国药行业的体制改革、国药炮制、提高药品质量进行了大量调查研究，提出建议和改进方案，受到省、市国药公司的重视，有的还付诸实施。他还协助其他同志兴办建联商店等三个经济实体，为繁荣市场，扩大就业机会发挥了市工商联应有的作用。他关心原工商界人士的合法权益，尽力协助政府落实政策。值得一提的是，我省绝无仅有的"抗拒资改"的错案和原建业公司"私方人员的安置"等问题，经过他一再反映，终于得到妥善解决，起到了"落实一个，影响一片"的效果，有利于爱国统一战线的发展。在此期间，父亲还监制了由芜湖市油墨厂（芜湖市胡开文墨厂）生产的"胡开文书画软墨膏"，此产品集徽墨墨汁优长于一体，弃磨墨污染之弊端，为国内独家首创。

芜湖胡开文墨厂革新传统产品

胡开文高级书画软墨膏问世

黄宗顺 87.11.22

本报讯 一种携带、使用都十分方便的新型高级书画墨在芜湖市问世，将供国内外书画家尽情挥洒。这是芜湖市胡开文墨厂革新传统产品，在国内首次研制成功的最新一代徽墨产品——胡开文高级书画软墨膏。

文房四宝中的徽墨，千余年来名满天下，但发展不快，变化不大，迄今只有墨锭、墨汁两个品种。墨锭必须费力研磨才能成汁，近十余年来，国内书画界已很少使用；墨汁虽使用方便，但由于是瓶装液体，容易溢出，书画家外出作书画携带不便。

芜湖市胡开文墨厂由"胡开文"创始人胡

天柱7世孙胡恩森监制，于今年3月下旬开始研制软墨膏，把传统工艺和新技术结合起来，经7个月的反复试验，最近制成了第一批样品。经芜湖市产品质量监督检验所检测，各项理化指标完全符合国家规定，内在质量达到了高级书画墨的水平。

我省许多书画家试用了这种管装软墨，实践证明，软墨调水后即充分搭解，在宣纸上能表现出丰富的墨色层次，艺术效果很好。书画家们一致称赞这种软墨膏适于旅行写生，是理想的书画用墨。

11月5日，省轻工业厅对胡开文高级书画软墨膏组织了省级技术鉴定。鉴定认为，这是高质量的最新一代徽墨。

这种高级书画软墨膏即将批量生产，不久可投入市场，并由省外贸部门组织出口。

（本报记者 文兵）

《安徽日报》关于胡开文书画软墨膏的报道

父亲在市工商联工作期间，曾经组织有关老同志进行市工商界文史资料的收集研究工作，收集到大量的真实的史料，并撰写成多篇有价值的文史资料文字稿，多为全国、省、市政协文史刊物刊载。十一届三中全会以后，父亲重新担任市工商联主委，并担任芜湖市政协第五、六、七届副主席兼任市政协文史资料研究委员会主任。父亲又组织市工商联的同志开展了芜湖长街、商会、钱庄、米市的店史、厂史和经营管理经验等有关芜湖工商界史料的社会调查，并且实地测量芜湖长街，后来，根据这些社会调查的资料形成了《芜湖十里长街史话》《芜湖米市兴衰》等文史专题研究稿。据这些调查报告的主要作者许知为先生回忆，这些具有较高史料价值的文史资料稿，都是经过父亲反复修改充实才编写而成的，后来引起省内、外文史界的重视并转载。父亲在担任芜湖市政协副主席期间（1980年至1993年），兼任市政协文史资料研究委员会主任。在市政协领导的重视和有关同志克尽厥职下芜湖市政协编辑出版了《芜湖文史资料》第一辑（1984年）、第二辑（1986年）、第三辑（1988年）、第四辑（1990年）、第五辑（1992年）。父亲也亲自参与部分稿件的审阅。

父亲是一个不善言谈的人，他从来不主动与子女谈及自己过去的事情，上面叙述的事情都是来自有关的报纸杂志及文史资料。父亲在工作上是严格要求自己的，20世纪80年代末，按规定他可以公费安装家庭电话，但他却放弃了，后来父亲的家庭电话还是我们儿女出钱安装的。父亲对公益事业十分关心，家乡绩溪上庄编写村志他捐款2000元，上庄老年协会缺少活动经费他又捐款2000元。汶川地震时他准备匿名捐款1000元，当家人替他去慈善机构捐款时，工作人员说匿名捐款以后不好联系，最好留个姓名以便以后联系，在这种情况之下家人以"工商联退休干部"的名义替他捐了款。父亲在工作上是认真负责的，我曾见到他在审阅濮之奇先生《芜湖风土记》书稿时，厚达数百页的书稿，他带回家审阅，废寝忘食，星期天也不休息。他还亲自撰写了《芜湖工商界的一次大灾难——陈调元兵变》和《谈沄记胡开文经营管理经验》。《谈沄记胡开文经营管理经验》一文被收入《安徽文史资料选辑》第十四辑（题为《胡开文墨店及其经营管理》）和安徽文史集萃丛书之七《工商史迹》（题为《胡开文墨店》）中。父亲在撰写文史资料稿的过程中着重写实写真，绝不杜撰，在写《谈沄记胡开文经营管理经验》一文时，由于胡开文创设于清乾隆三十年（1765年），当时就已经有200多年的历史，不少史实他也不太清楚，就写信向本家长辈和胡开文墨店老职工请教，我这里还保留有他当时向长辈请教的大量信件。

父亲是一位长寿老人，享年101岁，父亲和母亲一样都是十分温和的人，我从没有见过他发脾气，他一辈子几乎没有和人争执过，红过脸。他和母亲在一起也是平平淡淡、从从容容，非常默契。他的生活有规律，早睡早起，而且很少生气发怒，心态平和，特别是老年以后，更是如此。在他的生活习惯中我很难找到与众不同的地方，不过有一点与众不同，就是他一生烟、酒、茶都不沾，平时连茶都不喝只喝白开水。这也许是他长寿的原因之一吧。

（作者胡毓骅　摘自《徽派》总12期）

六、悼念大哥胡恩涛

《大江同舟》2012年第2期

大哥胡恩涛1940年29岁时，就被国民党反动派杀害于四川綦江。后来我才知道大哥是一名共产党员，为革命事业献出了宝贵的生命。今年（1990年）是大哥五十周年忌辰，谨略述他短暂的生平，聊表悼念之情于万一。大哥1911年生于绩溪上庄，毓英小学毕业后，曾在芜湖工专读中学，毕业后，进武汉美术专科学校，美专毕业后回家乡在毓英小学任教。这时曾用泥巴塑造过狮子、老虎等，威武雄壮，形象逼真。村里翻盖老屋，所有门窗字画都出自他一人之手，对此父老们无不交口称赞。民国戊辰年（1928年），他才17岁，还为余村人写过门楼上的四个大字"紫气东来"。他还为我们老祖母画过像，为协大祥（前身是怡太店）写过招牌，由此可见

胡恩涛题"紫气东来"

他是有一定美术天赋的。

1934年，他随表哥汪静之（湖畔诗人）去上海浦东中学，任美术教师。后弃教从商，在南京胡开文利记分店任经理，一直到1937年日寇入侵，南京沦陷前夕离宁返回家乡。不久汪静之也返乡。第二年（1938年）春他去绩溪县参加抗日救亡工作，所作的一些宣传画也深得众人的好评。据《抗战期间绩溪大事述要》记载："最突出的是岭北八都上庄村胡鑑臣（我父亲）老先生之子、上海美专（应该是武汉美专）学生胡恩涛，他步行数十里来城参加抗日救亡工作，拿起画笔，绘制大幅宣传画和幻灯片，在城隍庙放映，观众很多，效果显著。"后来他随表哥汪静之一起离开家乡去了武汉。在家乡的这四五个月的时间，是我们兄弟自毓小毕业离开家乡后相处最长的一次，但也是最后一次，他这一去就再没有回来了。他去武汉后不久，考入了战干团，经过训练，分配在战干团所属的忠诚剧团工作。

1940年我去芜湖，后来才听说大哥已被害身亡，但情况不明，又无法查询，只是常想着惨遭杀害，悲痛至极！抗日战争胜利后父亲在南京通过关系找到了原来忠诚剧团剧务组长孙秀民，孙秀民写了证明："胡恩涛于二九年四月二十七日在綦江城南偏东之山上遇难，以共产党嫌疑。凶手为桂永清部下之张少泉（少校大队长），埋

孙秀民证明

在茶桃林之西端，距汽车站一华里，遇难时恩涛为忠诚剧团美术组长。"

据汪静之写的《关于胡恩涛牺牲前两年的经历》说："1938年4月我和表弟胡恩涛到武汉，我准备到总政治部第三厅工作，并替恩涛介绍工作。

结果第三厅名额已满，只好另谋出路……这时他看见'战时干部训练团'的招生广告，就去报考，录取了，他就进了'战干团'……1940年夏我听说'忠诚剧团'全是共产党员，都关起来了。我马上想到恩涛，赶快去见军分校韩主任，请他把我的表弟胡恩涛保出来。他说'忠诚剧团'全是共产党员，我不能保。我再三请求，他说：'……我怎么保得出来。'……不久，听说'忠诚剧团'全部枪毙了。我就写信告诉我的三舅鑑臣先生（恩涛的父亲）。"又据当时绩溪地下党负责人冯轼之说：大哥是1933年经他介绍加入中国共产党的，那时他23岁，就在白色恐怖下，从事地下工作。长期以来，父亲和我对此是毫无所知的。

党的十一届三中全会之后，侄子毓丰乘出差之便去四川綦江县探询大哥遇难情况，终于获得一份中共綦江县委党史资料征集小组、县委党史研究组联合办公室1983年编写的第20期《綦江县党史研究资料》。这份资料第二页称："1939年到1940年，在綦江境内，与綦江地区党组织不发生联系的一些党组织和党员，曾经艰苦卓绝地进行了革命活动，有的为革命壮烈牺牲，留下不可磨灭的革命业迹。……1939年秋，国民党'战干团'（全称是军事委员会战时工作干部训练团）从武昌迁到綦江，因该团所属'忠诚剧团'上演话剧《李秀臣之死》，被特务密报为影射蒋介石，宣传共产主义。该团教育长桂永清（大特务）报经团长蒋介石、副团长陈诚批准，从剧团开始，继而在全团五千多学员中，大肆清查共产党人。到1940年，先后分别在綦江、桥河、湾滩子、桐梓兴隆场、江津广兴、五岔一带驻地，活埋屠杀了学员二百七十多人，其中有共产党员胡恩涛（又名胡迪云，忠诚剧团美术组长），另酷刑致残四十余人，关押在三角集中营摧残折磨的八十多人，受特务监视的三百多人，制造了震惊中外、惨绝人寰的大血案。"至此我大哥被害真相大白。根据以上史料我大哥是1940年4月遇难的，1990年正是五十周年忌辰。

我痛恨国民党反动派惨杀了我大哥，我悲痛我大哥过早地为革命而牺牲，英名湮没无闻，骸骨难寻！但我和家人也感到无上光荣，大哥是一名忠诚的共产党员，壮烈牺牲，永垂不朽！

现在我们都以大哥为榜样，紧紧跟着共产党，走上了社会主义金光大道，以此来悼念和告慰大哥在天之灵。

（作者胡恩森　摘自《大江同舟》2012年第2期）

七、胡恩森的家庭世系

世数以胡天注的"天"字辈为第一世，"天"字辈以下按"德、锡、贞、祥、洪、恩、毓、善、良"排序。

世数	姓名	出生时间	逝世时间	配偶姓名	出生时间	逝世时间	从属	子嗣
四世	贞一	1829年	1899年	曹氏 鲍氏	1828年 1834年	1863年	—	生一男
五世	祥祉	1849年	1909年	张氏	1856年	—	贞一子	生三男
六世	洪昭	1887年	1956年	曹氏	1887年	1963年	祥祉三子	生三男
七世	恩涛	1910年	1940年	曹大彩	—	—	洪昭长子	生一男
七世	恩森	1913年	2013年	石品珍	1913年	1990年	洪昭次子	生五男三女
七世	恩椿	1915年	1945年	汪翠珍	1913年	1980年	洪昭三子	生一男
八世	毓丰	1928年	1998年	汪秀华	1925年	—	恩涛子	生三男二女
八世	毓芳	1940年	—	胡月云	1943年	—	恩椿子	生三男二女
以下为恩森后								
八世	美丽	1938年	—	郑治邦	1936年	2013年	恩森长女	生一男二女
八世	又珠	1941年	—	杨家翾	—	—	恩森次女	生一男
八世	惠芬	1943年	—	张义维	1942年	—	恩森三女	生一男一女
八世	毓骅	1944年	—	陶庭珍	1948年	—	恩森长子	生一男
八世	毓义	1946年	—	罗平	1951年	—	恩森次子	生二女
八世	毓礼	1948年	—	汪亚敏	1949年	—	恩森三子	生一女
八世	毓智	1950年	—	鲍春兰	1949年	—	恩森四子	生一男
八世	毓芳	1952年	—	胡一兰	1959年	—	恩森五子	生一女
九世	郑晓皖	1963年	—	张建林	1962年	—	美丽长女	生一男
九世	郑晓捷	1969年	—	孟凡荣	1975年	—	美丽子	生一女
九世	郑晓玫	1971年	—	吴斌	1970年	—	美丽次女	生一男

续　表

世数	姓名	出生时间	逝世时间	配偶姓名	出生时间	逝世时间	从属	子嗣
九世	杨杰	1973年	—	陈增慧	1976年	—	又珠子	生一女
九世	张耕	1973年	—	张红珍	1979年	—	惠芬子	生一男
九世	张思力	1975年	—	范贤亮	1973年	—	惠芬女	生一男
九世	善学	1979年	—	施微	1978年	—	毓骅子	生一男
九世	若兰	1978年	—	盛超	1978年	—	毓义长女	生一男
九世	胡曼	1980年	—	刘坤	1979年	—	毓义次女	生一男
九世	胡敏	1980年	—	黄鸿鸣	1981年	—	毓礼女	生一女
九世	善庆	1976年	—	章婷	1984年	—	毓智子	生一女
九世	胡佳	1983年	—	李军	1979年	—	毓芳女	生一女
十世	张舒	1993年	—	—	—	—	晓皖子	—
十世	郑甜	2002年	—	—	—	—	晓捷女	—
十世	杨若晨	2003年	—	—	—	—	杨杰女	—
十世	张天仪	2004年	—	—	—	—	思力子	—
十世	吴浩文	2005年	—	—	—	—	晓玫子	—
十世	张天桓	2005年	—	—	—	—	张耕子	—
十世	良辰	2008年	—	—	—	—	善学子	—
十世	李米拉	2008年	—	—	—	—	胡佳女	—
十世	良禾	2009年	—	—	—	—	若兰子	—
十世	黄殊安	2009年	—	—	—	—	胡敏女	—
十世	刘子晨	2010年	—	—	—	—	胡曼子	—
十世	馨蕊	2014年	—	—	—	—	善庆女	—

第三章　解读徽墨

徽墨是中国古墨中的珍品，也是闻名中外的"文房四宝"之一。因产于古徽州府而得名。以江南古徽州的休宁、歙县、婺源（今属江西）三地为徽墨制造中心。它是书画家至爱至赖的信物。古人曾云："有佳墨者，犹如名将之有良马也。"

第一节　徽墨的形成和发展

徽墨，作为"徽州所产之墨"的统称，起始于北宋宣和年间，而此前则誉为"新安香墨"。徽州制墨历史，不晚于唐朝末年，声名鹊起，则在南唐后主李煜执政之时。

古代最早的墨产生于新石器时代。虽然古籍文献中并无关于远古人类用墨的任何记录，历代的制墨著述也认为"上古无墨"，但是近代以来考古发掘中出土的大批彩陶文化遗物，那种涂在陶器上的黑色颜料应被看作是原始的墨。"文字始兴，率用刀刻，故上古无墨"之说自然因历史的局限，失之偏颇。可以想见，由于当时生产力水平的低下和原始艺术的简约与稚幼，用于陶器上作装饰纹样的颜料自然简单和粗糙。原始先民可从森林草木燃烧过的灰烬中，从烧水煮食器物的外底部来获取这种黑色物质，用以装饰器具，美化生活。

文字的产生是人类文明进步的重要标志。商周时期，文字作为文化的直接载体，有其显而易见的实用价值，同时亦不失其装饰和美化生活的审美价值。这时的汉字遗存主要分为两个系统，一是以占卜刻辞为主的甲骨文，一是记录祈福内容的钟鼎文（金文）。前者刻在龟甲和动物的骨头上，后者铸造或刻画在青铜器物上。在考古发掘和对器物的研究中，人们发现了先行书写再行启刻的现象，书写的材料就是含碳的黑色颜料和红色的朱砂。

据记载，汉末魏晋时的制墨术已相当成熟，墨粉中加入的胶汁有一定比例。三国人皇象谈论制墨时说到"多胶黝黑"，显然已掌握了入胶多少对墨的影响。随着社会对墨需求量的增加，制墨也开始成为专门的手工行业，墨的质量不断提高，原有的石墨被淘汰。这时有一种螺子墨，是将墨丸做成螺形，便于手握研磨。东汉时期制墨技艺一个重大的变化是产生了墨模，同一规格的墨可以进行成批生产，这不但提高了生产力，墨的形式也趋于规整化，更有利于市场流通。史籍上见于记载古代最早的制墨专家是三国时魏国韦诞（仲将），诞曾拜光禄大夫等职，以书法名于时，诸体兼优。他制作的墨"百年如石，一点如漆"，获得很高的赞誉。

制墨业的真正发达是在经济文化都非常繁荣的唐代。这时的制墨业可分为官营和私营两种。制作的造型样式、制作工艺、题识和纹样装饰都非常讲究。工匠们在不断总结经验的基础上，也注意学习外来的技艺。据传当时高丽的墨以古松烟和麋鹿胶汁制成，质量相当精良，是上贡大唐天子的贡品。唐朝的制墨工匠学习高丽制墨技艺，对选材配料精心研究，认真改进，制墨的产量和质量都有所提高。唐和五代的制墨名家很多，诸如祖敏、李阳冰、奚超、奚廷珪等人。南唐在上饶置墨务，歙置砚务。宋晁冲之有诗云："我闻江南墨官有诸奚，老超尚不如廷珪。后来承晏复秀出，喧然父子名相齐。"奚超和奚廷珪在制墨技艺上有很大贡献，他们创造了捣松、合胶技术，墨的质量日见精良。直至南唐时，他们在徽州仍以制墨为业。奚氏父子制成的墨"丰肌腻理，光泽如漆"，"坚如玉、纹如犀"，因得到李后主的赏识，赐予李姓。他们将制墨技艺传给了耿、盛家人，后来又出现了制墨名家耿遂仁、耿文政、盛匡道、盛通等人。这样，在歙县、休宁一带，制墨作坊林立，墨业日昌。以传统的技艺传至后代，这就是著名的徽墨的始端。徽墨是古代长期制墨技术的集大成产品，传统工艺精良，流传至今。

从现有史料来看，徽墨生产可追溯到唐代末期，由于安史之乱，大量北方墨工纷纷南迁，导致制墨中心南移。易州墨工奚超父子奚超、奚廷珪一家由河北易水南迁至徽州，为黄山白岳之奇和练溪、新安之妙所吸引，遂定居歙州。奚氏父子本是制墨能工，此时得皖南的古松为原料，又改进了捣松、和胶等技术，终于创制出"丰肌腻理，光泽如漆"，经久不褪，香味浓郁的佳墨。南唐后主李煜，雅爱书法绘事，将召奚廷珪担任墨务官，并赐给"国姓"的奖励。于是，奚氏全家一变而为李氏。宋宣和年间，就出现了"黄金易得，李墨难求"的局面。奚廷珪成为古今墨家的宗师，新安（徽州）之墨名声倍增。易水另一位名墨工张遇，利用徽州的优质松烟、（桐）油烟制墨，将徽墨由单纯的松烟墨推向了与油烟墨并举发展的新时期。全国制墨中心也南移到了歙州。制墨高手纷纷涌现，如耿氏、张遇、潘谷、吴滋、戴彦衡等，徽州墨业进入第一个鼎盛期。

宋时，随着制墨业的繁荣，形成了"徽人家传户习"以及"新安人例工制墨"的盛况。黟县的张遇、黄山的沈桂、歙州的潘谷、新安的吴滋等等，都是十到十一世纪制墨业的著名人物。张遇是油烟墨的创始人，以制"供御墨"闻名于世，其"龙香剂"为历代收藏家追求的瑰宝；沈圭以古松煤用脂、漆滓烧之，得烟极黑，名为漆烟，人称其墨"十年如石，一点如漆"；吴磁所造之墨的妙处在于"滓不留砚"，曾得宋孝宗犒赏缗钱二万的奖励；风靡一时的制墨高手潘谷，被世人誉为"墨仙"，他制的"松丸""狻猊"等墨品，具有"香彻肌骨，磨研至尽，而香不衰"的优点，被称为"墨中神品"，他晚年不幸落水溺死后，苏东坡写下"一朝入海寻李白，空看人间画墨仙"的诗句悼念他。宋宣和三年（1121年），歙州更名为徽州，李墨及其他各家之墨，遂统一定称为徽墨。徽墨之名逐渐形成，并相沿至今。

到明代，经受元朝贵族严重摧残的制墨业重新复苏，制墨工人激增，文人兼作制墨成为一时的风气。特别是明朝嘉靖到万历年间，由于资本主义萌芽的刺激，引起了制墨业的激烈竞争，并随着徽州商业的繁荣，使徽墨传遍全国，乃至海外。据明末麻三衡的《墨志》记载，明代徽州墨工竟达一百二十多家。嘉靖年间的方正、邵格之、罗小华以及万历中期的程君房、方于鲁、汪春元、叶玄卿等，都是在激烈竞争中相继兴起、各树一帜的代表人物。这时期的制墨特点是"桐油烟""漆烟"被广泛采用，并加入麝香、冰片、金箔等十几种贵重原料，不仅质量精良，而且墨谱的图式、墨模的雕刻，也各尽其美，达到历史上最高水平。如程君房制的"玄元灵气"墨，董其昌赞赏说："百年之后，无君房而有君房之墨；千年之后，无君房之墨而有君房之名。"与程君房同时驰名墨坛的当推方于鲁。方氏精制了一种"九玄三极墨"，被誉为"前无古人"的佳品，声誉已经"传九士，达两都，列东壁，陈尚方"。在此期间，富有装饰性的成套丛墨——集锦墨开始出现，就连装墨的漆盒也非常精致。制墨技艺也不断进步，墨的图案绘刻和漆匣的装潢制作，都达到了登峰造极的境界，名工与名品层出不穷。罗小华、程君房、方于鲁、邵格之被誉为"明墨四大家"。明代徽墨是继唐宋后的鼎盛时期。

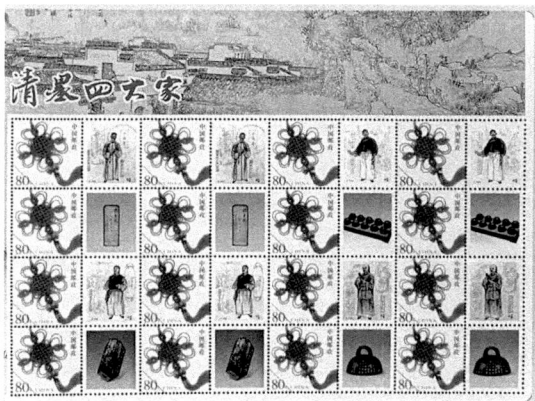

"清墨四大家"个性化邮票

清代，徽墨制作分为四大名家系统，即曹素功、汪节庵、汪近圣和胡开文。他们对徽墨在原有的基础上进行了改进创新，终于制成了有如"金不换"的文苑珍品，其中"龙香剂"墨、"天琛"墨、"紫薇恒星图墨"、"鱼戏莲墨"、"西湖十景墨"、"地球墨"等均为绝世之作，使徽墨形成了"落纸如漆，色泽黑润，经久不褪，纸笔不胶，香味浓郁，丰肌腻理"的特点。这时期的徽墨按原料不同还可分为松烟、油烟、漆烟和超漆烟等品种，其中最名贵的是超漆烟等高级油烟墨，这类墨散发出紫玉光泽，用于书法色泽黝而能润，用于绘画浓而不滞，淡而不灰，层次分明，故受到历代书画家的推崇。相传康熙皇帝南巡时，曹素功献墨，颇得赏识，遂赐"紫玉光"三字，于是名声益震。汪近圣以制集锦墨著称，"其雕镂之工，装式之巧，无不备美"，他的次子汪惟高曾应召入清内府教习制墨。咸丰年间，清代徽墨四大家或毁于战火（汪节庵、汪近圣），或退缩在上海一隅（曹素功），而胡开文则潜心钻研历代墨法，博采众长，又有所创新，既重经济效益，更重质量保障，终于成为制墨业的后起之秀。胡开文墨店也走出徽州，并且不断发扬光大，几乎覆盖了当时最开放和发达的地区，最终垄断了19世纪末20世纪初的徽墨市场。

第二节　徽墨的制作工艺

徽墨从原料到最后完成出品，按照国家级非物质文化遗产申报书《徽墨制作技艺》中的归纳可分为：刻模、点烟、和料、杵捣、制墨、晾墨、锉边、洗水、描金、制盒和包装等11道工序。其中，最为关键的工序是刻模、和料和制墨，而其中保密程度最高、至今秘不外传的是"和料"这道工序。

下面依据古代文献，并且参考近代制墨工艺的流程和特点，将徽墨的制作方法过程，分取烟、用胶、和料、成型和加工五大部分分别叙述。

一、取烟

徽墨主要的制作过程是从点烟这道工序开始的，因此，可以说没有点烟工序，就没有徽墨。烟是动植物未尽燃烧而生成的气化物，主要就是碳氢化合物——不完全燃烧的粉末状物质，古称"炱""烟炱""松烟"，现称"烟煤"，化工学名叫作"碳黑"，含炭90%～99%。所谓"取烟"就是取烟炱作为制墨的原料。根据不同的徽墨品种的需要，生产徽墨用的烟煤有桐油烟、墨灰（过去是进口货）和松烟煤。桐油烟有用纯桐油点的烟，也有用桐油加上少量的漆和猪油点的烟。漆可以增加烟的黑度，猪油可以增加烟的光亮度。点烟所用的灯草有多少之讲究，灯草多点出来的烟就要粗些。还有半机械化点烟，用棉纱带点烟，这样的烟就更粗了。质量好的墨灰比纯桐油烟的黑度、光亮度还要好些。

取松烟，首先，要去砍伐松枝，"采古松之肥阔者，截作小枝。削去签刺，搊其先成白灰，随烟而入，则煤不醇美"。然后，制窑、生火、再取煤。所谓取煤，也就是待窑冷却以后，去窑中刮取烟煲。烟煲按出烟的先后，分"前后中为三等，唯后者最优，中者次、前者又其次"。点烟的烟窑就山势斜卧于山坡，烟煤附于窑壁，冷却后扫下。古时还有立窑，高丈余，肚大口小，上覆五斗瓮，今不用。

采松　　　　　　　　　　造窑

点烟使用的桐油，是采于海拔1600米左右并且生长3年以上的油桐树果实压榨而成，只有这样的桐油才能炼出合格的油烟来。炼制油烟的烟房需密闭不透风，用灯草点燃油灯，每盏灯上覆一瓷碗，烟熏在碗里。现代用点烟机炼烟。以前，点烟是用不完全燃烧的方法，从松枝或油脂中提取烟灰。而烟灰的质量直接决定着徽墨的品质，为了徽墨的质量，为了确保其"不完全燃烧"的环境要求，所以点烟房必须密不透风。同时，为了收集到更多的烟灰，点烟房里每盏油灯盏里的桐油，都必须保证灯芯时刻处于不完全燃烧状态。为此，就必须要通过调整灯芯、添加桐油等手段来控制火候。

二、用胶

无论是松烟墨还是油烟墨，都必须用胶。用胶的好坏多少，对墨的质量影响很大。所以，古人十分重视用胶。用胶首先是熬胶，制作徽墨一般使用骨胶，传统的熬胶方法为土灶熬制，现今一般使用蒸汽锅熬胶。一般来说，熬胶要用温度为30摄氏度至40摄氏度的温水，胶料与水的比例为1：20，熬制时还要将温度保持在100摄氏度左右。骨胶熬制6至8小时后，变成融融的状态，接下来，就可以拌料了。宋人制墨，据说采用了异人传授的和胶法。胶有鱼鳔胶、牛皮胶等多种。古人熔胶，要求胶水清澈可鉴，因为"煮化得胶清，墨乃不腻，此最紧要大法"。

古人熔胶，除了讲究配料、用胶多少和温度高低之外，还讲究熔胶的时间。按照《墨法集要》上说："凡造胶制墨，宜在正月、二月、十月、十一月。余月造者，大热则造胶不凝，制墨多碎；大寒则造胶冻庚，制墨断裂。小墨尚可，大墨决不可为也。"

另外，除了骨胶外，胶还有广（广东）胶、黄明胶等，广胶质纯，胶味小，是胶的上品。

三、和料

和料是制墨的核心机密，也就是将制墨的各种配料，按照各款徽墨的不同要求，根据配方按一定的顺序添加、搅拌和杵捣锤炼，以成料胚。其中原料的种类、配方、比例甚至于添加的先后顺序等，均为制作徽墨的核心机密。

在和料工序中的非秘密工作中有洗烟、拌料等。洗烟是在入料之前，先将烟煤漂洗。墨工先在准备好的缸里注入清水，用四十目筛清除杂质。

将烟灰倒在细箩筛中，用手揉搓，烟灰粉末就会穿过筛眼落入缸中。然后用竹棍在缸中搅拌，让烟灰与缸中的清水充分地融合，静置24小时。这样，比烟灰沉重的杂质就会沉积到缸底，处于表层的无杂质烟灰，自然阴干后就可以使用了。

传统的拌料工序是由技术工人在大缸中手工搅拌完成的。现在的拌料则是使用拌料机来进行，这可以使制墨的原料搅拌得更加均匀，也节省了劳动力。拌料中的杵捣工序，是在完成和料工序之后，将墨料放入半人高的古老青石石臼之中，凭借粗壮苍桑的檀木大杵，对臼中的墨料进行

和制

人工杵捣。杵捣时，如墨料干燥粘杵，墨工还要反复洒入秘制的汁水，直至捣匀、捣透才能出臼，故有墨不厌捣之说。因此，有一种传统徽墨的名字，就叫作"十万杵"。

按《墨谱》上说："每和入胶物拌搜至匀，下铁臼中。宁干勿湿。捣三万杵，多多益善。"说到杵捣，对制墨来说，杵捣的次数愈多愈好，说"三万杵"，当然不是确数，只是极言其多。古人杵捣是很下功夫的，往往

杵捣

从辰时一直要捣到午时，约摸四个钟点，方为成熟，而且，必须趁热杵捣，不能让它凝并了。从制作油烟墨的要求来看，杵捣六七百下，或一千杵即可。

关于徽墨生产所需要的各种原料。古籍上有廷珪之墨"松烟一斤之中，用珍珠三两，玉屑龙脑各

一两，同时和以生漆捣一万杵"的详细记载，可以看出古徽墨制作的配方之讲究。但在其他资料中，"徽墨是以松烟、桐油烟、漆烟和胶等为主要原料制作而成的"，"高档徽墨有超顶漆烟、桐油烟、特级松烟等，尤其是高级漆烟墨，是用桐油烟、麝香、冰片、金箔、珍珠粉等十余种名贵材料制成的"，就已经没有详细分量的数据了。一般高级墨用料，都是用各种桐油烟和广胶，用料比例是一百斤墨用烟五十斤和胶四十五斤。普通墨的用料，是墨灰或墨灰掺一部分松烟煤，或者是松烟煤和其他的胶。其比例是一百斤墨用松烟或者墨灰四十至四十五斤，胶六十至五十五斤。中级墨是用黄山松烟和松烟煤（用水漂过，把烟煤的杂质、沙石去掉）等，比例是松烟四十五斤，墨灰十斤，广胶四十五斤。有的高级墨还要加些麝香、冰片、珍珠粉等药物及金箔。

四、成型

徽墨要成型首先要制模，现代人称之为做模具，类似于铸造工艺中的翻砂。制墨用的模具是用木料制成的。墨要制成什么图样，就得事先按设计图样，雕刻成墨模。古人在谈到墨的样式时，主要是大小和纹理。墨的样制，太大则不便于用，太小则难于得色，"三四两得其中"。古墨的形制多有纹理，墨上的纹理是如何制作的呢？墨工之间还互相保密，"秘而不传"。据载，古墨的纹理有斜皮纹法、古松皮法、金星纹法、银星纹法、罗纹法和嵌金字法。

墨模是各种徽墨制作成型的模具规范，而刻模更是所有徽墨制作工序中艺术性、技术性最高的一道工序。墨模又名墨印、墨范，又称印脱，"墨脱之制，七木凑成。四木为墙，夹两片印板在内板刻墨之上，下印文，上墙露榫用闩，下墙暗榫嵌住，墙末用木箍之。出墨则去箍"，是徽墨制作的工艺模具，有"无模不成形"之说。由于徽墨的艺术欣赏价值，主要在于墨模的雕刻艺术，所以历来制墨家对墨模都十分重视。

徽墨墨模的原料，明代曾用铜板来刻制，后来发现木质更易于雕刻、又较工细，所以自清代起直到现在，就多用石楠木进行雕刻，也有用棠梨木和杞树雕刻的，但这些木材的木质就不如石楠木的好。石楠木是古徽州一带深山里的稀有珍罕之物，质地坚硬，纹细瑰丽，精美异常。它不易变形，很少翘裂，耐热吸水，不朽不腐，耐敲耐打，百虫不侵，美观耐用……这些特性正符合徽墨对墨模制模材质的所有严苛要求。

在徽墨成型的过程中还有一道关键工序——墨泥捶打，是所有工序中最纯手工、最吃力气、最耗功夫的工序。它的主要任务是将合格的墨泥捶打、搓制成墨馃，嵌入墨模施压，使之成型成为徽墨墨锭。制墨工人在捶打墨泥成墨馃之前，都要在案板、墨墩上涂抹一层菜籽油，制墨工人的双手上也要涂抹上菜籽油，这是为了防止墨泥粘连。然后，制墨工人将杵捣后的徽墨原料放在由粗大厚实的树墩制成的墨墩上，抡起8斤重的短柄、方体的特殊铁锤反复翻打，一手不停地上下抡锤，一手不断地翻动墨泥，直锤得墨香四溢。一般地说，制作中档徽墨的墨泥，必须翻打8次，每次谓之一折，每折24锤，也就是说，每制作一批中档徽墨，制墨工人都要抡动200多锤才能做出备用的大墨馃。制作高档徽墨，不但捶打的次数要增加，而且折次也要递加。因此，越是高档的徽墨，墨工所消耗的体力就越大。

翻打后备用的大墨馃，要按不同种类徽墨墨模的式样被分成一个个小墨馃，称重后被放在恒温板上揉搓成墨条嵌入墨模。称重时，每个小墨馃的重量，都要大于该锭徽墨标准重量的2克至3克，以使入模墨馃施压之后能够充盈全模，而不会出现缺角少边、短斤少两等缺陷。而墨工揉搓墨馃时要用手按、捺、推、收，又是吃力且讲究手上功夫的活。上述制墨工序中的反复捶打、揉搓与施压，目的都只有一个，那就是夯实墨基，增加墨的韧性，杜绝墨锭内部出现气孔、裂痕等瑕疵。

墨模成型还有最后压模一环。压模，也叫"坐担"。初制墨锭在印脱中很难得实，因此，必须"用压面床坐木担压之，方得四周都到，棱角美满"。之后还有"入灰"和"出灰"，其主要作用是使初制墨锭自然晾干，在灰中又能避风，初制墨锭"不可见风，见风墨断"。脱模后的墨锭，要在常温下使墨块自然风干。古代制墨是入炉灰脱水，现代墨厂均以室内晾干为主。晾墨场要求保持恒温恒湿，避免阳光照射，风大要关窗，梅季要促进空气流通。晾墨要勤翻，以防墨坯收缩不匀而变形。根据墨锭的大小、天气的变化来决定晾墨时间的长短，天气好的情况下，1至2个月墨块就可以全干了，多阴雨天时，就要多晾晒些时间，直到墨锭完全风干。最为关键的是，墨块在晾晒的过程中，不能暴晒，否则，会使墨块开裂。古代制墨的出灰时间也很关键，"出灰太软亦断，出灰太干则裂"，不软不硬，方可出灰。置灰时间的月份、时间的长短，是否换灰换纸，不同性质的烟墨，不同大小的墨锭，要求都各不相同。

五、加工

完全风干的墨锭只是个毛坯，上面多有毛刺、疙瘩，多处不平整、不圆润，有些图案与墨模原样相比较，又有很多不尽如人意的地方。因此，加工这一步骤切不可少，有以下工序：

锉边：就是修整外形，把那些多余的毛刺、疙瘩搓掉。按墨模图案细加琢磨修饰，以求合乎设计要求。锉边包括剪边和锉边两道工序，剪边的时候，动作要轻，下剪要准，不要剪到墨块本身，剪完墨块的所有边之后，就可以进行锉边了。锉边的实质是打磨墨块的边缘，使墨块的边缘平整、光滑。

洗水：就是先用柔软的布将墨锭表面上的"墨霜"搓洗干净，以便在墨锭的表面打上一层蜡膜，防止水分进入墨块使其变形。每条墨都要打两次蜡，第一次是蜡油，第二次为石蜡。

描金：根据设计要求要描金敷彩的，就要描上金属粉、银粉，填上颜色，用毛笔蘸取金粉，使墨锭表面上的图案和文字显现出来。描金之后的墨锭，又要晾晒12个小时左右，直到金粉干透。

最后，还有制盒、包装等工序，它们也是加工步骤中的组成部分。从市场销售的角度出发。制盒、包装都是非常重要的。事实表明，不注意商品的外包装，将直接影响商品的销售乃至声誉。

第三节 徽墨的分类和鉴赏

一、徽墨的分类

根据徽墨的用途，可以将徽墨分为以下几种。

自制墨：有些文人不满意市面上销售的一般的墨，为了保证质量，自己雇工制造，但这种情况主要发生在产墨区。

贡墨和御用墨：这是皇室专用墨，可分为两种情况。一是朝廷的制墨官员安排制墨名家或直接由内务官员制作，供皇室专用。二是地方官员专门为上贡皇上而定做的精品墨，是为贡墨。

药墨：明代以来，在优质徽墨中加入冰片、麝香、珍珠、黄连、金箔及牛黄、熊胆等多种中药，清香四溢，可用于止血、中风、中暑、蛇虫咬伤等多种病症，收效奇特，内服外用均可。这种墨既是书写绘画的上好佳料，也是治病良药。

收藏或馈赠专用墨：这种墨专用于个人收藏或馈赠亲友，这就要求制作要特别精细。不但需要选料上乘，工艺考究，而且造型、外饰应优于一般的产品，具有收藏价值。

普通用墨：这是市面上流通最多，供文人士大夫日常用的墨。这种普通用墨因需求量大，墨的质量并不特别讲究，造型和外表装饰也较为简约。普通用墨主要讲求实用，价格也较为低廉。

中国几千年的制墨和用墨史，形成源远流长、一脉相传的墨文化。这种与西方同类型文化存在方式迥然相异的传统的墨文化，是中华文明不可或缺的一部分。传统的墨不仅是历代主要的书写、绘画用材，优质墨实际成为可资鉴赏的艺术品。为了迎合文人士大夫相互馈赠和自己收藏、品鉴佳墨的需要，制墨工匠对产品的造型和外饰精心构思、精工制作，赋予不同时代的文化印记。

概括而论，墨的造型和装饰艺术具有以下特点：首先是多样性。墨的造型以长方形为主，原因是使用方便，便于研磨。其他还有圆饼形、椭圆形、上圆下方形、银锭形、六边形、古琴形，以及多种动物、植物造型等等。而墨的外形装饰手法，主要可分为阳纹浅浮雕和阴纹浅浮雕或加以涂金、填金，所刻内容或文字，或图画。其次是时代性。作为文化载体，古墨也像其他藏品一样，体现出时代特点。明清以来，制墨业极盛。

徽墨还可以按以下办法分类。

一是根据社会各阶层人士对墨的不同要求划分。如书画家要求墨分五色，挥洒自如，一点如漆，万载存真，称书画墨；封建统治者苛求珍料，熊胆龙脑，穷奢极侈，称贡墨；收藏家觅古法式，以利鉴赏，称仿古墨；医药界要求墨能止血消炎，以疗顽疾，称药墨；僧尼则要求墨无荤腥，以示虔诚，称素墨；亲朋相馈赠，遴选墨名图吉利，称礼品墨；等等。

二是从形制上可分为零锭墨和集锦墨。零锭墨是不成套的单一实用墨。集锦墨又有两种：一种是每锭墨形状图案各异，但统一于一个主题，如"古币墨""古砚墨""十友墨""手卷墨""琴剑棋墨"；一种是墨的形状相同，绘图题识不同，如"黄山图""耕织图"等。集锦墨始于宋代，雕工精细，装饰华丽，集绘图、雕刻、书法、墨法、漆器、镶嵌、装帧艺术于一体，供收藏和观赏用，既是书画家喜爱的佳墨，也是人们相互馈赠的礼品墨。

三是从原料质地上可分为松烟墨、油烟墨、特种墨、包金墨、朱砂墨、五彩墨等。松烟墨有特级松烟墨、黄山松烟墨、大卷松烟墨、净烟墨、加香墨。油烟墨有超漆烟墨、顶烟墨、猪油烟墨。猪油烟墨是在桐油内掺入部分猪油点烟，或在顶烟内掺入部分猪油烟制成，光泽最佳。特种墨有青墨、茶墨、药墨、素净墨。

四是从用途上可分为观赏收藏墨和实用墨。如："十大仙""大、小魁星""寿星""古佛""罗汉图""西湖图""琴剑棋""鉴真东渡""金蝉""金龟""宝剑"及其他集锦墨都属于观赏收藏墨。实用墨基本上是零锭墨。名贵的实用墨亦可作观赏和收藏用。

墨名是墨的质量或品类区分的标志。墨的命名方法大致有五种：有的是表示材料精美，如"上品清烟""延川石液""五百斤油""鹿角胶""乌玉块""乌丸""元霜"等；有的是表示图案内容，如"龙凤呈祥""立鹤步云""黄山图""棉花图""西湖图"等；有的是表示制法古老，如"古隃糜""易水光""东坡墨法""轻胶十万杵"等；有的是借用典故，如"小道士""元香太守""客卿""神品""东斋注易""松滋侯""元中子"等；有的是供收藏和纪念的，"如××氏家藏""黄海归来"等。

成品墨常见的有长方形、圆饼形、圆柱形、人形、物形、多角形、异形等，宜小不宜大，沈继孙《墨法集要》云："厚大利久，薄小利新；厚大难工，薄小易善。"小的五钱、八钱，大的二两、四两最为合适。计数单位古时有螺、量、丸、枚、笏、挺、剂、牒、锭等。现代多用锭。现代徽墨质量有部颁标准，项目有耐水性、扩散率、发墨度、黏度、浓度、吊角、上下端厚度差、溢色、层次、滞笔性、墨色、墨味12项。

二、墨品的鉴别与欣赏

鉴定墨的佳次，首先看墨身是否细腻滋润，粗糙者次；其次其泛光或蓝或紫，泛紫玉光泽者佳，泛青光者次；最后辨其气味，内香外不香者佳，闻时无香，磨时芳者佳。可向墨呵气，立刻闻到轻微麝香、冰片的香气，证明是佳墨。如不呵气其外已香气异常，证明是次墨。另外，佳墨笔触敏感生动，运笔时不粘不滞。

墨的鉴定、鉴别和收藏与其他门类一样，要求多看真品实物、多记实物，要通过实物与文献资料进行相互印证，加以思考，进行比较分析。多看实物可以对某一名家名作的墨质、题识、图案、墨品、风格认识越深刻。还要不断充实自己的古代文化学识，加强对墨品的了解。不过，古墨收藏和保存难度很大，原因有二：一是墨为古代文人书画必用的消耗品，极易损坏，存世数量有限；二是墨锭基本由动物胶剂粘连，因而会随着时间、场所、气候乃至主人的重视程度发生物理上的损毁性趋向变化，并且这种变化是不随人的意志所能逆转的。在现代科技条件下，除少量古墨由民间私人收藏外，国内几大知名博物馆出于保护的本意，绝少将古墨精品作展览。因此，古墨爱好者阅读有关古墨图录、图谱，是目前最好的办法。

（一）墨质：墨颜色发白、发暗，既非保存不当的发霉所至，也非佳墨本质，实乃纯净度相当小的杂质墨料轧制而成的一件仿品。另外，仿品手感极轻，没有厚重感。好的墨品质坚如玉石，颜色黑中带紫，表面丝丝起发理，显示浑厚气魄，从墨的裂纹处可看出，墨色黝黑，坚而有光，理细如犀，质温如玉。再看古墨表面的漆皮，凡年代越远，漆皮越显浑厚，并呈现蛇皮断纹，与古琴上漆皮断纹极相似。又像古瓷开片，有纹不裂，隐藏在漆皮之间，同时闪出蓝色光彩。而现代仿品漆皮上没有蛇皮断纹，只有断裂纹。

（二）装潢与包装：集锦墨又称瑶函墨或豹囊丛墨。古人把形制、题材相同而图案各异的墨品汇集在一起，称为套墨。胡开文曾兼众家之长，制"御园图"墨64种，每锭墨造型、图案都不同。有的做钟鼎，有的做圭璋。雕刻精细，在不足方寸的墨锭上，亭榭楼阁，青山秀水，线条清晰，异常精美。集锦墨外匣装潢相当考究，一般采用楠木漆盒，盒内分匣，匣套白绫，墨锭装入锦盒。盒以墨漆为底，上施朱彩或镶嵌螺钿，盒面描金龙纹、山水，富丽堂皇、尽善尽美。例如"手卷墨"，锦匣做成画卷式，别出一格，令人爱不释手。即便是一般官宦人家的集锦墨，也需要用锦绸、木料、纸张等原料制作墨盒，精细考究是为官、为（文）士的尊严和体面所在。虽然经过百年的岁月消磨，也不会失去以前的华贵、儒雅的气概，更不会有虚假的市侩气存在。集锦墨的出现，是当时美术、书法、雕刻、漆器、纺织、镶钿等艺术的集萃。它的问世，为制墨业拓展了无限发展的空间。

（三）款识：就胡开文墨来说，胡开文墨业初创时只有休宁、屯溪两店，其发展至全盛时，墨品之署款就变得纷繁起来。仅同治六年（1867

年）的署款就各不相同，有"海阳胡开文造""徽州胡开文造""新安胡开文/按十万杵造""徽州休城胡开文造""海阳胡氏苍佩室选制""徽州屯溪胡开文监制""徽州老胡开文造"。尽管所署地名如此复杂，难免使人"不解其故"，但仍有规律可循：

第一，"新安"和"海阳"之名是与徽州历史上行政区划的变动所引起的地名变化有关。"海阳"之名略早于"新安"。"海阳"是县级区划，只确指休宁县，不能作为"新安"或徽州的代称。"新安"是郡、府一级区划。宋徽宗宣和三年（1121年）更名徽州，"徽墨"之名由此而来。另外，"徽州""歙州"同为郡、府一级区划，且"歙州"的建置要早于"徽州"，因此"徽""歙"不可能同时存在于一块墨锭之上，否则必定是现代仿品。

第二，正品胡开文墨之署款有着商业营销的需要。墨上标明厂名和厂址，有虚实之分。署海阳、休城、屯溪、屯镇者为实，如休城的确切地址是"徽州休宁县城西门正街"。而只署府级区划之"新安""徽州"者为虚，这和后来胡天注派下子孙众多，突破了不准擅用"胡开文"商标造墨的规定有关。

第三，避讳的事实存在。清代道光皇帝名旻宁，因此后代制墨家必须考虑到避讳的需要，因此经常将休宁中的"宁"字略去，直接将胡开文总店称为"休城老店"。

（四）字体：从墨模看，由于受明清两代书画流派风格的影响，其墨模雕刻显然也有时代的区分，因此款识乃至墨品的题名有着时代的局限性。明代的书法多遒劲，雕刻手法深厚、雄健，阳文字锋芒峻厉，圭角岸然。清代书法多秀润、工整，雕刻手法精秀润细，无论远观近赏，都会给人一种清新、悦目、爱不释手的感觉。如果收藏者认为墨品的笔体粗劣难看，没有美感，甚至歪歪斜斜，给人的感觉似乎本品的制作者没有什么文化修养，一般可以断定为现代仿品。

（五）馨香：古墨气味馨香，无怪味，工匠甚至向里面加入大量的中药材或者香料，因此古墨也是药墨。而现代所制仿品墨常有怪味，而且使用时常粘笔，这是胶质太重的缘故。而古墨由于年代久远，胶质自然退去，故书定流畅，墨色醇和，这也可以作为鉴别的特征之一。

（六）图案与漆皮的鉴别：胡开文正品古墨，墨质坚润如玉，黝黑光洁，正面刻绘人物景物，线条纤细，刻绘传神，背面刻绘诗句，并在主要部位涂饰以不同的金色，显得层次感极强，古意盎然。一锭手掌大小的重数十克的古墨，却能给人一种大型书、画卷的浑厚气魄，这是现代仿品做不到的。即便有人试图仿造，不是不伦不类，就是变成了长达尺许，重达数斤的"墨棒"。

第四节　以胡开文徽墨制作技艺为主的徽墨制作技艺

国家级非物质文化遗产名录是经中华人民共和国国务院批准，由文化和旅游部（简称"文旅部"）确定并公布的非物质文化遗产名录。

2005年8月，由绩溪胡开文、歙县胡开文、屯溪胡开文共同将以胡开文徽墨制作技艺为主的徽墨制作技艺申报为中国非物质文化遗产。2006年5月20日，国务院在中央人民政府门户网上发出通知，批准确定并公布第一批国家级非物质文化遗产名录，徽墨制作技艺名列其中。

墨的发明是我国先民对中国文化乃至世界文明的一项重大贡献。徽墨是我国制墨技艺中的一朵奇葩，在中国制墨史上占有重要地位。用传统技艺制作的徽墨精品具有多方面的优点，有的"其坚如玉，其纹如犀，写数十幅不耗一二分也"，有的"香彻肌骨，磨研至尽而香不衰"，有的"取松烟，择良胶，对以杵力故泽不留砚"，有的"坚如石，纹如犀，黑如漆，一螺值万钱"，有的"光可以鉴，锋可以截，比德于玉，缜密而栗，其雕镂之工，装饰之巧，无不备美"。

从现有史料来看，徽墨生产可追到唐代末期，历宋元明清而臻于鼎盛。胡开文是清代四大制墨名家之一。1935年前后，当时的《中国经济志》曾记载了各有墨店皆标榜自己为"徽州胡开文"的盛况。1995年出版的《安徽省志·商业志》中称："'胡开文'几乎成了'徽墨'的象征。"

清末民初著名的墨模木雕艺人胡国宾也是绩溪县上庄人。他们是清代与民国时期徽墨制作技艺传人的代表。

徽墨制作技艺复杂，不同流派有自己特有的绝技且秘不外传。一派中针对不同的制墨原料，也会采用不同的生产工艺。如桐油、胡麻油、生漆均有独特的炼制、点烟、冷却、收集、贮藏方法，松烟窑的建造模式，烧火及松枝添加时间与数量，收烟及选胶、熬胶、配料、和剂等也各有秘诀。如此制出的徽墨具有拈来轻、磨来清、嗅来馨、坚如玉、研无声、一点如漆、万载存真的艺术特点。

以胡开文徽墨制作技艺为主的徽墨制作技艺的流程如下：

制墨的原料主要是松树烟与桐油烟，制墨先要烧制松树烟与桐油烟，这是一个掌控不完全燃烧的烧制过程。此外，制墨还需辅料与黏合剂（胶）。添加辅料与使用黏合剂也需多道工序，但这只能制成软剂的墨饼，还需要特制工具进行压延方能制成软剂的墨锭，而后还要通过多道工序才能形成供出售和使用的墨锭成品。从烧制烟料到成品，要经历九步八十道之多的工序。九步是烧松烟、点油烟、熬胶、配料、杵捣、制墨描金、制墨模、刻墨印、制盒包装。八十一道工序是，选址—砌窑—选松—去脂—伐松—截松（以上是烧松烟）—分拣灯草—配制药浸灯草—晾灯草—控干湿—桐油加药（烧油烟的前期工序）—造烟房—制烟具—烧烟—控火候—制刷扫烟—制筛具筛烟—去渣—分类（以上是烧油烟）—别皮下脂肪—去皮上毛—浸泡皮革数天—沥水—去毛渣—刮脂肪—清洗（以上反复多次）—切割—熬制—滤胶—冷却（以上为熬胶）—拣料—研料—熬料—滤料—分金银箔—添金银箔（以上为主要配料的工序）—对胶—添酒水—拌和—杵捣—制墨饼—备墨桶—置墨被—起炉—保温—分割—锤炼—分锭—过秤—揉搓—装墨模（以上为制墨的工序）。以下为墨模工制墨模工序：选料—热处理—取料制外框—制上下印版胚—制内扣。以下为墨印工刻墨印工序：画样稿—制刻刀—精修上下印版胚—上下印版画样—边版题名—顶版题识—雕刻—试印版—反复加工印版—刷样皮藏。以下为制墨锭的压延及其后续工序：压延—起墨锭—修边—清墨模—待用、收藏墨模。晾墨—观湿度—控温度—防霉—防变形（以上为晾墨工序）—打墨—描金—制盒—添药—包装。

第五节　解读胡开文的文人自订墨

古代的文人与笔墨纸砚可谓是生死之交，彼此几可融为一体，须臾不可分离。文人对于可以让自己留名的东西尤为看重，笔求湖笔，墨求徽墨。再加上文人雅士的闲情逸趣，在文房用具上追求品位，常常独树一帜，希望自己用的笔墨与众不同，于是文人自订墨就诞生了。文人自订墨是达官显贵、文人墨客、书画名流特请墨店按自己的情趣订制的墨，或自用，或珍藏，或馈赠。这类墨用料上乘、配方独特，墨面图案、书法或出自名家手笔，或用自己的手迹，因此墨面文化内涵更显个性。订制墨制型有提梁式、瓦当式、古璧式、磬式、砚式、古泉式、书卷式、仿古器式，内容有反思历史彻悟人生的、有期盼仕途飞黄腾达的、有寄托情怀自矜清高的、有洁身自好及孤芳自赏或吟风弄月的，真实地反映了封建时代文人雅士的心态。这类墨集实用、纪念、庋藏、观赏于一体，极富收藏价值。

乾隆三十六年（1771年）《歙县志·食货志》记载，墨可以分为三种：文人自怡、好事精鉴、市斋名世。第一种就是文人自订墨。自订墨和贡墨被歙县墨商控制，集锦墨为休宁商人所掌握，零锭墨和百姓用墨由婺源墨商把握。歙县的曹素功、汪节庵，绩溪的汪近圣以及稍后崛起的休宁胡开文，被称为清代四大造墨名家。由于胡开文的崛起，后来夺取了歙商制造贡墨和文人自订墨的领地。

文人自订墨一般是特请墨店按自己的情趣定制，因此，在胡开文墨店生产的高级墨中有相当一部分就是文人自订墨。据不完全的统计，在胡开文墨店订制徽墨的人中，有一部分是任职官员和其他文人，他们中有高级官员、中级官员、基层官员、军人、幕僚等。如：

"晚晴簃"墨，墨主是徐世昌，民国总统。民国年间，徐世昌设晚晴簃诗社，组织僚友编纂《晚晴簃诗汇》，一名《清诗汇》，凡二百卷，是迄

今为止规模最大的清代诗歌总集。徐世昌在任总统的第二年即民国八年

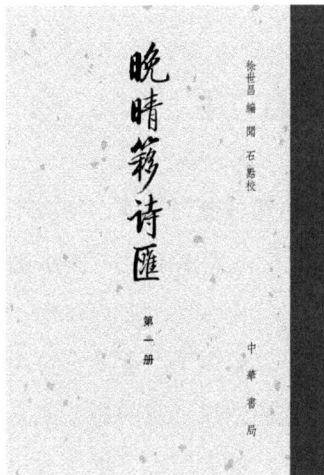

《晚晴簃诗汇》

（1919年）春创立晚晴簃诗社，启动编纂工作，地点在总统府集灵囿的晚晴簃中。民国十一年（1922年），徐世昌退隐天津，主要的编纂人员从总统府迁至傅增湘的藏园。《晚晴簃诗汇》问世以后，嘉惠学界不浅，但也受到一些学者的批评。

"乐道主人书画墨"，墨主是奕䜣，清末恭亲王。爱新觉罗·奕䜣，号乐道堂主人，道光帝第六子，咸丰帝同父异母兄弟，生母为孝静成皇后博尔济吉特氏。奕䜣自幼与咸丰帝奕詝一同成长，深受道光帝宠爱，一度有被立为太子的可能。道光帝死后，根据其遗诏被封为恭亲王。咸丰年间，奕䜣于咸丰三年（1853年）到咸丰五年（1855年）担任领班军机大臣，时废时起。咸丰十年（1860年），英法联军攻北京，咸丰帝逃往承德，

"乐道主人书画墨"

奕䜣以全权钦差大臣留守北京，负责与英、法、俄谈判，并与之签订《北京条约》。次年（1861年），咸丰帝驾崩，奕䜣与两宫太后联合发动辛酉政变，成功夺取了政权，被授予议政王之衔。从咸丰十一年（1861年）到光绪十年（1884年），奕䜣任领班军机大臣与领班总理衙门大臣，期间虽在同治四年（1865年）遭慈禧太后猜忌被革除议政王头衔，但依旧身处权力中心。奕䜣是咸丰、同治、光绪三朝名王重臣，为中国近代工业创始和中国教育的进步作出了贡献。

"求阙斋"墨，墨主曾国藩，官至两江总督、直隶总督、武英殿大学士，封一等毅勇侯。墨面隶书"求阙斋"三字，背楷书"同治六年八月制"，俱阴文填金。一侧"徽州胡开文造"，楷书阳文。此墨为徽州人程恒

生赠予曾氏的礼品。"求阙斋"为曾国藩自署斋名。曾国藩在三十五岁时，阅读《易经》的临卦，掌握到阴阳进退消长的道理，喟然而叹。阳气到了极点，则阳退而生阴，阴气到达极点，则阴消而生阳，一损一益，这是自然现象的规律。有损也有益，有失必有得，这也是自然界中的规律。人天生就有嗜好和贪欲，往往喜好圆满而忽视缺陷。曾国藩为了防盈戒满，都要使其留有缺陷，不追求圆满。于是曾国藩把自己的书斋命名为"求阙斋"（阙即是缺），并写了一篇《求阙斋记》，强调自己将会一直恪守这种追求不完美的价值观，反映了他自谦自抑，不骄矜，以盈满为戒，但求常阙的处世哲学。曾国藩为晚清湖湘大儒，股肱之臣，其文韬武略，治国安邦，修身箴官，坚忍行事，求阙戒满，堪称后人典范。

"求阙斋"墨

"湘乡曾爵宫保著书之墨"，墨主曾国藩，同治三年（1864年）七月十九日，湘军攻陷天京，太平军宣告失败。七月，曾国藩赏加太子太保、一等侯爵。曾国荃赏太子太保、一等伯爵。受封后，曾国藩在休城胡开文订制此墨，墨上的题款为"徽州老胡开文""湘乡曾爵宫保著书之墨"。央视"2007民间寻宝记——走进湖南"活动中，此墨从参加海选的上万件藏品中入选为50件精品之一。

"湘乡曾爵宫保著书之墨"

"封爵铭"墨，墨主李鸿章。李鸿章，字渐甫，号少荃（一作少泉），晚年自号仪叟，别号省心，安徽合肥人，清朝晚期政治家、外交家、军事将领。世人多称"李中堂"，又称"李文忠"。道光二十七年（1847年）进士，早年随业师曾国藩镇

李鸿章"封爵铭"墨

压太平天国运动与捻军起义，并受命组建淮军，因战功擢升至直隶总督，兼北洋通商大臣。同治三年（1864年）七月十九日，清军攻陷天京，太平军宣告失败。清廷因"金陵克复"，封李鸿章为一等伯爵，赏戴双眼花翎。死后获赠太傅，晋一等肃毅侯，谥号"文忠"。其著作收于《李文忠公全集》。

"合肥相国著书之墨"

"封爵铭"墨墨面隶书"封爵铭"三字，阴识填金，下楷书"少荃李氏珍藏"，阴识填金。背镌双龙拱珠图，中"册命"两字，阴识填金。下端玉箸书三行："使河如带，泰山若厉，国以永宁，爰及苗裔。"阳识。左下胡开文仿古。一侧"光绪乙亥腊月"。另侧徽州胡开文按轻胶十万杵易水法制。顶"五石顶烟"，俱楷书阳识。

"合肥相国著书之墨"四锭，规格一致，长方形，倭角。合肥相国即李鸿章。正背俱有描金漆框，正面上部绘如意云纹，楷书"合肥相国著书之墨"，阴识填金；背楷书"揆端百度""史宏祖谨呈"，阴识填金。

"八宝奇珍"墨，墨为八笏八式，造型各异，分别为：碑形有虞十二章墨、亚形双龙墨、钟形墨、金龙舌形墨、云纹卷书墨、玉壶冰墨、蟠龙碑形墨、三螭符形墨。正面描有金边，中间楷书阴识填金"湘阴左氏珍藏"，一侧楷书阳识"徽州休城胡开文造"。墨主左宗棠，汉族，字季高，一字朴存，号湘上农人。湖南湘阴

"八宝奇珍"墨

人。晚清政治家、军事家，洋务派代表人物之一，与曾国藩等人并称"晚清中兴四大名臣"。左宗棠曾参与平定太平天国运动、兴办洋务运动、镇压捻军，收复新疆并推动新疆置省，其间他历任闽浙总督、陕甘总督、两江总督，官至东阁大学士、军机大臣，封二等恪靖侯。中法战争时，自请赴福建督师，光绪十一年（1885年）在福州病逝，享年七十四岁。清廷追赠太傅，谥号"文襄"，并入祀昭忠祠、贤良祠。

"秦古权墨"，秦古权墨仿秦权形式制成，为半球形、空腹，顶有鼻纽，直径15.2厘米，高11厘米，厚1.1厘米。墨面一侧为小篆阴识铭文，填金，19行共100字，其中秦始皇诏版40字，秦二世诏版60字，内容为"廿六年，皇帝尽并兼天下诸侯，黔首大安，立号为皇帝，乃诏丞相状、绾，法度量则不壹歉疑者，皆明壹之。元年，制诏丞相斯、去疾，法度量，尽始皇帝为之，皆有刻辞焉。今袭号，而刻辞不称始皇帝，其于久远也，如后嗣为之者，不称成功盛德，刻此诏，故刻左，使毋疑"。另一侧为时任湖广总督的端方所作后记，记述对度量衡的收藏与研究。阳文楷书，16行共111字，后钤小印"匋斋"。墨内侧有楷书阳文款"徽州休城胡开文监造顶烟"。此墨为清光绪癸卯（1903年）端方在胡开文墨庄订制的一款墨。墨主是端方，字午桥，号陶斋，清末大臣，金石学家。满洲正白旗人，官至直隶总督、北洋大臣。戊戌变法中，朝廷下诏筹办农工商总局，端方被任命为督办。戊戌变法期间，端方全身心投入新筹办的部门当中，他曾一天连上三折，其工作热情与效率，可见一斑。但是，戊戌变法很快被慈禧太后推翻，除京师大学堂予以保留之外，其他新政措施包括农工商总局一律撤销，端方本人也被革职。宣统三年（1911年）起为川汉、粤汉铁路督办，入川镇压保路运动，为起义新军所杀。谥忠敏。著有《陶斋吉金录》《端忠敏公奏稿》等。

"皖江鸿雪"墨，墨主是彭玉麟，湘军，官至兵部尚书。

"玉壶冰鉴"墨，墨主是许庚身，官至兵部尚书。

"十万杵"墨，墨主是孙毓汶，官至刑部尚书，加太子太保。

"玉屑珠英"墨，墨主是杜受田，官至左都御史，工部尚书。

"松石斋珍藏"墨，墨主卓秉恬，官至内阁大学士，兵部尚书、户部尚书、吏部尚书等。

"大富贵亦寿考"墨，墨主是袁昶，历任户部主事、总理衙门章京，办理外交事务，后任徽宁池太广道道台、江宁布政使，迁光禄寺卿，官至太常寺卿。光绪二十六年（1900年），直谏反对用义和团排外而被清廷处死，同时赴刑的还有许景澄、徐用仪、立山、联元四人，史称"庚子五大臣"。

"松坡自制"墨，墨主是蔡锷，近代军事家，宣统三年（1911年）武昌起义爆发后，在昆明举兵响应，任云南都督，民国四年（1915年）十二月在云南组织护国军，讨伐企图复辟帝制的袁世凯集团。

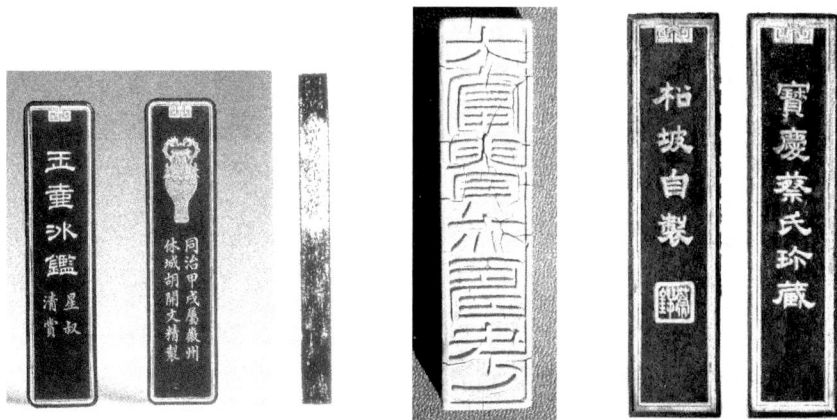

"玉壶冰鉴"墨   "大富贵亦寿考"墨   "松坡自制墨"

"磨盾余馨"墨，墨主是杨昌浚，官至闽浙总督、陕甘总督。

"逸林选烟"墨，墨主是李兴锐，湘军，官至两江总督。

"聊赠一枝春"墨，墨主是岑春煊，官至广东布政使、两广总督。

"大潜山房"墨，墨主是刘铭传，淮军，官至台湾巡抚。

"玉海传经"墨，墨主是刘世珩，官至广东巡抚。

"铜柱"墨，墨主是吴大澂，官至广东巡抚、湖南巡抚。

"萨尔图氏"墨，墨主是英翰，官至安徽巡抚。

"讲信修睦"墨，墨主是吴坤修，官至安徽布政使、署巡抚。

"墨农选烟"墨，墨主是朱家宝，官至安徽巡抚。

"葛民方伯吟诗作画之墨"，墨主是绍诚，官至安徽布政使、安徽巡抚。

"货布"墨，墨主是唐定奎，官至福建陆路提督。

"寿庭军门"墨，墨主是李占椿，湘军将领，官至江南提督。

"松泉关如书画墨"，墨主是李本仁，官至户部主事、安徽布政使。

"叔雨学使著书之墨"，墨主是龚自闳，官至工部左侍郎。

"十万杵"墨，墨主是裕禄，官至安徽布政使。

"金壶仙液"墨，墨主是蒋蔚章，官至安徽布政使。

"轻胶十万杵"墨，墨主是惠年，官至安徽布政使。

"琴式"墨，墨主是谭钟麟，官至杭州知府、陕西布政使。

"写秋轩书画"墨，墨主是如山，官至浙江按察使、四川布政使。

"通州张季造用"墨，墨主是张謇，清光绪状元，中国著名实业家、教育家。

"大潜山房"墨　　　　"通州张季造用"墨

"翰苑珍藏"墨，墨主是安维峻，官至福建道监御史。

"孟仙临池"墨，墨主是乔树枏，官至学部左丞。

"茧秋盦填词"墨，墨主是毓隆，官至安徽学政。

"练余心斋"墨，墨主是祁世长，官至工部尚书。

"瓦形砚"墨，墨主是春岫，官至徽州知府。

"华屿读书堂"墨，墨主是伊秉绶，官至惠州知府、扬州知府。

"十二梅花书屋"墨，墨主是郭庆藩，官至浙江知府。

"青藜阁"墨，墨主是刘亨起，官至徽州知府。

"金壶仙液"墨，墨主是吴锡麟，官至休宁知县。

"六韬三略"墨，墨主是善甫氏，官至休宁知县。

"胡甘伯赵撝叔校经之墨"，墨主是赵之谦，书画家，海上画派的领军人物，官至鄱阳知县。

"小沧浪亭"墨，墨主是李经畲，李鸿章侄辈。

"一瓣香"墨，墨主是李鹤章，李鸿章胞弟。

"著石而黑"墨，墨主是林葵，吴长庆幕僚。

"任公临池墨"，墨主是梁启超，政治家、学者。

"棣华诗屋"墨，墨主是梁鼎芬，张之洞幕僚。

"任公临池墨"

"山可一窗青"墨，墨主是雷维翰，曾国藩幕僚。

"叔雨学使著书之墨"，墨主是潘鼎立，幕僚。

"敦古处室"墨，墨主是鲍寅初，官员、学者。

"说剑盒"墨，墨主是叶韵笙，官员、学者。

"角茶轩"墨，墨主是黄士陵，端方幕府、学者。

"著石而墨"，墨主是程洁，吴长庆幕僚。

"一瓣香"墨，墨主是柯钺，曾国藩幕僚。

"五百斤油"墨，墨主是金农，"扬州八怪"之一。

"酒五经吟馆"墨，墨主是叶熙锟，篆刻家。

"晚春堂"墨，墨主是汪士慎，"扬州八怪"之一。

"天下为公"墨和"右任之友"墨，墨主是于右任，政治家、书法家。

"百寿图"墨，长12.5厘米，宽3.5厘米，厚1.3厘米。一面篆书"百寿图"三字，四周环以草龙图案，俱阳识描金；一面刻南极仙翁及童子，仙翁手捧仙桃，童子持竹节。人物大面积漱金，衣服、胡须等部分填蓝彩，竹节、仙桃描绿彩和红彩。人物刻画传神，施彩漱金艳丽，明亮如初。上刻一蝙蝠，整个画面意寓福寿双全。行书"南极星辉"，阴识描金。一侧阳识"民国纪元二十四年第一次出品"，另侧阳识"黄山天都文物社用易水法监制"。民国十九年（1930年），许世英任国民政府赈务委员会主席，发起成立黄山建设委员会，聘请黄宾虹，张善孖、张大千昆仲，郎静山等为委员，由黄宾虹倡导组建中国旅行社黄山分社天都文物社，开发黄山。此墨是天都文物社在胡开文墨店定做的礼品墨。

"右任之友"墨

以上为在胡开文墨店订制的部分文人自订墨。胡开文墨店之所以崛起，并夺取了歙商制造贡墨和文人自订墨的领地，据安徽轻工业史志丛书《徽墨志》（歙县第二轻工业局编）分析："胡开文墨店的成功，经验有四：一是保证质量。胡开文分店很多，所出售的高档墨都由休宁老店统一配方监制，绝不含糊。二是降低成本。胡开文的正泰烟房，原来设在黟县渔亭，后发现四川万县梨树坝盛产桐油，价格低，就把烟房设在那里，燃烟后运回制墨，并售给同业，增加了收入。三是管理人员懂行。

《徽墨志》

137

管事（店主的代理人）在职工中培养和提拔，业务精通。民国初年，安徽督军马联甲在胡开文墨店订制了一批松烟、油烟等规格不同、质量不同的墨。马联甲叫人把各种墨分别磨在砚上，让胡开文墨店的管事去识别每块砚上磨的是哪种墨。姓冯的管事果然准确无误地一一辨认了出来。四是薄利多销。高档墨利润高一些，中、低档墨利润低一些，大路货微利甚至无利也要销售。这样做争取了顾客，扩大了业务。"

胡氏家族还延续了徽商的一个典型传统，即结交高层、寻求政治庇护。曾国藩曾为胡开文墨店题写招牌"胡开文"，并在胡开文墨店订制墨品。李鸿章也在胡开文墨店订制墨品，其后湘军和淮军的不少将领也在胡开文墨店订制墨品，他们通过互相赠送墨品加深同乡、师生、亲友之间的友谊，这也使胡开文墨在权贵中产生一定的影响。再从另一个角度来看，经营商业既是一种经济行为，又是一种文化行为，而经营艺术也是经营文化的重要组成部分。特别是明清时期科举制的盛行使得文房四宝在徽州有着广阔的买方市场，故而徽州墨除了继续占领江南这一重点区域外，还构建起一张覆盖全国各地的商业网络。

第四章　胡开文墨业的形成和发展

第一节　胡开文墨业概述

徽墨是我国的文房四宝之一，历来受到文人墨客和达官显贵的青睐。在徽墨业中，胡开文墨店是我国近代一家闻名中外的百年老店，距今已有二百五十多年的历史。现在"胡开文"三个字几乎成了徽墨的代称，胡开文的名号遍及徽墨的故乡，其墨遍及海内外。但是胡开文不是人名，而是墨业的店名。

胡开文墨业的创始人是安徽省绩溪县上庄村的胡天注。据《上川明经胡氏宗谱》记载："天注公，貤赠奉直大夫，名在丰，字柱臣。事迹见善行。生乾隆壬戌年六月二十七日未时，故嘉庆戊辰年十二月初一日巳时。娶汪氏，生于

胡天注塑像

乾隆戊午年十月十九日戌时，故于乾隆己酉年七月初七日申时，生六子。继娶钟氏，生于乾隆癸未年六月二十六日巳时，故于道光己酉年九月二十

日寅时，生二子。……元首公派，从九品……独修观澜阁下至杨林桥大路，建竦岭半岭亭。始创胡开文墨业。同治中重修祠宇，其子孙克守先业，合力捐银五百两赞助其事。"

根据《思齐堂天注公分析阄书》的记载和民国四年（1915年）制的"休城胡开文老店一百五十年纪念墨"的推算，胡开文墨业创始于乾隆三十年（1765年）。乾隆三十年（1765年），胡天注已经二十三岁了。在徽州地区有句谚语："前世不修，生在徽州；十三四岁，往外一丢。"胡天注就是"十三四岁，往外一丢"，于乾隆十九年（1754年）经人介绍到墨家林立的屯溪的程正路墨店当学徒。一年后，经程正路介绍转入休宁海阳的汪启茂墨室当学徒。由于胡天注为人忠实，办事干练，吃苦耐劳，受到汪启茂的赏识，第二年就将自己的独生女许配给胡天注。乾隆二十五年（1760年），胡天注学徒出师后，就去屯溪初租采章墨店，经营墨业。后来汪启茂在墨业竞争中失利，将墨室盘给了叶氏。乾隆三十年（1765年），胡天注从十三四岁学徒算起来也有上十年的时间。在此期间，由于他聪明能干，勤奋好学，很有开拓精神，不仅掌握了制墨的技术、市场的情况和经营管理之道，还积累了一定的资金，为自己开店创下了有利的条件，当年

"松萝玉液"墨

就收购已为叶氏所有的汪启茂墨室。由于此时，汪启茂墨室已在墨业竞争中失利，很难东山再起，胡天注决定将墨室更名为胡开文墨店。从胡开文墨业的整个发展过程来看，在胡开文墨业创立之初，因为胡天注的经济并不宽裕，就充分利用汪启茂墨室的原有资源（墨模等），以待资本的积累。同时又要有别于岳父的汪启茂墨室，就在汪启茂墨室原有墨模的横头（顶部）或空白处添加刻制阳题款"胡开文制"或"胡开文墨"，以示是新店胡开文之墨。因此，在胡开文墨店开业之初，出现了有"胡开文"和"汪启茂"双款识的"大国香"圆柱墨和"松萝玉液"墨等。如

"松萝玉液"墨，背面题款为"徽州休宁汪启茂墨"，墨顶题款则为"胡开文监制"。

不过乾隆甲午年（1774年）以后生产的胡开文墨就只用"胡开文"的题款，而没有"汪启茂"的题款了。但是，由于胡开文和汪启茂的特殊关系，胡开文墨业一直继续使用原汪启茂墨室的题款"苍珮室"，有时还使用相似的仅有一字之差的"苍佩室"这一题款。如乾隆四十八年（1783年），胡开文墨业生产的"天开文运"墨，正面为"天开文运"四字，背面为"徽州胡开文制"，侧面为"乾隆四十八年苍佩室珍藏"。

关于胡开文墨店店名的由来，现在有三种传说：第一种说法是，胡天注在初租屯溪采章墨店时，一次他去南京售墨，见考场中悬挂有一块"天开文运"的匾额，他认为"天开文运"四字与自己从事的制墨业极有渊源，"文需墨，墨助文"，"开文运即开墨运"，决定取横联中的"开文"二字，加上自己的姓氏，作为墨店的招牌。第二种说法是，胡天注在初租屯溪采章墨店时，一次他去徽州府（今歙县），看见文庙上悬挂有"天开文运"的匾额，便取"开文"二字为店号。第三种说法是，胡天注在租开屯溪采章墨店时，经常往返于休宁和屯溪之间，两地中间的居安村附近有一石亭，石亭的门楣上刻有"宏开文运"四字，便取其中"开文"二字为店号。不过，从乾隆四十八年（1783年），胡开文墨店生产了"天开文运"墨来看，前两种说法可能性较大。

乾隆四十年（1775年），经过近十年的努力，胡开文墨业初见规模。胡天注承顶了初租的屯溪采章墨店，并且将其更名为胡开文墨店（屯溪店），只销售不生产，墨品由休宁胡开文墨店供应。屯溪店由19岁的长子胡恒德经持，14岁的次子胡余德随父在休宁胡开文墨店习研经商之道。胡天注率子业墨，身体力行，博采众长，精制夫子墨、选烟墨、顶烟墨等高档墨，刻意特制骊龙珠、紫玉光、圭璧光、金殿余香、恩承湛露等贡品墨，博得乾隆帝的青睐。此后，胡开文墨店每年都有贡墨被选入宫中。其中，由江南织造府和徽州府选送的胡开文贡墨先后有："棉花图诗"墨、"西湖胜景图诗"墨、"御园图诗"墨、"新安大好山水"墨及国宝、龙德、天府永藏等墨品。至此胡开文墨名声大振，成为清代徽墨四大家之一。

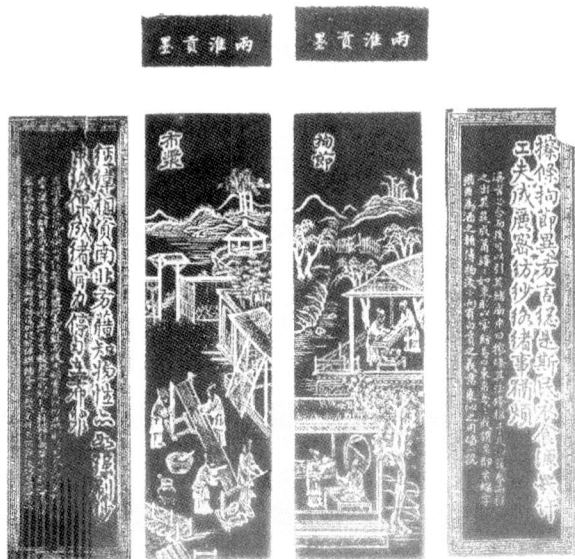

"棉花图诗"墨

乾隆五十六年（1791年），年逾五十的胡天注膝下子孙满堂（八房子孙三代），事业有成，即建宗族传世公厅"思齐堂"，立"敬宗睦族，克绍先业，热心公益，崇文助学，行善积德"等为堂训，并嘱立《思齐堂天注公分析阄书》，其中休宁老店由二房余德独立经营，屯溪店由七房颂德独立经营，但是屯溪店只能到休宁老店进墨出卖，不得以"胡开文"名号起桌做墨。胡天注的这一专嘱，保证了"胡开文"产品的质量，起到制约他人乱用"胡开文"名号，鱼目混珠的作用。但是，无形中也给胡开文家族发展胡开文墨业加了一道无形的枷锁。

根据《思齐堂天注公分析阄书》记载，经过胡天注的苦心经营，到嘉庆十三年（1808年）胡天注逝世前，胡开文墨业已经积累了相当可观的产业，有田地、山塘、屋宇以及海阳、屯溪二墨店。胡天注经营成功以后，捐官获九品衔，晚年乐善好施，主动投入公益事业，据《上川明经胡氏宗谱》记载，他"独修观澜阁下至杨林桥大路，建竦岭半岭亭"。

嘉庆十四年（1809年），胡天注逝世，胡开文墨业由胡天注的次子胡余德主持。据《上川明经胡氏宗谱》记载："余德公，议叙监运司知事，覃恩累赠中宪大夫，晋赠资政大夫，名正，字端斋，号荣朗，又号开文。事迹见善行。生乾隆壬午年十一月二十九日辰时，殁道光乙巳年九月三十日午时。娶柯氏……继娶陈氏……生三子。……庶娶翁氏……生二子。……庶娶吴氏……生三子。……三庶娶何氏……生一子。"

胡余德14岁就随父亲业墨，习研经营之道，深知制墨、销墨需与文人雅士、官宦、宫廷相交。故他除了自己捐官买爵外，还是督促弟子、孙辈习儒学，攻仕途，形成贾而好儒的风气，集官商于一家。在墨品上，制作普通墨、贡墨、集锦墨、珍藏墨、礼品墨、药墨、彩色墨等系列产品，扩大销售对象。在生产上，从原料到生产工艺均讲究精益求精，货真价实。他在徽州黟县渔亭建"正大烟房"，自己生产制墨原料松烟，既降低了生产成本又保证了原材料的质量。他还以墨业为龙头，先后在休宁和家乡绩溪上庄购田置地，造房买屋，在休宁县城开设"和兴枣店"，在绩溪上塘开设"和太枣栈"，在上庄开设"启茂典业""启茂茶号"等，与墨业互补，共谋利润。在胡余德主持胡开文墨业期间，胡开文墨业有了较大的发展，继承光大了胡开文墨的声誉，道光八年（1828年），著名学者、经学家、户部广东主事胡培翚在家乡（绩溪）议建东山书院，胡余德慷慨捐银一千两以为倡议建设。他上联政界，不惜巨资捐得"议叙监运司知事、覃恩累赠中宪大夫、晋赠资政大夫"三个官衔，在社会上也成了有地位的人物。因此，人们认为称他字号还不足以表达对他的崇敬，就以他主持的胡开文墨业的店号相称，尊称他为"胡君开文"。

胡天注有八个儿子。他在世时曾立下阄书，规定休城胡开文墨店和屯溪胡开文分店分别由次子胡余德和七子胡颂德掌管执业，"分店不起桌"，即屯溪胡开文墨店不能制墨，只能作为一个销售门市部。其余产业和资本，除了养老等费用之外，均分为八份，编成"道""以""德""宏""身""由""业""广"八阄，各房拈一阄执业。但是胡天注没来得及执行阄书就病逝了。二十多年以后，胡余德在父亲订立的分家方案的基础上，又订了一个"续例"，实际上是一个具体方案。胡余德在作"续例"时，考虑到种种因素，便把典当业和茶号分给长房、三房、四房、六房家人合伙经营，而当时五房和八房家人还小，不具备独立主持店业的能力，便将其应得房产和资本作变通处理，待有了独立主持能力后再"交与执业"。

道光二十五年（1845年），胡余德逝世，胡天注的八房子孙正式分家。胡开文家族分家后，二房余德和七房颂德的子孙从绩溪上庄迁居休宁，其余各房子孙则留在故里绩溪上庄。由于胡天注的长房、三房、四房、五房之后实为二房之后，后来除长房（因为是老大）外，胡余德之后的三房、四房、五房之后都迁居休宁。现在，实际上世居故里绩溪上庄的胡天注之后只有长房、六房和八房的后代。胡余德逝世后，胡余德的次子胡锡熊继承祖业，他重用族内和外戚墨师，培养了一支嫡系技术队伍。在胡锡熊主持店务期间，清代进士出身，后官至体仁阁大学士的祁寯藻为胡开文墨题写了《墨赞》。

胡开文家族分家以后，由于《思齐堂天注公分析阄书》上，专嘱胡开文墨由二房余德的休城胡开文墨店生产，其他胡开文墨店可以从休城胡开文墨店进货出售，但不得以"胡开文"字号起桌做墨。为此，胡开文家族从德字辈（上庄胡氏的字辈顺序是：天、德、锡、贞、祥、洪、恩、毓、善、良……）开始，一直为其他各房能否用"胡开文"字号起桌做墨之事争吵不休。分家不分店，店名不变，主持执业人单传制不变，仍然独家经营，不均分。实际上到胡开文墨业的第三代止，墨店的产权和经营权都被二房（胡余德、胡锡熊）所垄断。对此胡开文家族的其他各房都很有意见，而意见最大的是七房。七房颂德子锡环想在屯溪分店起桌做墨，干一番事业，但二房不允许，想尽办法阻拦。锡环的妻子为在屯溪分店起桌做墨，与锡熊发生激烈的争吵，一气之下，举家从休宁迁往屯溪居住，并在屯溪老街榆林巷对面开设了屯溪胡开文墨庄。七房的举动使胡锡熊十分恼火，但也没有办法，最后形成"你说你的，我做我的"局面。面对这种情况，二房的休宁胡开文墨店于咸丰八年（1858年），开始使用墨票随墨发送，以示区别，并且特别强调自己是胡开文老店。

咸丰八年(1858年),休宁胡开文使用的墨票

同治元年（1862年），胡锡熊逝世，其长子胡贞观开始主持休城胡开文店务。在各房“你说你的，我做我的”局面下，同治二年（1863年）在二房的贞观和贞乾主持下，召开了各系房会议，在胡天注《思齐堂天注公分析阄书》的基础上重新议定：一、新九房（胡余德的九个儿子）均可在徽州本地或外埠设胡开文分店，但休城老店使用的“苍珮室”墨品标记，其他分店不准使用。二、老八房（胡天注的八个儿子）除长房恒德（因无子由余德的长子锡珍过继）、二房余德、三房谅德（因无子由余德的三子锡翰过继）、四房骖德（因无子由余德的四子锡服过继）、五房骙德（因无子由余德的五子锡麟过继）的后人外，其余六房懋德、七房颂德、八房硕德的后人只能设胡开文墨品门市部，并且得从休城老店批发墨品，如果要起桌做墨，只能打“胡开运”或“胡开文某记”。以“记”字为区别，各负其责，不准用“休城胡开文”或“休城老胡开文”的招牌，“苍珮室”这一墨品标志不得冒用。此时的六房已于1852年以“沅记”在芜湖开设胡开文。自此以后，全国出现了不少胡天注的老六房、老七房和老八房子孙

经营的胡开文墨店及分店，这些墨店都是自产自销，与休城胡开文老店毫无关系，也没有业务往来。

胡贞观亦官亦商，亦儒亦贾，官历咸丰、同治、光绪三朝。咸丰元年（1851年），中举；咸丰六年（1856年），援例补户部员外郎；后迁户部贵州司员外郎；同治元年（1862年），转任户部广东司员外郎。胡贞观入仕，光宗耀祖，胡开文家族始获封赠，人们尊敬他，称他为爷。同时他三任户部员外郎，所以胡开文家族成员都称他"三爷"。胡贞观继承祖业，统管休城胡开文店务，在其入仕期间休城胡开文墨店是由管事代管的，即对内的管理由其弟胡贞乾（1831—1910，名钦顺，字健甫）监管，对外的各种交往则由其小九叔胡锡焕负责。胡贞乾善管理，喜墨业，弃为官机会专心墨业，胡锡焕善书法，好交友。在这期间，遇曾国藩军队与太平军石达开部在徽州鏖战，曾国藩还为休城胡开文墨店题写店号招牌"胡开文"。

咸丰五年（1855年），胡锡焕在游历中结识太平军翼王石达开及其部属检点范汝杰，手谕太平军对胡开文墨店给予保护。在这兵荒马乱的时期，徽州一带的工商企业均遭打、砸、抢、烧，唯胡开文墨业及产业避灾趋吉，得以存留发展。在胡贞观主持店务期间，休城胡开文的发展达到鼎盛时期，规模超过前人，全店职工百余人，年产墨品数万斤，并在重庆建点烟房，作为自己的原料基地。在徽墨同行中，休城胡开文墨店一直独占鳌头，曾为不少名人、雅士监制过墨品。胡贞观儒而兼商，财雄势大。他在休宁海阳育才巷建了一座占地面积5000平方米，由厅、院、楼、堂、住房、客房、书屋、亭、阁、花园、戏楼、水榭组成的建筑群，由一百零八个门阙相互连通，可见其当时财力之雄厚。民国四年（1915年），休城胡开文墨店特制的"地球墨"荣获巴拿马万国博览会颁发的金质奖章。

休城胡开文建筑群的内景

休城胡开文建筑群独特的门景

　　六房开设的胡开文墨店是芜湖的胡开文沅记。胡天注的六房懋德孙胡贞一，原在家乡帮人做药材，后来一面耕地，一面雇帮工，自制徽墨。每年在书院开学时，把做好的徽墨挑到芜湖、安庆等沿江地区销售，货售完后，再买猪仔赶回徽州贩卖，这样往返贩运，积蓄了一些资本。咸丰二年（1852年），与乡人曹文斋、程连水合股在芜湖南正街开设胡开文沅记，以沅记和老店胡开文相区别。芜湖是徽商走向全国的跳板，是水陆交通枢纽，也是管辖徽州的徽宁池太广道的道尹署所在地，四方文人墨客、举子仕人常聚于此，聚集了油烟墨、礼品墨的各种消费人群。芜湖胡开文沅记开设的第二年（1853年）三月中旬，太平军攻占芜湖。咸丰六年（1856年），清军又收复芜湖。咸丰九年（1859年），太平军重占芜湖。太平天国运动期间，芜湖成为清军和太平军进行拉锯战的战场，社会动荡，市面萧条，墨店经营困难。同治元年（1862年），由于股东之间经营理念不合，曹、程撤股，胡开文沅记由胡贞一独资经营。胡贞一独资经营胡开文沅记墨店后，经过几年的努力，职工人数增加了，分工也细了，各干各的工序，不再变动，前面是门市，后面是作坊，以做高级墨为主，销售对象主要是一些封建官僚及知识分子。当时的芜湖道台衙门是胡开文沅记的大主顾之一，官场上把徽墨作为礼品互相赠送，一次交易就值几百两白银。胡开文沅记墨店在高级墨上追求高额利润，而在群众需要的普通墨上，则只取蝇头微利，或索性不取利润，以薄利多销为原则争取顾客，以达到广为宣传的目的。

胡贞一在经营墨业的同时还利用家乡上庄地区盛产优质绿茶的优势，动用资本经营茶叶，与墨业经营互为补充，提高经营利润。由于胡贞一的努力经营，业务蒸蒸日上，到同治九年（1870年）已发展成拥有四十四个职工的大型手工作坊，成为皖省制墨业的后起之秀，对休宁老店有取而代之的架势。于是，引起了休宁老店的不满。他们准备在芜湖的胡开文沅记旁边专设门市，兄弟擂台，与之竞争。胡贞一为了寻求资本的新增长点，扩大市场，占有市场，就先后在九江增设胡开文亨记；在两江总督府所在地南京增设胡开文利记，派自己外甥曹认仙担任经理；在湖广总督府所在地武汉（汉口）增设胡开文贞记，派其侄儿胡祥善担任经理；在安徽省会安庆增设胡开文立记，派其侄儿胡祥龙担任经理；在芜湖下长街陡门巷口增设胡开文分店。徽墨在武汉（汉口）、南京、安庆、九江是有市场的，同时武汉三镇和九江的商业繁盛，又是四川万县桐油的转销地，在那里采购桐油等原料可以减少开支，降低成本，增强竞争能力。

从店名的选取来看，胡贞一用"沅（元）、亨、利、贞、立"作为自己创立的胡开文的店名，源于《周易》："元者万物之始，亨者万物之长，利者万物之遂，贞者万物之功。"将"元、亨、利、贞"和"立"（存在、生存）看作一个整体，可以表示"天"生生不息的功能，这也足见胡贞一对其新开墨店的兴旺发达寄予了很大的期望。

胡贞一为了就地解决制墨的原料，谋取更大的商业利润，曾想利用"洋油"（煤油）燃烧后产生的烟灸来解决制墨原料的短缺问题。由于历史的局限，他没有分析研究煤油的物理和化学成分，更无法控制煤油的燃烧程度，结果用煤油制烟失败，几乎葬送了胡开文亨记。

胡开文沅记墨店的销售对象除了官府和文人学士外，其次是商贩，他们批一笔货，到邻近县镇去兜售。前两种顾客是封建统治者及知识分子，他们需要的是高级墨，不但讲究质量，还要装潢精巧美观，古色古香，后一种是推销普通墨的小商人。高级墨以门市为主，普通墨以批发为主。清末民国初，科举废除，新式学校增多，普通墨的需求量日渐扩大，胡开文沅记的销售方式改为大宗批发，销售区扩大至皖北皖西以及郑州、开封、成都等城市，遍及皖、豫、苏、川等省，有几十家批发户和特约代理店。在这几十家批发户和特约代理店中，就有安徽桐城的李润伯。李润伯开始是贩运胡开文墨到成都销售，民国十三年（1924年）由于同乡关系结识了名书法家方旭（字鹤斋），在方旭的支持下他在青石桥街创设了专营笔墨的商店，成为成都第一家文化用品专业商店，专营文房四宝，经营全国有名的徽墨、湖笔、歙砚、宣纸、画料等。李润伯还与胡开文沅记立约专销其所产徽墨，使用"胡开文"的招牌，并由方旭书写店招"徽州胡开文"，生意逐渐兴隆。后来以它为中心，在成都青石桥、卧龙桥一带，逐渐形成了产销文房四宝的专业市场。

八房开设的胡开文墨店是上海的广户氏老胡开文，其创办人是胡天注的八房硕德曾孙胡祥钧。胡祥钧原为汉口胡开文贞记的墨师，后辞工沿江贩运墨、茶叶、中药材等。光绪二十六年（1900年）前后，胡祥钧在上海创办徽州胡开文笔墨庄，经营徽墨、湖笔、八宝印泥、黄山野术、葛粉等。宣统元年（1909年），胡祥钧在上海河南路471号开设广户氏老胡开文总店，并正式向上海工商局申报，注册店号为广户氏老胡开文，经营产品为徽墨、墨汁、毛笔等文化用品。广户氏老胡开文中的"广户氏"三字，是来自胡开文家族的《天注公分析阄书》。该阄书一式八份，八份阄书分别按八个房头的顺序，编为"道""以""德""宏""身""由""业""广"等字户，每个房头按户头顺序之字户各领一份，胡祥钧是胡天注的八房子孙，八房对应为"广"字户，故名"广户氏"。

第一次世界大战期间，胡祥钧在一次偶然的机会结识了一位英国的土木工程师，这个英国人运来一批西烟（工业碳黑）存放在胡祥钧处，后来这个英国人失踪了，这批西烟也就成了无主之物。此后，胡祥钧大胆地用这批价格较松烟、油烟低廉的西烟（工业碳黑）作为原料，调整配方比例，生产出优质西烟墨。经测绘、记账、文牒、书画等各方使用者试用，效果极好，质量可靠。由于西烟制墨成本降低，墨店获利甚丰。广户氏老胡开义从此也开始做起西烟的进口及销售业务。民国二十二年（1933年），胡祥钧从上海运去钢材、水泥，在家乡绩溪上庄建红门楼。红门楼的外形以及平面结构仍是徽派民居的方形封闭三开间，其结构与装饰极为协调，但门楼及窗的形状则像一个外国洋行或天主教堂，而且建房的材料也非传统的单一砖木结构，而是使用了水泥混凝土，据江苏美术出版社出版的《老房子》记载，这是皖南建筑中水泥混凝土的首次使用。

民国二十四年（1935年），胡祥钧逝世，广户氏老胡开文由胡祥钧的侄子胡洪开接任总经理，统揽一切权力。在胡洪开主持广户氏老胡开文期间，墨店有了很大发展，设制墨工场于闸北南山路口，即现在的上海墨厂所在地，拥有职工百余人，资本累至几十万。在上海建三处支店，一支店在河南中路和昭通路口，二支店在福州路和山西路口，三支店在淮海中路和重庆路口的复兴公园附近。在北京设琉璃厂分店、天津设滨江道分店、南京设太平大路分店、汉口设后花楼分店、杭州分店以及在沈阳、万县、成都、重庆、宜宾、灌县、内江、昆明和腾冲等地都有支店和特约代理店。广户氏老胡开文其资金之雄厚，分店之多，在胡开文墨业及徽墨业中堪称第一。广户氏老胡开文，是胡开文墨业后期的巅峰。民国二十六年（1937年），胡适在上海期间曾经为上海广户氏老胡开文监制的中级墨"松滋侯"墨题墨赞曰"笔精墨妙"四字。后来，广户氏老胡开文将此四字制版印刷成墨票，随墨品发送。

民国以后，随着文化事业的发展，墨的需求量增加，一些新开的墨店考虑到另立招牌难以与胡开文墨店竞争，因此就想办法，找门路，租用"胡开文"的招牌开墨店。老八房的裔孙胡祥英（1883年生）及兄胡祥运（1881年生）曾经大肆出租胡开文招牌，于是出现了许多非胡天注后裔开设的胡开文墨店。据上海档案馆资料统计，中华人民共和国成立初期仅上海一地就有十几家胡开文：广户氏老胡开文（一家总店，三家支店）、休城老胡开文发记、屯镇老胡开文、胡开文和记、胡开文复记、胡开文洽记、胡开文诚记荣良氏、老胡开文益记、堂源氏胡开文、胡开文茂记、胡开文金记等。芜湖有四家胡开文，除了胡开文沅记和休城胡开文（友记）外，还有筱庄氏老胡开文（其店主曹筱庄原为胡开文沅记的聘用经理）和胡开文洽记（股东店，其负责人曹民能的父亲是胡开文沉记的老职工）。

1950年，由上海10个同业会一致推选胡洪开为上海市人民代表大会工商界代表。1952年"五反"运动时，中共上海市委对工商界上层人士303户，采用"互助互评"的方法，严肃教育，团结生产，保护过关，广户氏老胡开文是保护过关的303户之一。1956年，上海的广户氏老胡开文墨店、休城老胡开文发记墨店、屯镇老胡开文墨店和曹素功尧记墨庄、曹素功敦记墨庄五家合并成立了上海墨厂。上海墨厂的厂址就设在闸北南山路的原广户氏老胡开文的制墨工场。

从胡开文墨业的地域发展来看，胡余德及其子孙经营的胡开文墨店主要是在徽州地区。休城胡开文墨店虽然也在徽州以外地区开设了多家休城胡开文墨店分店，但成功的不多。后来只好或息业，或招股，或顶出，产权大多数不为二房所有。到中华人民共和国成立前夕，休城老胡开文也店力日拙，业务不振，经营规模还不如芜湖胡开文沉记和上海的广户氏老胡开文。据调查，1956年进行社会主义改造时，因休宁的制墨行业只有休城胡开文墨店一家，当时休城胡开文墨店除有近2000副墨模、陈墨和部分原料外，流动资金甚少，因此无法对其进行社会主义改造。而屯溪的屯镇老胡开文则在民国十八年（1929年）朱老五纵火烧屯溪时遭劫，处境艰难，到1948年的下半年，屯镇老胡开文的最后一代主持人胡洪道眼见店业难以维持，便带着模具加入了设在屯溪的股东店胡开文义记，至此屯溪已没有胡天注嫡系子孙独资经营的胡开文墨店了。

这里需要说明的是，胡天注二、六、七、八房后裔开设的胡开文墨店之间，彼此是各做各的生意，只有经营上的竞争，其他的联系很少。但是如果在同一城市，有多家胡天注各房后裔开设的胡开文墨店，如上海、芜湖、汉口等地，由于墨店职工大多数是绩溪同乡，各店的职工之间互相往来，沟通信息，这就成了实际上的联系者。因此，在同一城市不论是在职工的工资待遇、产品的规格与售价方面，一般都保持同样的水平，即使有差别，也是很小的。在不同地区的胡开文墨店之间，平时在业务上亦很少有联系，不过，各房老店与其在各地分店之间的联系还是紧密的，分店的经理都是老店任命的。其他地区胡开文墨店的人员经过某地时（不论因公因私），当地各房开设的胡开文墨店都要尽地主之谊，招待食宿。有时也委托原料产地胡开文墨店代办采购少许原料，大宗原料采购一般都是由采购方派人到产区采办。

综上所述，我们不难看出在胡开文墨业发展的历史中，存在着休宁（二房余德、三房谅德、四房骖德、五房骙德、七房颂德）和绩溪（长房恒德、六房懋德、八房硕德）两支胡天注的后裔，他们共同打造了胡开文的品牌。前期是胡天注及其休宁一支的二房祖孙三代在休宁和徽州地区创造了胡开文的品牌，而后期则是胡天注的绩溪一支后裔走出徽州，走向全国，把胡开文的品牌推向全国，使之誉满中外。

第二节　解读胡开文墨业

一、胡开文墨业崛起的原因

胡开文墨业是徽墨业的后起之秀，胡开文墨在清末民国初已经成为徽墨的代称。胡开文墨业自乾隆三十年（1765年）创设至1956年公私合营，前后共经营了近200年。胡开文墨店之所以有如此之长久的生命力，关键在于它的墨品在同时代的墨业产品中一直居于上乘。

其一，徽州地区是我国的名墨产地之一，从南唐李（奚）超、李（奚）廷珪来这里按"易水法"起桌制墨以后，制墨名家代不乏人。宋代，有黟县制墨名家张遇，歙县制墨名家潘谷；南宋，有徽州墨工吴滋；元代，有歙县墨工陶得和；明代，有罗龙文、程君房、方于鲁，后期有方瑞生、潘一驹、汪仲淹、汪仲嘉、方正、潘方凯、程公瑜、汪正、吴去尘、丁云鹏、吴叔大等。他们都是一代制墨高手，在《墨谱》或《墨志》上均留有盛名。在这样一个墨品称绝、名家如林的制墨之乡，后起者无论技艺、风格以及求精的精神不能不受到以往那些名家的熏陶与感染。胡开文墨业创设之初，胡天注在墨品的质量、图案、式样等方面，不仅着力"仿古"，而且锐意求新，在阄书中还有防止后世子孙滥造墨品的规定。

其二，胡开文墨业基本是继承汪启茂墨室而创设的，从清初到乾隆年间，休（休宁）歙（歙县）两派制墨名家各擅其技。如曹素功、程正路、吴守默、汪近圣、巴慰祖、汪节庵诸大家，更是一时蜂起。他们在制墨过程中，莫不都是"制考百家，模出新裁，法传古雅"。胡开文墨业在这强手汇聚之际，要想在徽州占有一席之地，当然只有在墨品的质量上狠下功夫。当时的胡开文墨业所产徽墨就赢得人们的称赞，"漆欲其净也，烟欲其精也，胶欲其和也，香欲其烈也。涵而揉之，以视其色泽之均也；捶而坚之，以视其肌理之细也；范而肖之，以视其意态之工也"。在胡天注主持墨业期间，曾受李时珍《本草纲目》中"墨能和小便，通月经，治痈肿"的启示，采用名贵中药，制成药墨，名为"八宝五胆"药墨，有豁痰开窍、平肝息风、镇惊安神、清热解毒等功效。由此可见当时的胡开文墨就已精、特兼备了。

总之，有胡天注呕心沥血、精益求精在前，他的子孙遵从"祖制"发扬光大在后，自胡开文墨业创立至1956年的近200年的时间里，虽然历经坎坷，但是总的来说还是不断前进、不断发展的。从道光、咸丰到民国初年，休城老胡开文墨店一向墨品精致，墨业兴旺，它生产的"地球墨"曾获得巴拿马万国博览会的金质奖。一些非老店直接管理的胡开文墨店及其分店，亦在各地纷纷起桌做墨，参与徽墨业的竞争。胡开文墨业分店，遍布几乎达半个中国。像这样的商家，无论是在徽州商人中，或者是在墨业商家中，都是罕见的。

从资本来看，胡开文墨店的资本是商业资本和产业资本的结合，胡开文墨业是集墨品生产、批发与零售于一体。制墨的主要原料之一是松烟，胡开文墨业先是在徽州黟县渔亭建立一座小型点烟房，所产的松烟供本店制墨之用。后来，由于墨业的发展，需要的烟量大大增加，松烟无法满足，故又在四川万县建立了一座规模较大的桐油点烟房，除供本店使用外，还出售给同业，既减少了中间环节的盘剥，又可以从中获得一部分利润。它所出售的墨品，也都由本店生产。这一套生产、经营、管理的方式，已不是仅仅在商品流通领域里买贱卖贵的活动，而是将商品经营和商品生产完全结合在一起。胡天注的传人，既是墨店老板，又直接支配生产，既是商人，又是产业家。因为胡开文墨业的资本，不单纯是商业资本，其中也包括产业资本，确切地说，胡开文墨业的商业资本和产业资本是分不清的。

再从职工的情况来看，胡开文墨业的职工是由三部分人组成，即学徒工、技术工人、职员。学徒工是职工中的最底层，生活也最艰苦。他们每天工作十几小时，每年只有春节、端午、中秋6天假期。技术工人的工资是以技术高低和工种不同而定，有的采取计件工资。职员有管事、副管事等，他们代表墨店主人管理生产、账务以及一些具体事务，包括管理学徒工和一般工人，工资较高。胡开文墨业在清末已有100多职工的规模，已具有近代企业的性质了。墨店的主人与职工之间，是雇主与佣工的关系，亦即劳资关系。不过，胡开文墨业的职工多半是他们家亲属和亲戚，少数也是他们的同乡。由这些人组成的墨店职工，更加便于管理。

胡开文墨业不仅有自己的原料基地，有自己的工厂，有自己的销售门市部，同时在各地设立分店，既占领了广大的市场，又为总店建立了信息网。从赚取利润来看，"东方不亮西方亮"，那是比较稳定的。如果不是后来的钢笔、墨水取代了过去的毛笔、烟墨，那么胡开文墨业的发展是难以想象的。

当年胡天注在立《思齐堂天注公分析阄书》时，只是想到采取措施，以保持胡开文墨业于不坠，哪里知道经过近百年之后，原来盛极一时的徽州商帮差不多凋零殆尽，而他亲手创设的墨业竟能一枝独秀继续争芳几十年，这也许是他原先还不曾料想到的。

胡开文墨业在清末民国初独占徽墨业的鳌头究其原因不外以下几个方面：

（一）"单传"执业。胡开文墨业从乾隆三十年（1765年）到20世纪50年代公私合营，各房所经营的胡开文墨店都是"单传"执业，就是在子孙后代中挑选一人，贤者为上，由他执业。如休城老胡开文的执业人是胡天注—胡余德—胡锡熊—胡贞观—遗嘱继承人胡祥符，实际继承人胡祥禾—胡洪椿；屯溪老胡开文的执业人是胡天注—胡颂德—胡锡环—胡贞奎—胡祥春—胡洪道；芜湖胡开文沅记的执业人是胡贞一—胡祥祉—胡洪昭—胡恩森；上海广户氏老胡开文的执业人是胡祥钧—胡洪开。这种"单传"执业，严守了制墨的秘窍，确保制墨质量百年不变，防止鱼目混珠，损坏老店声誉。实践证明，这是行之有效的。鸦片战争前后，整个传统墨业产品受到极大的冲击，即使是早于胡开文的曹素功品牌也陷入困境，然而胡开文墨店却在激烈的竞争中站稳脚跟，而且还有所发展。

（二）胡开文墨业在经营管理上除了"单传"执业外，还具有典型的家族学徒制。胡开文墨业的工人除了要不断提供熟练劳动力外，还要保守技术秘密。胡开文墨业的工人差不多都是由学徒升充的，又都是胡氏的同乡或亲戚。他们就是利用这种封建的家族关系，把学徒从学艺起一直到做技工，都控制在自己的店里，同时也保守了技术秘密。家族学徒制也给胡氏家族建立了巩固的家族统治。例如，曾任南京胡开文利记经理的曹认仙、柯礼庭等都是学徒出身，同时又是老板的外甥和内侄。胡氏家族就是利用这种师徒、亲戚、同乡关系，无形中建立起家族制，便于控制和指挥。家族学徒制不仅是熟练劳动力的来源，也是最廉价劳动力的来源。

（三）胡开文墨业以诚信经营。在经营的过程中，胡开文十分注重产品的质量，力求杜绝伪劣产品流入市场，使胡开文墨赢得称赞："漆欲其净也，烟欲其精也，胶欲其和也，香欲其烈也。涵而揉之，以视其色泽之均也；捶而坚之，以视其肌理之细也；范而肖之，以视其意态之工也。"胡开文墨业对徽墨的用料、配方和操作技术精益求精，并继承了奚超、奚廷珪的制墨法，严格遵照"易水遗规"，千锤百炼，操作制墨。如每日后场作坊收工时，都必须检查打墨工具，一定要洗干净，以免渗进粗料，影响质量。打墨时，槌数一定要足够，宁多勿少，有时店主还在场外点数。胡开文墨业的家艺源远流长，还能遍求秘方，拜访名师，因此，胡开文墨业的声名日盛，销路更广。

（四）质量是胡开文墨业成功的关键。大凡制墨家都非常讲究墨模的刻制。胡开文墨业的精品主要有："御园图"墨，按当时北京圆明园中六十四座楼、阁、堂、院、亭、轩、馆、斋、室等建筑原形为蓝图，精心制作而成。"黄山图"墨是按照黄山三十六峰的形态，大小形式不一，合起来则成为一整幅"黄山图"。"棉花图"墨以连环图画的形式，展示从播种、灌溉、耘畦、摘尖、采棉，直到纺纱、织布、练染共十六幅的整个生产过程，背面还有乾隆题诗和说明。"十二生肖"墨取材于生肖，如苏武牧羊、伯乐相马、嫦娥奔月（兔）、李密拉角（牛）等。正面图画，背面题赞，人物形象准确生动，衣褶线条遒劲圆融。光绪年间，胡开文墨业还翻刻了乾隆年间制的"西湖图"墨。这些集锦墨的墨模，均被誉为清代墨模之精华。胡开文墨业还按"易水法"制墨。相传休城胡开文老店内一直悬挂"休城胡开文按易水法制"横匾一块。所谓"易水法"，即制墨高手奚超、奚廷珪父子的制墨法。奚氏制墨，每松烟一斤之中，用珍珠三两，玉屑、龙脑各一两，再和以生漆，捣十万杵而成。故其墨坚如玉，纹如犀，色如漆。蔡君谟在《文苑四史》中有言，奚氏墨"能削木，坠水底经月不坏。后至宣和间，其墨贵于黄金"。胡开文为创造名牌产品，花大钱聘请名师良工，坚持以"易水法"为准绳，同时注意取各家之长，故其生产的"苍珮室"墨质地佳美，信誉超群。胡开文墨造型更加讲究，并寓使用价值与观赏价值于一体。

（五）以监制贡墨而出名。胡开文制贡墨，开始于乾隆年间。《上川明经胡氏宗谱》载："迄今贡墨均开文虔制。"胡开文谨制过"御制文渊阁诗"墨（集锦墨），博得朝廷上称赞。该墨全套有数方锭，墨式奇特，无一相同，正面是乾隆进士、工部尚书彭元瑞"敬书"的诗文，背面是他摹绘王蒙、文徵明等名家之画，制作之精，冠绝一时。

（六）墨业为主，多种经营。胡开文墨业对商业资本的利用表现在胡开文墨业是一个以墨业为龙头，有着多种经营网络性、互补性的经济实体。二房的休城胡开文就曾兼营枣栈、当铺、茶号。根据《思齐堂天注公分析阄书》记载，胡余德在休宁县城开过"和兴枣店"，在绩溪上庄老家开了"启茂典""启茂茶号"，又在绩溪上塘开了一家"和太枣栈"。六房的胡开文沅记就曾利用家乡绩溪上庄盛产高山云雾茶的情况，曾经每年都动用四五万流动资金经营茶叶，获得巨额利润。八房广户氏老胡开文则利用徽墨原料改变后，做起了徽墨新原料西烟（工业碳黑）的进口批发生意，控制了徽墨原料的供应。胡开文墨业以墨业为龙头，利用商业资本搞多种经营，与墨业形成掎角之势，互为补充，共求利润。

（七）名人的推介作用。胡开文墨店先后为曾国藩、李鸿章、梁启超、刘铭传等制造墨品。曾国藩是晚清重臣，湘军的创立者和统帅者，清朝军事家、理学家、政治家、书法家、文学家，晚清散文"湘乡派"创立人，晚清"中兴四大名臣"之一，官至两江总督、直隶总督、武英殿大学士，封一等毅勇侯，谥曰文正。曾国藩曾为胡开文墨店题写招牌"胡开文"，并在胡开文墨店订制墨品。李鸿章曾任淮军首领，军功显赫，历任江苏巡抚、湖广总督，同治九年（1870年）继曾国藩出任直隶总督，后又兼北洋通商大臣，授文华殿大学士，筹办洋务，成为同治、光绪两朝的地方重臣。因为直隶总督兼北洋大臣手握兵权，统领一方，有人甚至称其"坐镇北洋，遥执朝政"。李鸿章也在胡开文墨店订制墨品。其后湘军和淮军的不少将领也在胡开文墨店订制墨品，他们通过互相赠送墨品加深同乡、师生、亲友之间的友谊，这也使胡开文墨在权贵中产生一定的影响。

（八）与时俱进，调整主营方向和经营方式。早期的胡开文墨业在经营上是以高级墨的门市为主。后来随着市场的变化，调整为墨品既有零售又有批发，高级墨和普通墨两者俱全，在高级墨上追求较高的利润，而在零售和批发普通墨上则取蝇头微利，以薄利多销为原则，以招徕顾客。由于胡开文墨业在生产经营上是自产自销的，既做门市，又经营批发，产销一体，市场情况比较了解，它能根据市场需要安排生产，利于加速资金周转。起初，它是以产品的低价利润来争取顾客，创立自己的品牌。在科举时代，墨的销售对象主要是士大夫阶层，他们需要的是高级墨，不但讲究质量，还要装潢美观，古色古香。这时的胡开文墨业经营原则是重点放在高级墨上，多获利润。光绪三十一年（1905年）废除科举后，全国各地普遍设立学校，这一变化对高级墨的生产销售影响很大。由于市场需求的变化，胡开文墨业把主营方向从生产高级墨转为生产普通墨。销售方式从以门市为主，改为既做门市又做批发。小宗批发都是现金交易，大宗批发也采取赊销，分三节（端午节、中秋节和春节）收账。清朝后期，朝廷腐败，内忧外患，经济大为衰落，全国制墨业普遍不景气。在这种极其萧条的情况下，唯有胡开文墨业一枝独秀，远远超过众多的同行而保持着繁荣的局面。

另外，在营销策略上，历代胡开文墨店的决策人（店东或业主）能够根据时代特点和消费需求做出相应的调整，从而确保自己立于不败之地。如休城胡开文第四代传人胡贞观，他善于扩大影响。利用自己商儒双兼的身份，广泛与上流社会接触，与文人墨客、宿学名儒、达官显贵关系密切，不少名人纷纷前来胡开文墨店订制墨品。胡贞观对这些业务非常重视，精心监制。这些人拿到精制的上乘墨品后，在各种场合又广为宣传，使得胡开文墨店的影响越来越大。再如光绪二年（1876年），"庚子五大臣"之一的袁昶以恩科进士，殿试二甲，授户部主事。光绪九年（1883年），充总理各国事务衙门章京。光绪十二年（1886），充会典馆纂修官、补户部江西司员外郎，曾与内务府慎刑司员外郎常山有交情。光绪十八年（1892），袁昶以员外郎出任徽宁池太广道道台，在芜湖主政徽宁池太广道，在任五年。在此期间，袁昶曾在芜湖胡开文沅记订制徽墨"大富贵亦寿考"。光绪二十一年（1895年）正月二十六日，常山奉旨兼任江南织造。常山准备选购一批上等好墨备作进贡之用，袁昶就将胡开文沅记介绍给他。胡贞一便承接下这笔生意，进而进一步提高了胡开文沅记产品的知名度。据民国初年进店学徒的胡开文沅记老工人胡中孚回忆：其在学徒之初就曾看到一套刻有"江南织造奴才常山恭呈"字样的墨模。北京故宫博物院藏有"棉花图"贡墨若干，其上即署有同样款识。此套集锦墨共十锭，均为长方形，墨色黝黑清新，手感沉重，将播种、采棉、织布、练染的劳动过程再现于墨品之上，一面刻劳动场景，左上角以金彩书名；另一面刻乾隆御题诗句并相应文字。每锭墨侧面以楷书署"江南织造奴才常山恭呈"。带黑漆描金云龙纹盒。

常山贡墨墨盒　　　　　　常山贡"棉花图"墨　　　墨侧题款
　　　　　　　　　　　　　　　　　　　　　　　　　"江南织造奴
　　　　　　　　　　　　　　　　　　　　　　　　　才常山恭呈"

二、胡开文墨业的内部管理

胡开文墨业具有我国过去独资经营工商业的特点：店主决定一切，家店不分。它习俗相沿，逐渐形成了一些不成文的店规。开店的目的是要赚钱，做生意要讲究经济效益。因此，必须从勤从俭，精打细算，节约各项开支。"人无笑脸休开店，货不停留利自生"这两句话商人一般都奉为信条。顾客上门，笑脸相迎，主动热情，百问不厌，百拿不烦，服务态度第一。不愿怠慢每一位顾客，不愿少做每一笔生意。还有，保证产品质量要有一个合理的价格，做到物美价廉，才能得到顾客的欢迎，才能做到薄利多销。过去所谓金字招牌，也就是这样树立起来的。胡开文墨业的具体做法如下。

人事管理：胡开文管理人员有管事、副管事各一人（分店只有管事一人）。管事是店主的代理人，主管一切。副管事管内账兼抓生产。分店管事负责与客户联系及三个节（端午、中秋、春节）赴各地收账。这几个管理人员除账房有一张办公桌外，店堂就是他们的办公室。顾客上门，他们也同样接待，没有事时也经常到后场了解情况。后场分做墨、打墨（晾墨、锉边）、填字（描金）三个车间，由一位管作负责，管作由年纪大、工龄长、技术高的老职工兼任。他的任务是根据副管事的意见，也就是柜台上的意见（他们对店里的存货及市场销售情况了如指掌）安排生产。原材料的发付也由他负责。由此可见整个企业真正脱产的人是极少数的，这也是"俭"字的具体表现。企业职工大都是本店学徒出身的，管事、副管事也是从前、后场职工中培养、提拔起来的，他们对本企业的情况都很熟悉。为了有利于企业的生产及经营管理，在平常的年景里，人事是不作什么变动的。即使有所变动，一般都在正月初五（即过去所谓的"定事日"）那天吃过定事酒之后进行。学徒都是经亲戚、朋友的介绍进店的，要自备香烛，拜财神，拜师傅（这种习俗在抗日战争胜利后逐步废除）。学徒进店后根据当时生产需要和本人文化程度而分配工种。分配在柜台上的，要指定专人负责带领，教打算盘和业务知识，分配做墨的，就要做老师傅的下手，由老师傅手把手地进行传帮带。同时还要对学徒进行店规教育，要他们老实听话，认真做事，手脚要稳当（不拿店里的东西，不要到外面乱跑），说话要和气。学徒三年满师，再帮师三年，然后才享受正式职工待遇。

工资福利：职工的工资一般都是根据工作年限、职务的高低、技术的好坏而定。管事、副管事的工资，大约是十六、十四、十二元；前场职工的工资一般是六至十二元；后场职工工资是四至十二元。这一工资标准在当时是算较高的。学徒每年大约津贴十二元，作添制衣服、鞋袜之用，满师后每月工资大约三元。工资的调整，一般每两三年进行一次。

职工除了工资之外，还有升工、"二八"提红、月规、酒钱（和烟费）等福利。升工：每月升工五天，一年就有六十天，因此一年工资按十四个月计算。职工一般都是两三年回家一次，每次假期两三个月。回家后工资仍然按照十二个月计算。平时因事请假，如果时间不长，不扣工资。"二八"提红：每年从红利中提出百分之二十，按职工工资比例分配。月规和酒钱：这两种福利，数字不大。月规是每人每月有五六十枚铜元（学徒也有）作洗澡理发之用。酒钱是做墨工人在和烟时才有，因为和烟的劳动强度很大。每号和烟八斤可喝酒四两（十六两一斤），每人每天可以和烟六十四斤。后来改为和一号烟付钱若干。

此外，职工吃的旱烟，用的表芯纸，都由店里供给。还有从学徒直到告老回家的老年工人，回家后每月也付给一定的津贴。

经营方式：胡开文墨业是自产自销，既做门市，又经营批发。由于产销一体，比较了解市场情况，能够根据市场需要安排生产，利于加速资金的周转。创店初期，墨店是以某种产品的低利润来争取顾客，创立自己的招牌。在科举时代，墨的销售对象主要是士大夫阶层，他们需要的都是高级墨，不但讲究质量，还要装潢美观，古色古香。墨店的经营原则是把重点放在生产高级墨上，可以多获利润。光绪三十一年（1905年）废除科举后，全国各地普遍设立新式学校。这一变化对徽墨的影响很大。由于市场需求的变化，生产方向不得不从高级墨转变为普通墨。如胡开文沉记的销售方式也从门市为主改为既做门市又做批发。小宗批发都是现金交易，大宗批发采取赊销，分三节（端午、中秋、春节）收账的办法。销售市场逐步扩大到皖北、河南开封、河南郑州、江西九江等地，最远销售到四川成都，常年的大批发户有四十余家，他们都是当地较大的文具店和杂货店。

三、胡开文墨业的连锁经营

连锁经营是一种商业组织形式和经营制度，是指经营同类商品或服务的若干个企业，以一定的形式组成一个联合体，在整体规划下进行专业化分工，并在分工基础上实施集中化管理，把独立的经营活动组合成整体的规模经营，从而实现规模效益的一种经营模式。

从世界范围来看，连锁经营最早出现在美国，第一家颇具规模的连锁商店是1859年乔治·F.吉尔曼和乔治·亨廷顿·哈特福特在纽约创办的大美国茶叶公司，在六年时间内，该公司发展了26家正规店，全部经销茶叶。在1869年更名为"大西洋和太平洋茶叶公司"，到1880年时已经发展到100多家分店的规模。1865年，美国胜家缝纫机公司，首创连锁经营式分销网络，从此雄霸美国市场。20世纪50年代，麦当劳、肯德基引入连锁经营体系，公司得到迅速发展，同时完善连锁经营业态。20世纪六七十年代，连锁经营以其特有的生命力，冲破贸易保护主义的篱笆，从美国向世界各地蔓延。20世纪70年代以后，日本的连锁经营以零售业和饮食业为中心迅速发展起来，并形成了自己的连锁经营体系。

在我国内地，连锁经营的起步应该是在1984年落户北京的皮尔·卡丹专卖店，20世纪90年代初期快速地在我国各大、中城市推广和实施，同时也给消费者提供了更方便的购物机会。1997年，商务部发布《商业特许经营管理办法（试行）》条例，之后，在此基础上发布了一些相关规定。2004年12月30日国家发布新的《商业特许经营管理办法》，并于2005年2月1日起正式施行。该条例是对之前版本的完善，标志着我国特许经营发展的新里程碑。

在我国近代，胡开文家族经营的胡开文墨业是连锁经营的。胡开文墨业的创始人胡天注于乾隆三十年（1765年）在休宁创立胡开文墨店后，经过近十年的发展，于乾隆四十年（1775年）开始了连锁经营，在屯溪开设了分店。分店只销售不生产，所售墨品由总店供应。同治末年至民国初年，总店又在全国各地开设分店，墨品也由总店供应，招牌统一为休城胡开文，管理人员由总店统一安排。各店的负责人均为胡天注的二房胡余德的"祥"字辈曾孙，胡祥醴负责在扬州的休城胡开文墨店，胡祥钰负责在杭州的休城胡开文墨店，胡祥光负责在长沙和汉口的休城胡开文墨店，胡祥泰负责在上海的休城胡开文墨店，胡祥厚负责在苏州和安庆的休城胡开文墨店，胡祥暹负责在歙县的休城胡开文墨店，胡祥裕负责在芜湖的休城胡开文墨店等。

胡天注去世后，胡氏分家，屯溪胡开文归七房颂德所有。屯溪胡开文先后在上海和武汉开设分店屯溪胡开文起首老墨庄，并在光绪元年（1875年）五月三日的上海《申报》上刊发了一则具有现代商业意义的广告，内容是："本号向在徽州屯溪镇，开张百有余年。按易水法制造各种名墨。

士商赐顾每因道路远隔，不甚便捷，故汉镇向有分寓，在小夹街两仪栈内。今上海亦有分寓，如蒙赐顾请移趾至大东门外大街震源染店内寓便是。徽州屯溪镇胡开文墨庄谨识。"后来休城胡开文也在上海开设分店休城老胡开文，两店还在上海《申报》上打了一场广告战，光绪九年（1883年），屯溪胡开文与休城胡开文的广告战进入高潮。两店相互指责，维权广告你来我往，长达半年之久。

咸丰二年（1852年），胡天注的六房胡懋德孙胡贞一，在芜湖创立走出徽州的第一家胡开文墨店——胡开文沅记。后来在长江一线开设连锁分店，墨品由总店胡开文沅记供应，管理人员由总店统一安排，所不同的是胡贞一用"沅（元）、亨、利、贞、立"作为自己创立的胡开文墨店的店名，各店的负责人均为胡贞一的亲戚，他先后在九江增设胡开文亨记、在南京增设胡开文利记，派自己外甥曹认仙担任经理；在汉口增设胡开文贞记，派其侄儿胡祥善担任经理；在安庆增设胡开文立记，派其侄儿胡祥龙担任经理；在芜湖下长街陡门巷口增设胡开文源记。民国十三年（1924年），安徽桐城人李润伯与胡开文沅记立约，租用了胡开文招牌，成为胡开文沅记的特约连锁店，以专销其所产徽墨，在成都青石桥街开设胡开文笔墨店。民国十五年（1926年）后，成都胡开文又在春熙路开设分店，因其经营独具特色，很快成为当地书画界名店。

宣统元年（1909年），胡天注八房胡硕德后裔胡祥钧在上海创设广户氏老胡开文。广户氏老胡开文总店也在全国各地开设连锁分店，墨品也由总店供应，招牌统一为广户氏老胡开文，管理人员由总店统一安排。由于广户氏老胡开文的总店在上海，管理理念先进，各店的负责人均为外姓人员。如广户氏老胡开文北京分店经理曹孔修，自幼在杭州广户氏老胡开文学徒，后于民国九年（1920年）调入上海总店工作，民国十三年（1924年）任天津分店经理，从民国十九年（1930年）起任北京分店经理。

胡开文墨业之所以能在徽墨业中独占鳌头，其独特的连锁经营功不可没。在胡开文徽墨的流通领域，连锁经营将分散理财的零售网点组织起来，形成具有足够规模的企业。同时连锁经营的科学安排，有利于降低交易费用，能使连锁企业与上游企业及下游顾客形成长期的信任合作关系，有利于连锁企业获得良好的发展。具体来说，1.胡开文墨店的连锁经营具有规模优势：在连锁经营的方式下，总店对分店实行高度统一的经营，总店对各分店拥有全部所有权和经营权，包括对人、财、物及商流、物流、信息流等方面实行统一管理。这种制度安排有利于集中力量办事，可以统一资金调运、统一人事管理、统一经营战略、统一采购、计划、广告等业务以及统一开发和运用整体性事业，以大规模的资本同金融界、生产部门打交道，在培养和使用人才、运用新技术开发和推广产品、实现信息和管理等方面，也可充分发挥连锁经营的规模优势。2.胡开文墨店的连锁经营具有经济优势：功能集中化体现了连锁经营的经济优势。如利用总店统一集中大批量进货，容易开发稳定的供货渠道和获得折扣，以达到减少管理费用、降低经营成本、以比较低价格出售商品的目的，而这是独立零售店所不具备的优势。3.胡开文墨店的连锁经营具有技术优势：在各个零售连锁店工作的从业人员，虽然人数少且不一定都很专业，但因有总店的直接指导和援助，仍然可使连锁店获得预期成果。

四、胡开文品牌的形成和发展

品牌效应，今人重之，古人亦甚重之。可以说，商场上注重品牌效应，自古至今莫不如此。胡开文墨店是胡天注于乾隆三十年（1765年）创于休宁县城的墨店，传至胡余德时，就已经成了广为人知的字号，经过百年沧桑，一直延续经营至今，在2006年胡开文被中华人民共和国商务部认定为"中华老字号"。

胡开文品牌的形成，首先在于品牌的质量，古今中外的品牌都是如此。徽州是全国的名墨产地之一，从南唐李（奚）超、李（奚）廷珪来这里按"易水法"起桌制墨以后，制墨名家代不乏人。在这样一个墨品称绝、名家如林的制墨之乡，胡开文墨店无论技艺、风格还是求精的精神都不能不受到以往那些名家的熏陶与感染。胡天注在创设胡开文墨店时，他在墨品的质量、图案、式样等方面，不仅着力"仿古"，而且锐意求新。胡开文墨店是继承汪启茂墨室而创设的。从清初到乾隆，徽州的制墨名家各擅其技。他们在制墨过程中，莫不都是"制考百家，模出新裁，法传古雅"。胡天注在此强手汇聚之际，要想使胡开文墨店在徽州占有一席之地，当然只有在墨品的质量上狠下功夫。他在制墨工艺上坚持"易水法"，赢得人们的称赞："漆欲其净也，烟欲其精也，胶欲其和也，香欲其烈也。涵而揉之，以视其色泽之匀也；捶而坚之，以视其肌理之细也；范而肖之，以视其意态之工也。"可见，在他主持墨店时，胡开文墨店的高级墨，就已成为"珍品"了。胡天注在经商实践中创造出胡开文品牌、打出胡开文品牌，收到了较好的品牌效应，赢得了大家的信赖和认可，树立了良好的口碑。

胡天注的继承人，胡开文墨店的第二代传人胡余德从小就进店做学徒，20岁的时候就协助父亲管理胡开文店务。胡天注逝世后胡余德不辱父命，把胡开文墨业发扬光大。他认为高级墨应集实用、艺术于一体，使墨品既有实用价值又有艺术欣赏价值。因此他聘请良师，大胆创新，制造出集锦墨。如"棉花图诗"墨（全套16笏）、"十二生肖图"墨（全套12笏）、"御园图诗"墨（全套64笏）等。这些集锦墨成为胡开文墨店的拳头产品，投放市场后，深受人们喜爱，即使不为书写，也有人将其购买回去，作为艺术品呈放在案几、桌头，以供欣赏。胡余德还精心制作贡墨，让胡开文墨跻身皇宫。他曾制出"御制文渊阁诗"墨（集锦墨）进呈皇帝。该墨品墨式奇特，无一相同，正面镌有乾隆大学士彭元瑞书写的御诗，背面镌有描摹的文徵明等名家之画，可以说是用最好的原料和最精的工艺制作而成的。果然，该集锦墨进呈后，赢得了皇帝的赞赏。

第五代传人（遗嘱继承人胡祥符，实际继承人胡祥禾）由于受到李时珍《本草纲目》的启示，采用名贵中药制成"八宝五胆"药墨，有豁痰开窍、平肝息风、镇惊安神、清热解毒的功效。此墨价格昂贵，但深受人们欢迎。第六代传人胡洪椿也在墨品质量和花色品种上狠下功夫，他主持生产的"地球墨"在1915年巴拿马万国博览会上荣获金奖和南洋劝业会优质奖章。

其次，胡开文品牌确立后，为了维护品牌，胡天注在临终前立了一份分家阄书。他在阄书中规定：日后儿孙分家不分店，分店不起桌（制墨），起桌必更名。所谓的"分家不分店"，即儿孙们分家时，原来设在休宁县城的胡开文墨店（即后来的"休城胡开文"）不能分，只能"单传"，由一人执业；所谓"分店不起桌"，即儿孙们可以在别处开设胡开文墨店，但不准制墨，其所销售的墨锭要从老店进货，只能成为休宁县城胡开文墨店的门市部；所谓"起桌必更名"，是指后世子孙要起桌制墨，绝不能沿用"休城胡开文"字样，尤其是胡开文墨店所制之墨，都嵌有"苍珮室"墨印，这是除休城老店之外所制墨品绝不可袭用的。胡天注在阄书中所立的这一规定，从根本上说，就是维护了胡开文徽墨的品牌。

在胡开文第四代传人胡贞观管理胡开文墨店时，胡开文品牌迎来了第二次大发展。同治二年（1863年），二房孙胡贞观和胡贞乾主持召开各系房会议，在《思齐堂天注公分析阄书》的基础上，重新议定："胡天注派下子孙均可利用'徽州胡开文'品牌起桌做墨，但须以'记'字区别，以示各负其责。"使用同一品牌名称，将"胡开文"开到全国各地，以量取胜，快速占领市场，再次扩大了品牌的知名度。胡贞观在阄书基础上议定各自起桌并以"记"相区别，这是维护品牌声誉的重要举措，也是商品经济发展到一定程度的必然结果。因此在胡贞观管理时，胡开文的品牌意识更为强烈。胡天注的二房、七房、六房、八房的后裔纷纷将胡开文品牌推向全国，在芜湖、南京、武汉、九江、安庆、上海、北京、天津、沈阳、杭州、苏州、扬州、长沙、成都、重庆、云南等地开设分店，同时在大江南北还有不少特约经销店。仅在上海一地就有"广户氏老胡开文""休城胡开文""屯镇胡开文"三家胡开文墨店的近十家分店。

再次，扩大企业品牌影响。企业品牌的建立和传承，离不开对企业产品的大力宣传，了解的人越多，产品得到认同的可能性越大，企业品牌的影响力才会越大。在胡开文品牌的形成过程中，广告宣传的作用功不可没，它加深了消费者的印象，增加了胡开文的曝光度。道光二十八年

（1848年），胡开文第三代传人胡锡熊就礼聘大学士祁寯藻题写《墨赞》
（对胡开文墨的赞誉诗），胡开文墨店制成墨票广为散发，大大提高了胡开
文墨店的声誉和地位，自此，胡开文品牌初步形成。后来还有和硕睿亲王
等名人题写的墨赞及题字，曾国藩还专门为胡开文墨店题写了"胡开文"
招牌。

　　胡开文品牌除了用墨票宣传外，还是最早一批敢于使用新兴媒介做宣
传的品牌之一，以此来增加品牌的亲和力，使消费者对品牌产生好感，建
立品牌的知名度和美誉度。胡天注四支后裔除了在当地的报纸上登广告
外，还在上海新兴媒介《申报》上刊登广告。光绪元年（1875年）五月初
三，屯溪胡开文在《申报》上刊发了胡开文家族史上第一则具有现代商业
意义的广告，题为《胡开文墨庄》。同年六月十八日，芜湖的胡开文沅记
也在《申报》上发布了一则题为《芜湖胡开文墨局》的广告。光绪四年
（1878年），休宁的休城胡开文也在《申报》上刊发了自己的第一则广告，
题为《老胡开文墨庄》。此后，休城胡开文和屯溪胡开文在《申报》上打
了一场广告战。民国时期，上海的广户氏老胡开文还在《申报》上刊登了
一则胡开文家族在《申报》上刊登的最长广告："本号开设上海抛球场三
百八十四号门牌数十余年，所有文具笔墨无不应有尽有，素向精良，以致
声名远播中国全境，东西各国均来定制，尚有八宝五胆药墨能治吐血热毒
及孙童一切无名肿毒，效验无匹，火体之人可以常饮，免得发生吐血各热
毒等症，较药铺之丸散症治功效十倍。时人未识功用，请注意采试。又独
出心裁造成磨墨机器以供书法大家之用，此机磨墨便利，比手法速度百
倍，书法家用此利器称便快捷，各色笔墨本号均选上等材料加工督制，较
他人特胜一筹。庚申年蒙徐大总统（徐世昌）亲出花样、文露、水竹村
人、晚晴簃、羧斋特赠、渊云妙墨、退畊堂等定制名目多种，曹秘书长、
许秘书长均蒙定制，足见本号出品精良明证。如蒙学政商绅各界大书法家
惠顾须请认明广户氏及地址，以免受愚，本分号一在汉口大兴巷，一在北
京琉璃厂，一在天津锅店街，用特声明。"

1922年3月21日，上海广户氏老胡开文广告

最后，除了上述的几方面外，上流社会对胡开文墨的关注度对胡开文品牌的形成和发展的影响也很大。胡开文墨店的第四代传人胡贞观特别注意在上流社会中扩大胡开文品牌的影响。胡贞观是咸丰时恩科举人，诰授奉直大夫、覃恩晋封通奉大夫、户部贵州司员外郎兼广东司。他利用自己商儒双兼的身份，广泛与上流社会接触，与文人墨客、宿学名儒、达官显贵关系密切，不少名人纷纷前来胡开文墨店定制墨品，这些人拿到精制上乘的墨品后，在各种场合广为宣传，使得"胡开文"的影响越来越大。当时在胡开文墨店订制自制墨的文人也多具有官方、军界背景，如曾国藩的"求阙斋"墨、李鸿章的"封爵铭"墨、左宗棠的"八宝奇珍墨"、袁世凯的"万物咸成，长生无极"墨、孙中山的"总理三周年纪念墨"、张大千的"云海归来"纪念墨、于右任的"鸳鸯七志斋"墨、梅兰芳的戏装纪念墨、张謇定制专用墨等，这些为名人定制的墨品不仅提高了胡开文品牌的知名度，还发挥了口碑的作用，吸引了更多的潜在顾客，起到了很好的代言效果，发挥了名人效应，树立了良好的产品形象，开拓了产品市场。

综上所述，可以看出胡开文品牌的形成和发展经历了两个阶段：第一阶段是胡天注祖孙三代在徽州创立了胡开文品牌；第二阶段是在此基础上，胡天注的二房、七房、六房、八房子孙将胡开文品牌推向全国，创造了胡开文品牌的辉煌。

五、胡开文品牌的出租

品牌是具有经济价值的无形资产，用抽象化的、特有的、能识别的心智概念来表现其差异性，从而在人们的意识当中占据一定位置的综合反映。品牌承载的更多是一部分人对其产品的认可，是一种品牌商与顾客购买行为间相互磨合衍生出的产物。品牌形象的建立是一个长期的经营积累过程，因此品牌建设具有长期性。胡开文是全国知名品牌。在清代同治、光绪年间，胡开文墨已经占领国内大部分市场，以至在20世纪初世人已经开始将胡开文墨与徽墨混为一谈。1995年出版的《安徽省志·商业志》中称："'胡开文'几乎成了'徽墨'的象征。"民国二十四年（1935年）前后，当时的《中国经济志》曾记载了各墨店皆标榜自己为"徽州胡开文"的盛况。

这些标榜自己为"徽州胡开文"的经营者有一部分是胡开文创始人胡天注的后裔，但是也有相当一部分经营者却与胡天注无关。这是因为随着文化事业的发展，到了民国初期，一些新开的墨店考虑到另立招牌难以与"胡开文"品牌竞争，因此就租用胡开文的招牌开墨店。据说，在民国二十二年（1933年）前后，胡天注老八房的裔孙胡祥运（1881—？）和胡祥英（1883—？）兄弟二人，开始出租胡开文招牌给同姓同宗子孙或外姓外地人士。此后开始逐渐泛滥。据芜湖市档案馆有关材料表明，凡旁系或外姓要用这块招牌开墨店，须与胡开文嫡系子孙所开设的胡开文墨店先洽妥，订立租用契约，一次交纳一笔租金或逐月交租始可营业。租金多寡不等，没有固定的标准，须视墨店规模大小与当地教育事业发展的情况而定。另外租用的年限与租金也有一定的关系，如果是一次交租，期限长，租金就贵一些。而分月交租差别较大，有交二三十元一月的，也有交十余元一月的，主要根据营业额的大小来决定。

胡天注的嫡系子孙中开设墨店的很多，谁出面订约收租呢？为了避免冲突最后达成共识。一般来说，在甲地用胡开文的招牌开墨店，就找甲地的胡开文墨店交涉，在乙地用胡开文的招牌开墨店就找乙地的胡开文墨店交涉。假如当地没有胡氏嫡系的胡开文墨店，就找附近胡氏嫡系开的胡开文。民国十七、十八年间（1928—1929年），合肥出现了一家冒牌的胡开文墨店，店主是歙县的郑某某，他没有遵照旧规向胡天注后裔子孙立契交租，因为合肥没有胡氏嫡系开的胡开文墨店，后来被芜湖胡开文沈记发现了，就由胡开文沈记派人前往交涉，由法院审理。最后，以郑某某更换招牌，由"胡开文"改为"正开文"结案。如果当地有两个嫡系的胡开文墨店，一般来说，是"先下手为强"，谁先抓住就归谁。不过，当时各地嫡系胡开文墨店对此控制也比较严。这不仅仅是为了租金收入，同时也为了防止胡开文墨店越开越多，以致生产过剩，影响本店的销路，就是同宗也不行。

胡天注长房裔孙胡恩诰曾与胡开文沈记店主胡洪昭合计，准备到天津合办一家胡开文墨店。胡恩诰到天津后，天津广户氏老胡开文负责人胡洪柱招待吃住，很热情，但得知胡恩诰是来天津开墨店之后，则千方百计加以阻挠，以至诬告胡恩诰不是胡天注的后裔，使胡恩诰吃了一场冤枉的官司。后来胡恩诰虽然打赢了官司，但因抗日战争爆发，时局不稳定，胡恩诰开墨店的想法也就只好打消了。抗日战争爆发以后，时局动荡，在一些没有胡开文后裔开设墨店的地方，不少新开的墨店考虑到另立招牌难以与胡开文品牌竞争，就盗用胡开文的招牌开墨店，胡开文家族也鞭长莫及，一时胡开文的名号遍及全国。

总的来说，胡开文招牌的出租导致异姓开设墨店的情况渐多。这些小墨店都是自产自销，与当时胡开文四大家支毫无产品之间的关系，也没有技术之间的往来。而这种行为所带来的直接后果是胡开文的名号虽开遍全国，但其质量相差悬殊，以致鱼目混珠。更为严重的是，这种行为扰乱了徽墨市场秩序，对于本已脆弱不堪的徽墨业雪上加霜。

六、胡开文沉记的"三不可"

(一) 祖法不可依

胡天注在《思齐堂天注公分析阄书》中曾立下家规：后世设店者不得用胡开文招牌起桌做墨，只许用"胡开运"字号，以示新老有别。对于这一家规，胡天注的六房懋德孙胡贞一认为，制墨开店，旨在生利，世事变迁，市场不同，古法适于前代，而不能用于后世。后世人不能刻舟求剑、事事依样葫芦，而应当顺应市场变化，审时度势，灵活应变。胡开文在乾隆年间就已经闯出牌子，正当扩大影响，提高知名度之时，新开墨店又何必事倍功半，另起炉灶。因此，他抱定一个祖法不可依、陋规不足守的宗旨，不顾族人反对，毅然在芜湖开设胡开文墨店，起桌做墨。不过胡贞一对祖训作了变通处理，他开设的胡开文墨店与《思齐堂天注公分析阄书》中的胡开文墨店不同，店名是胡开文沉记，以"沉记"与《思齐堂天注公分析阄书》中的胡开文墨店区别。这样既不违反祖训，又提高了自己墨店的知名度。

胡贞一在芜湖起桌开店，是经过缜密市场调查研究的结果。明清以来私家讲学著述成风，各地书院在官府捐助下普遍设立，讲授经史以备考试。芜湖是管辖徽州府的徽宁池太广道的道台衙门所在地，该地的书院不少，各地莘莘学子都集中到那里，争名于朝，墨为基本书画用品不能缺少。另外，要有销售，先开销路。胡贞一深知旧时墨的销售对象主要是官府、文人学子，这些文化人对名牌产品很敏感，只有老店名牌才能满足这些人求名求荣的消费需要。他一方面为满足文人学子对高级名墨的需求，讲究产品质量，装潢精致美观，古色古香。另一方面，又专门制作普通墨，定价极低，专供一般店家、居民记账写字之用，以廉价招徕顾客，争取顾客信任，业务大增。到同治九年（1870年）就发展到繁荣期，资本积累到三四万元，拥有职工四十多人，成为徽墨业的后起之秀。

（二）陈规不可循

胡贞一经营胡开文沇记墨店的另一个宗旨就是陈规不可循。他认为，市如流水，商如行云。要在变化莫测的市场中引导企业生存发展，就必须随市场需要之波，逐行情变化之流，根据市场需求变化灵活调整产品结构，才能牢牢抓住市场，取得经营主动。那种墨守成规、守株待兔式的呆板经营，绝无营业发达之望。

政情即商情。政治风云变幻往往会对市场发生深刻影响。因此，胡开文沇记墨店很留心政情变化，巧妙捕捉市场需求，灵活组织经销。光绪三十一年（1905年）以前，文化专制，科举取士，学在官府，墨的销售对象主要是官府文童，加之口岸开放，芜湖成为商埠之一，大量货物在此集散，市面转旺，一般商家算账写牌对墨的需求也有增加。针对这种市场结构，他规定企业的产品结构是8：2，即高级墨占产量的八成，普通墨占产量的二成，主营高级墨以供文人骚客的需求。

光绪三十一年（1905年）废除科举而开民智以后，全国各地学校林立，这一变化对徽墨影响极大。废科举使封建士大夫风吹云散，高级墨需求锐减，兴学校对普通墨需求激增。有的店家不能适应这一变化而关门倒闭。胡开文沇记墨店则不同，对市场结构的变化，反应灵活，立即调整产品结构，把原来高级墨与普通墨的比例由8：2调整为3：7，即普通墨占产量的七成，全力发展适应一般民众需要的普通墨。由于普通墨工本低，生产快，销路广，使企业在转变生产结构中抓住了有利商机，赚了不少钱。

针对市场结构的变化，胡开文沇记墨店不仅调整了产品结构，而且转变了经营方式。在以生产高级墨为主时，销售对象主要是封建士大夫，这些人"只要货好，哪问价高"，那时胡开文沇记的经营销售方式主要是以门市为主，现金交易。调整产品结构后，因为以生产普通墨为主，面广量大，又是以一般民众为主，胡开文沇记墨店就以赊销方式进行销售，赊销额通常占到营业额的百分之六十。除门市交易，预售赊销，三节（端午、中秋、春节）收账外，他们还走出店门，外出贩卖。每逢学校开学时，就抽调职工挑着产品到学校附近设摊销售，还对附近县、乡文具店实行大宗批发，通过肩挑小贩，把产品输向广大农村，从而使企业利润逐年增加。

（三）老店不可畏

芜湖胡开文沅记墨店的业务发达之后，后来居上，对休宁老店有取而代之的架势，引起了休宁老店的不满。于是，他们决定在芜湖胡开文沅记墨店旁边专设门市，兄弟擂台，与之竞争。新老两家胡开文墨店竞争，胡贞一认为老店并不可畏。他冷静分析形势，看到老店名重店老，规模大，花色品种多，硬拼非上策，便巧用筹思，避其锋芒，出其不备，采用"围魏救赵"的竞争策略，抢在老店在芜湖开设分店之先，拨货到九江、南京、汉口、安庆设立"亨记""利记""贞记""立记"分店，1875年在上海《申报》刊登广告广为宣传，抢先占领有利的销售阵地。当时的南京是江苏会考之地，秦淮河畔墨人骚客云集，又有庞大的两江总督府衙门，是徽墨的极好市场。而汉口更是南北物产转汇之地，又是湖广总督行辕所在，武汉三镇，工商荟萃，四川的桐油也经汉口转销各地。安庆则是安徽省会。店设九江、南京、汉口、安庆既可购得廉价原料，节约流通费用，又可进一步拓展市场，扭转芜湖市场的劣势，取得全局竞争的主动。这一竞争策略果然奏效，迫使老店面对现实而言和，直到民国初年才在芜湖开设休城胡开文墨店分店，后来却成为股东店，沅记也成其股东之一。这充分反映了胡开文沅记墨店经营上的主动性。胡贞一将分店设在这九江、南京、汉口、安庆，一方面避开了同老店的冲突，另一方面则宣传了自己，既拓展了市场，又争得了全局的主动权。

七、休城胡开文的分店

休城胡开文是胡开文起首老店。有一张墨票内容是："本号开设徽州休宁县西门正街百数十年，货真价实，虔制贡墨，中外驰名。近有无耻之徒，减料假冒，更有不肖支丁，到处悬挂本号招牌，沿门投售，希图渔利。士宦未知者，误假为真，受欺不少。今本号现于徽城、芜湖、浙江、苏州、扬州、上海、安庆、广东、京都、汉口、武昌、湖南开设分号，特此陈明。大雅光顾，请即认明，庶不致误。胡开文起首老店谨白。"从此墨票也可以看出，到清代后期，徽墨制造业中已不再是胡开文家族与其他墨家诸如曹素功等的市场争夺，而是胡开文家族内部诸支的市场竞争。在这种情况下，胡开文家族诸支纷纷在各地开设分店，争夺当地的徽墨市场。

在胡贞观在世时，外埠的休城胡开文分店就已出现。贞观死后，分店增加，这些分店先后设在扬州、杭州、上海、安庆、苏州、长沙、汉口、歙县、芜湖等地。其中：

扬州分店，开设于扬州运司街48号（今国庆路），由贞观长子胡祥醴创办。根据扬州市档案馆相关资料，扬州胡开文墨店开设于同治十一年（1872年）。祥醴，字小丁，生于道光二十四年（1844年），卒于光绪十六年（1890年）。第二代店主系胡祥醴之子胡洪宣。第三代亦即最后一代传人是胡恩需。该墨店虽然歇业于抗日战争期间，但是胡开文的名号尚存，有人以此名号做烟酒生意。

杭州分店，位于杭州保佑坊大街（今中山路与惠民路的转角处），由贞观的侄子胡祥钰于同治末年创办。祥钰，字季湘，生于咸丰四年（1854年），卒于宣统二年（1910年），曾在浦江、桐庐等县做过地方官。其父贞照，是贞观的三弟。杭州休城胡开文第二代店主是胡洪福（胡祥钰子，字舜荪，生于光绪辛丑即1901年，抗日战争后期病逝）。抗日战争爆发后，他将一部分模具从杭州由水路搬到屯溪，在高枧临时设坊做过一批墨，旋即将模具卖给歙县西溪南一个姓汪的人，自己则同一个亲戚合伙经营造纸生意。杭州休城胡开文第三代亦即最后一代传人是胡幼荪（属恩字辈）。该墨店虽然是在幼荪之父舜荪（行名洪福）之手歇业的，但清理积存墨品及债权债务，则是幼荪手上的事情。据说他介入店务较早，可以算是杭州休城胡开文最后一代传人。

上海分店，开设于上海英租界四马路老巡捕房南首商务印书馆斜对面即河南路82号，由贞观的侄子胡祥泰创办于光绪初年。祥泰，字廷英，号继昌，生于道光二十五年（1845年），卒于光绪十七年（1891年）。其父名贞谦，是贞观的长弟（过继给新八房锡瓒为嗣）。上海休城胡开文第二代亦即最后一代，属洪字辈，小名桔枋（行名不详）。该店于抗日战争时期歇业，由同村人胡洪发经营，但他不是胡天注嫡系子孙。此后的店名为休城胡开文发记。

安庆分店，约创办于光绪四年（1878年），创办人是祥泰的二弟祥厚。祥厚，字涵卿，生于咸丰七年（1857年）。安庆休城胡开文第二代店主是胡洪多，他是祥厚的儿子。安庆休城胡开文第三代亦即最后一代传人是胡恩义，是胡洪多的儿子。该墨店歇业于1953年。

苏州分店，创办于光绪中期，创办人是上海分店主人胡祥泰。苏州休城胡开文第二代亦即最后一代店主是胡道南（属洪字辈），抗日战争时期歇业。

长沙、汉口两分店，均由贞观的侄子胡祥光创办于光绪末年。祥光，字子鹤，生于光绪六年（1880年）。其父贞乾，是贞观的二弟。胡祥光无后，故此二店无第二代店主。此二店均于抗日战争时期歇业。

歙县分店，由新九房（锡焕）裔孙胡祥遑创办。祥遑，字蓉舫，生于光绪八年（1882年）。他是独生子，五岁时，父亲贞钱去世。他在歙县设分店是在光绪末年，有三十余年的墨业生涯。歙县休城胡开文第二代（即最后一代）店主是胡洪序。他是胡祥遑独生子，字腾芳，小名卖柴，生于宣统己酉（1909年），中华人民共和国成立后去世。胡洪序不是做墨出身，继承店务也较晚。他早年去上海某当铺做学生，1937年八一三事变后，才回籍继承店务。当时，墨店管事是胡可龙（号韵华，绩溪人）。1942年，洪序将墨店交由伙计程根炳（胡可龙内弟）承顶。如今的歙县胡开文墨厂，是1956年公私合营时在几家墨店合并的基础上发展起来的。

芜湖休城胡开文，由新九房的另一裔孙胡祥裕创办于民国初年。祥裕，字惠孚，他本是贞钱二弟贞铨次子，后过继给贞钱长弟贞沫为嗣。芜湖休城胡开文由胡祥裕创办到民国二十二年（1933年）为止，其后人未曾继承店务。1933年后，芜湖的休城胡开文变成了股东店。据1933年的《芜湖休城胡开文友记合同》记载："立合同议据：丰记、刘午记、汪智记、胡志记、胡琪记、汪品记，今因意气相投合资于芜湖地方，租赁休城胡开文牌号为笔墨业，共集资本五千元整作为十股，每股计通用银元五百元整。在股同志户名另列于后。公推汪棣淦君为经理，号中生意往来银钱出入及伙友进出等事均归经理人秉公筹划，妥议规则，载明于后共宜遵守。牌号租赁芜湖休城胡开文开设长街三圣坊口，加友记字样以分前后之区别。……丰记两股，计收洋一千元整、刘午记两股，计收洋一千元整、汪智记一股，计收洋五百元整、胡琪记一股，计收洋五百元整、胡志记一股，计收洋五百元整、汪品记一股，计收洋五百元整。民国二十二年四月三十日立，芜湖休城胡开文友记笔墨庄。"民国二十六年（1937年）冬，日寇侵占芜湖时该店被炸毁。战后，休城胡开文友记向胡开文沇记赊进一笔货并添设资本才恢复经营。此后，芜湖休城胡开文的股东发生变化，芜湖胡开文沇记和上海休城胡开文发记也参加了股份。

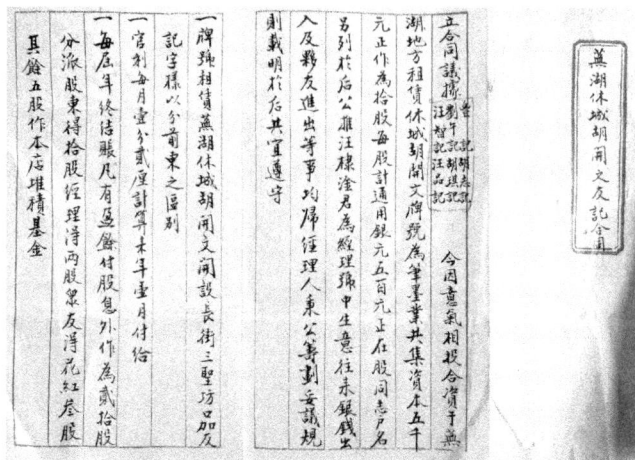

《芜湖休城胡开文友记合同》

上面提到的分布于各地的休城胡开文，从成品墨到包装用的漆盒、锦套，都由总店发货。不过休城胡开文在徽州以外地区开设的分店中，成功的不多。中华人民共和国成立初期，各地休城胡开文的产权也不再为老二房子孙所有。有的歇业，没有歇业的也换了店主。如歙县的休城胡开文店主是绩溪上庄瑞川的程根柄，上海的休城胡开文店主是绩溪上庄的胡洪发，虽然同村人，但不是胡天注的嫡系子孙。长沙休城胡开文的经理是徽州人余慎修。扬州虽然还有胡开文的店号，但经营的品种已经不是徽墨，而是烟酒之类。芜湖的休城胡开文则成为股东店，老二房却没有股份。到中华人民共和国成立前夕，即便是位于休宁海阳的休城胡开文老店也衰败不堪。1956年公私合营期间，因休宁县的制墨行业只有休城胡开文墨店一家，当时的资产除了近2000副墨模、陈墨和部分原料外，流动资金甚少，无法对其进行社会主义改造。1959年，休宁和屯溪合并后，根据屯溪国营徽州墨厂（今徽州胡开文墨厂）恢复和发展胡开文传统名牌产品的需要，由休宁县统战部会同县轻工业局着手筹办休城胡开文墨店与屯溪国营徽州墨厂合并事宜，休城胡开文墨店正式撤销。1961年，店主胡洪椿去世。从此，在中国近代墨坛活跃近二百年的徽州休城胡开文墨店的历史宣告结束。

八、胡开文墨业的著名墨印刻师

胡国宾（1848—1931），名祥源，字殿臣，国宾（彬）是其号，安徽绩溪上庄人。他是胡开文创始人胡天注胞兄胡天汉的玄孙。他从少年时便开始从事墨印雕刻工作，并毕生以此为业。他治墨印时，适逢胡开文墨业传至第四、五代的"贞"字辈与"祥"字辈，与他是同宗叔侄或兄弟关系。

胡国宾少年时代进休城胡开文学习刻墨印。一般的刻工只知学习临摹画艺与雕刻技术，照样画葫芦、机械地仿刻墨印。胡国宾不同于他人的是，特别勤奋好学。他利用工余时间，练习绘画，学习各体书法，还经常深入墨庄的描金车间，参与描金工序的工作，以揣摩墨印的雕刻技术。经他雕刻的印版做出的墨锭，描金时不仅速度快，而且绝不漫漶，各种色彩互不干扰，错落有致，层次分明，鲜艳夺目。

光绪初年，当他得悉任伯年等一批书画家侨居沪上以卖字画为生后，

胡国宾所刻任伯年画

毅然告别了休城胡开文老店来到上海，不仅继续为胡开文刻墨印，也为曹素功、詹大有等墨肆刻墨印，其目的就是要更多地接触沪上画家的作品，从临摹仿刻中学习他们的画技，提高自己刻墨印的水平与技艺。在共同的志趣与生涯的驱使下，胡国宾终于走上了与任伯年、钱慧安、胡公寿、曹肖石、朱以诚等一批知名沪上书画家合作治墨印的道路，在徽墨史上留下了一批他们合作的精品。最能体现胡国宾与任伯年、曹肖石、朱以诚合作的力作莫过于"名花十二客"套墨。这套墨共16锭，它取材于宋朝张敏叔的"名花十二客"这一传统的画题，由朱以诚、胡国宾集汉砖文，由曹肖石书写，任伯年绘画，胡国宾刻墨印。这些合作情况都刻在前四锭的"题识"上，时在"光绪辛巳正月"。后十二锭分别为雅客山茶花、野客蔷薇花、远客茉莉花、近客芍药花、静客莲花、赏客牡丹花、佳客端香花、素客丁香花、仙客桂花、清客梅花、寿客菊花、幽客兰花。这套丛墨，以花喻人，主题高雅，无论是单锭还是全套，均布局精巧，雕刻细腻，将各人所长，融为一体，不可多得。最能体现胡国宾与钱慧安合作的力作是名为"提梁"的套墨。这两套墨的印版，据说今尚存上海墨厂。

胡国宾治墨印，落款颇多，有"杨林山人"（取故乡绩溪上庄"杨林山""杨林桥"之"杨林"为笔名）"黄柏凹山人""黄柏山樵"（取故乡绩溪上庄黄柏山之"黄柏"）"羊原""羊"（以古通假字落"祥源"之名）"子祥""胡祥""少石胡祥"（以行名变通的落款）"少石""少石居士"（从"少石胡祥"再变通的落款）等。胡国宾一生以治墨印为生（他有三

子，也以刻墨印为生，人称"胡家四支铁笔"），为我们留下了极为丰富的微型徽派版画，然而晚年却过着极为贫困的生活。他晚年丧妻后，又为烘干待刻的印坯而烧毁了自己的住宅，尔后过着寄人篱下的生活。他曾从大火中夺回了毕生辛劳拓下的墨印拓片，然而又不幸散佚殆尽。

胡国宾一生以治墨印为生，兼刻商号的钤印和民居中的门窗木刻。今日上庄胡适故居的格子门上，就留下了他的多幅兰花木刻之作，自小影响了胡适而使他酷爱兰花。胡国宾兼营此类雕刻，正说明了历代墨印刻工并非都是专业性的，他们还从事其他雕刻业并从中吸收营养来丰富治墨印的技法。

胡国宾对于墨印雕刻的贡献在于首创拼版套墨。历代套墨，实际上是一种组合墨，即在同一主题下，用若干幅独立成画的墨锭组合为一套，时至今日，仍然如此。如著名的"黄山图"套墨就是由36锭各成画的墨锭组成的。而胡国宾刻的"十八学士登瀛洲"拼版套墨就令人刮目相看了！这套墨共18锭，取材于《新唐书·褚亮传》，唐太宗李世民平寇后，为网罗人才、歌功颂德，特设文学馆于京城，收聘了杜如晦、房玄龄等18人，世称"十八学士"。尔后，唐太宗又命画家阎立本绘图，使褚亮作赞，因而被选入馆的18人遂为天下士子所仰慕。这就是"登瀛洲"的来历，并成了中国画坛上历久不衰的画题之一。胡国宾很巧妙地将18人分成两组，每组9人作一整幅画，每人占1/9，各为一小锭。而每小锭墨又无边框，结合处雕得极为细致和吻合，合9锭就能还原为一幅整画。奇还奇在，无论是拆是合，都有整体感。图中亭台桌椅、山水舟桥、琴书车马、鹤鹿草木无不备具，而每锭墨上的人物神态、姿势又各俱风采。每锭墨的正面，均有四字的题签，并嵌以篆刻赞语一小方（字数不等，形制不一）。睹此拼版套墨，令人叫绝，这是空前的杰作。

胡国宾有二子亦治墨印，其中一子名松涛（1890—?），颇有其父之遗风，少年时期就随父治墨印。他在宣统二年（1910年）刻的"棋盘"墨，刻工十分细腻。在方寸间，不仅有一完整的围棋盘，而且居中还刻有两个围棋盒；另一面右半幅题曰"棋子须争一著先"，并在左半幅署"时在宣统庚戌年/正月吉日华阳道/人胡国宾子松涛刊/于绩溪梦花山馆"。这29字的题识，分4行（以"/"相隔）刻在墨面上，成了真正的蝇头小字。他和他父亲一样，一生中既为胡开文墨店治印，也为曹素功等墨肆治印。胡开文沇记的"民国千秋"墨就是由胡松涛刻制的。

除了胡国宾，胡开文墨店的刻墨印高手当数王缓之。

王缓之（1864—1924），名天福，又名王福，字缓之。其父王钟清是安徽泾县人，清咸丰年间在休城开了一个立成号小杂货店。王缓之出生后先天聋哑，到了识字的年龄，祖父专请一名用手势教书认字的先生在家里教他，12岁时，他被送到休城胡开文墨店当墨模刻工学徒，由于他聪敏、勤奋、好学，数年之后便成为墨模刻工中出类拔萃的人物。墨店把难度较大、需精心制作的墨模都交给他雕刻，他都能刻出满意的效果和较高的水平，获得同行的钦佩和多方的好评。他善于学习徽派版画的雕刻技艺，以人物见长，"文武魁星""十二支神""十八罗汉"等仙佛人物尤富神采。他亲手雕刻的墨模有"铭园图""黄山图""西湖十景图""棉花图""十二生肖"等，这些墨模图案风格古朴，造型生动，线条流畅，墨幕题赞书法，铁画银钩，工整秀丽，点画分明。著名学者穆孝天曾说："'铭园图''棉花图'图样之精美、工艺之细数，堪与明、清两代全部墨模相匹敌。"民国二年（1913年），他也转到上海，既替胡开文墨店治印，也为曹素功等墨肆治印。

胡开文的著名墨工还有曹观禄，曹观禄是休宁城里人，他十几岁就入休城胡开文墨店学做墨，手艺极精，终生为休城老店所聘，抗日战争后期去世，享年六十岁。这一时期，休城胡开文老店亦曾为不少达官显贵监制过墨品。光绪七年（1881年），为清廷工部尚书、顺天府尹祁世长监制"练余心斋"墨。光绪二十九年（1903年）十月，为清末官僚、金石学家端方仿制"秦古权墨"，墨上有端方的行书小楷题记。据传，该墨即为著名墨工曹观禄所制。

九、赴日举办中国胡开文古墨展

墨是中国文房四宝之一，墨对中华民族的古代文化以及整个东方文化的进步和发展，同纸、笔、砚一样作过重要的贡献。墨是一种碳素颜料，是书写、绘画不可或缺的媒介物，是中国特有的手工业产品。

日本是一个书法大国。中日两国是一衣带水的邻邦，有着大约一千八百年的文化交流史。日本人在上古时代就已经由朝鲜半岛或直接通过海上航行同中国来往。他们不断学习中国古代先进文化，并经过消化吸收和再创造，逐渐形成了具有日本特色的大和文化。中国书法自汉代传入日本后，就一直影响着日本书道（即日本书法）。710年，日本进入大规模吸收中华文化的奈良时代。我国高僧鉴真东渡扶桑，在带去大量佛教经典的同时，也将东晋王右军真迹行书一帖、东晋小王真迹行书三帖以及唐人墨迹等极为珍贵的书法精品带到了日本，开阔了日本书法家的眼界。后来，大批日本僧侣和留学生赴华取经求教，他们刻苦研习中国书法，使当时在我国广为流行的王羲之、王献之书风很快传入东瀛，并风靡日本上流社会。被推尊为"日本第一小楷"的光明皇后（701—760年），就是王羲之书法的热烈崇拜者。从此，日本民间研究书法艺术的风气日益兴盛。

中国是日本文化之源，书法也不例外。据说，日本的书法爱好者有两三千万人，也就是说五六个日本人中就有一个练书法的。称得起书法家，能举办个展、出作品集的人，全日本有100万之多。在经销文房四宝的东京银座"鸠居堂"三四层画廊，一年到头天天都有书法家的个展。

日本书法的极大普及，与日本人重视书法教育关系密切。在日本中小学校都开设有书法课。小学三年级开始学书法，到初中毕业，6年时间足以打下坚实的书法基础知识和技法。不难发现，普通日本人，特别是一些上了年纪的人，汉字都写得很漂亮。除了学校的书法基础教育，日本遍布各地的书法教室也给书法爱好者提供了学习的机会。书法教室都由各个书法团体主办。大街上大小商店的匾额、车站站牌、街道名、报刊书籍、日本人的姓名，处处离不开汉字。当然现在随着电脑的普及，学书法的人数有所下降。即便是这样，日本依旧保持和继承着书法传统。凡是正式场合，日本人要用毛笔写信签字。电视上大臣们签署国家文书时，很多人也用的是毛笔。能用毛笔签字，这在日本是个人修养的一个重要体现方式。一般企业每年新职员进公司时，公司里有很隆重的欢迎仪式。新职员代表上台表决心时，会从西服内兜中掏出一份文稿，这份讲稿是用毛笔正楷竖着书写的，而总裁的答辞也同样是用毛笔竖着写的。

中国书法在日本得到普及，作为书法工具之一的墨在日本的需要量很大。胡开文生产的墨就有相当数量通过日本商人出口到日本。

1986年，应日本泛亚细亚文化中心之邀，安徽省博物馆在日本举办中国胡开文古墨展，展出"地球墨"、"鱼戏莲"墨、"六十四景御园图"墨等。中国人民对外友好协会副会长，中国日本友好协会会长孙平化题词："墨中冠金不换·祝胡开文古墨展开幕。"墨展前言："……胡开文继起于曹和二汪之后，他不仅是个继承者，也是个角胜者。从1765年（清代乾隆三十年）其创始人胡天注于休宁县城以'胡开文'店号开业制墨，到中华人民共和国成立后的1956年，已世传七代。"南京胡开文利记已传至"毓"字辈，即第八世。"在二百余年的经营期间，其子孙相继在上海、南京、苏州、杭州、芜湖、汉口、长沙、重庆等地遍设分店，经营墨业。胡开文吸取各家制墨技艺之长，本着'按易水法制'的严格要求，以高级墨的超漆烟、桐油烟、特级松烟，中级墨的全烟、松烟、净烟，普通墨的减胶、加香等名牌产品，供应着中国文化界的上上下下，占有了整个中国市场。1915年（民国四年）休宁老胡开文以精制的地球墨荣获巴拿马万国博览会金质奖，为中国人民赢得了荣誉，也为中国的制墨史增添了新篇章。中华人民共和国成立以后，于屯溪，歙县建立的国营墨厂，仍以'胡开文'或'老胡开文'之号为厂名，可见胡开文墨在中国影响之大。……"

中国胡开文古墨展宣传册　　　　中国胡开文古墨展宣传册前言

十、胡开文的族内竞争与胡开文墨的题款变化

　　胡开文是清代徽墨四大家之一，胡开文墨题款复杂纷繁，令人眼花缭乱。在清代同治、光绪年间，胡开文墨已经占领国内大部分市场，以至于在20世纪初世人已经开始将胡开文墨与徽墨混为一谈。在清代后期，徽墨制造业中已不再是胡开文家族与其他墨家诸如曹素功等的争夺市场，而是胡开文家族内部诸支的市场竞争。从上海档案馆提供的资料来看，1956年由上海的广户氏老胡开文墨店、休城老胡开文发记墨店、屯镇老胡开文墨店和曹素功尧记墨庄、曹素功敦记墨庄五家墨店合并成立上海墨厂。当时三家胡开文的资产合计为331 141元，占上海墨厂总资产的百分之八十；两家曹素功的资产合计为82 779元，仅占上海墨厂总资产的百分之二十。上海墨厂的厂址就设在闸北南山路的原广户氏老胡开文的制墨工场。这说明即使在曹素功墨庄迁出徽州后的主要经营地的上海，在胡开文墨店和曹素功墨庄的市场争夺中，胡开文墨店已处于绝对的优势，上海的徽墨市场主要也是胡开文家族内部诸支的市场竞争。由于胡开文家族内部诸支的市

场竞争，造成了胡开文墨题款复杂纷繁，令人眼花缭乱的现象。

《胡开文的族内竞争与胡开文墨的题款变化》

胡开文墨业的创始人是徽州绩溪上庄的胡天注，乾隆三十年（1765年）收购已为叶姓所有的岳家汪启茂墨室，并将其更名为胡开文墨店，乾隆四十年（1775年）继顶初租的采章墨店，将其更名为胡开文墨店（屯溪店），只销售不生产，墨品由休宁的胡开文墨店供应。嘉庆十三年（1808年），胡天注逝世，逝世之前立有分家阄书："店业：休城墨店坐次房余德，屯溪墨店坐七房颂德，听其永远开张，派下不得争夺。屯店本不起桌……屯店起桌自造，更换'胡开运'招牌，不得用'胡开文'字样。"对于"不得用'胡开文'字样"，除二房外其他各房都有异议，大家也没有认真遵守。首先是七房在屯溪以胡开文招牌起桌做墨，后来六房和八房也在家乡绩溪上庄用徽州胡开文题款做墨。咸丰二年（1852年），六房四世孙胡贞一在芜湖创设胡开文沅记，这是胡开文墨业在徽州以外地区开设的第一店。宣统元年（1909年），八房的五世孙胡祥钧在上海创设广户氏老胡开文。

在胡天注的二、六、七、八房子孙都用胡开文题款做墨的情况下，大约在同治二年（1863年），二房胡余德子胡锡熊逝世，休城胡开文店务由其子胡贞观主持时，由二房胡贞观和胡贞乾主持召开了胡天注各系房会议，重新议定："胡天注派下子孙均可利用'徽

题款复杂纷繁的胡开文墨

州胡开文墨庄'字号起桌做墨，但须以'记'字区别，以示各负其责。"自此以后，便出现了复杂纷繁的胡开文墨题款。

经营胡开文墨业的胡天注后裔，他们都在其总店所在地以外的其他城市开设了分店。这里必须说明的是在胡天注后裔开设的胡开文墨店中，在总店以外的其他城市开设的分店都是以总店名命名的，即二房在各地开设的分店都用徽州休城胡开文或徽州休城老胡开文的店名，七房在各地开设的分店都用徽州屯镇（溪）胡开文或徽州屯镇（溪）老胡开文的店名，八房在各地开设的分店都用徽州广户氏老胡开文的店名，这些分店都只销售不生产，墨品由总店供应。只有六房在总店（芜湖）以外其他城市开设的分店名称都和总店店名不同，也以"记"作区别，如六房的芜湖总店的店名是徽州胡开文沅记，芜湖下长街陡门巷口分店的店名是徽州胡开文源记，九江分店的店名是徽州胡开文亨记，南京分店的店名是徽州胡开文利记，汉口分店的店名是徽州胡开文贞记，安庆分店的店名是徽州胡开文立记。后来，六房的各分店也起桌做墨，生产的胡开文墨的题款是胡开文某记、徽州胡开文或苍佩室。

从胡开文墨业的整个发展过程来看。在胡开文墨业创立之初，因为胡天注的经济并不宽裕，就充分利用汪启茂墨室的原有资源（墨模等），以待资本的积累。同时又要有别于岳父的汪启茂墨室，就在汪启茂墨室原有

墨模的横头（顶部）或空白处添加刻制阳题款"胡开文制"或"胡开文墨"，以示是新店胡开文之墨。因此，在胡开文开业之初，出现了有"胡开文"和"汪启茂"双款识的"大国香"圆柱墨和"松萝玉液"墨等。笔者收藏的"大国香"圆柱墨，侧面题款为"徽州休宁汪启茂墨""苍珮室"，墨顶题款则为"胡开文墨"。不过乾隆甲午年（1774年）以后生产的胡开文墨就只用"胡开文"的题款，而没有"汪启茂"的题款了。笔者收藏的多块乾隆甲午年（1774年）生产的胡开文墨，如朱砂"御墨五老游河"墨的正面为"御墨五老游河"六字，背面为"五老游河"图，两侧分别为"徽州胡开文制"和"乾隆甲午年"，没有"汪启茂"的题款。由此可见，最迟从乾隆甲午年也就是乾隆三十九年（1774年）开始，胡开文墨业生产的墨就用单一的"胡开文"题款了。但是由于胡开文和汪启茂的特殊关系，胡开文墨业一直继续使用原"汪启茂墨室"的题款"苍珮室"，有时还使用相似的仅有一字之差的"苍佩室"这一题款。笔者收藏有乾隆四十八年（1783年）胡开文墨业生产的"天开文运"墨，正面为"天开文运"四字，背面为"徽州胡开文制"，侧面为"乾隆四十八年苍佩室珍藏"。

必须说明的是，由于各房在各地开设的胡开文墨店都是用"徽州胡开文"的题款制墨，造成墨、店不分，产家不明的情况。咸丰八年（1858年），二房的休宁胡开文墨店开始使用墨票随墨发送，以示区别，并且特别强调自己是胡开文老店。墨票内容如下：

　　本号一艺传家，逮今三世，向在休城开张起作精造各墨，四远驰名，从无讹误。近有胡佩五者借曾分销本号之墨，在于屯溪榆林巷下首借挂胡开文招牌，岂期终始参差，苍黄反复，阳则假托分销，阴则行减料伪造冒充渔利，坏我声名，事有证实当。理呈究，奈亲友劝处讥其妄作，劝我涵容，止不发货，自今伊始佩五屯溪榆林巷下首店内所卖各墨，实非本号之墨，诚恐四方大雅未知端底，受其欺骗，谨揭布，闻幸，垂鉴察，庶不致误。

咸丰八年春月，徽州休城胡开文老店谨白。

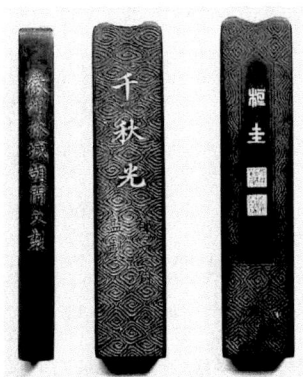
休城胡开文的老胡开文墨

同治二年（1863年）以后，二房的休城胡开文开始使用带地名的"徽州休城胡开文"这一题款。如同治三年（1864年），歙县人柯铭曾在休城胡开文定制特赠李鸿章胞弟李鹤章的"一瓣香"墨，该墨的面题是"一瓣香""同治甲子年制""苍珮室"，侧刻"徽州休城胡开文监制"。休宁的徽州胡开文墨店中增加"休城"两字，是为了和其他的徽州胡开文墨店有所区别。"休城"即"休宁"，因道光皇帝名"旻宁"，为避讳"宁"字，休宁改成休城。同治九年（1870年）以后，休城胡开文除了有"徽州休城胡开文"的题款外，还开始在"徽州胡开文"中加"老"字，成了"徽州老胡开文"，以示其"老"。笔者收藏的同治三年（1864年）曾国藩受封一等侯爵，加太子太保后，曾在休城胡开文定制"湘乡曾爵宫保著书之墨"，墨上的题款就是"徽州老胡开文"。另外，在"休城胡开文老店一百五十年纪念墨"上，该墨一侧的题款也是"徽州老胡开文制"。

七房的屯溪胡开文，为了体现其是胡天注创立的"老"胡开文，在同治二年（1863年）后也开始在"胡开文"前加地名和"老"字。它生产的胡开文墨的题款是"徽州屯镇（溪）老胡开文"，有时也用"徽州屯镇（溪）胡开文"。据赵正范先生编的《清墨鉴赏图谱》第26页记载，屯溪胡开文生产的"大富贵亦寿考"墨，隶书阴识填金"苍珮室主人制"，侧面"徽州屯镇胡开

上海广户氏老胡开文的老胡开文墨

文监制"。

从上面所述的情况来看，同治二年（1863年）以后，由胡天注亲手创立的休宁胡开文和屯溪胡开文，都使用原汪启茂墨室的题款"苍珮室"以示其"老"。不过，必须说明的是后来八房自创的胡开文，在胡天注后裔开的胡开文中时间最晚，打出的招牌也是"老胡开文"。由于八房使用的店名是徽州广户氏老胡开文，店名中也有"老"，为了这个"老"字，八房和二房还打了一场官司。店名中的"老"字来之不易，所以八房的徽州广户氏老胡开文生产的徽墨基本上都是只用"徽州广户氏老胡开文"这个题款，有时也用原汪启茂墨室的题款"苍珮室"以示其"老"。据赵正范《清墨鉴赏图谱》第135页记载：八房生产的"万年枝"墨，正面俱有框，面"万年枝"三字，楷书阴识填金，下钤"苍珮室"三字，篆文阴识填金。背面两行字："有鹊名太平，专栖万年木，倘产五色芝，可作冈陵祝。"下钤"胡氏开文"四字，篆文阴识填金。一侧"徽州老胡开文造"，顶"广户氏"，俱楷书阴识。

在胡开文家族的争"老"过程中，不仅二房和八房打过一场官司，二房的休城胡开文和七房的屯溪胡开文两店还打过一场"墨票战"和"广告战"。

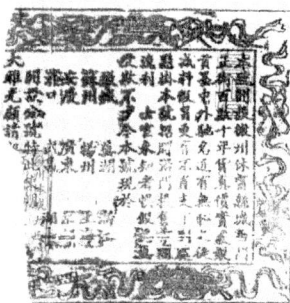

休城胡开文老店墨票

休城胡开文在其产品的包装中加入了"顾客须知"的墨票，强调休宁店为胡开文正宗。墨票曰：

> 本号开设徽州休宁县西门正街百数十年，货真价实，虔制贡墨，中外驰名。近有无耻之徒，减料假冒，更有不肖支丁，到处悬挂本号招牌，沿门投售，希图渔利。士宦未知者，误假为真，受欺不少。今本号现于徽城、芜湖、浙江、苏州、扬州、上海、安庆、广东、京都、汉口、武昌、湖南开设分号，特此陈明。大雅光顾，请即认明，

庶不致误。

胡开文起首老店谨白

与休宁胡开文的墨票一样，屯溪胡开文也在其墨票中宣布自己为正宗。墨票曰：

本号先祖向在屯溪开设胡开文墨店，后又替开休城汪启茂墨店胡开文监制，共计两店。休城开文分授二房，屯溪开文分授七房，历今百数十年，货真价实，天下闻名。近有派裔不肖者，冒名充假，玷辱家声，故特加此访帖。屯溪七房孙寿田氏。

除了"墨票战"外，休城胡开文和屯溪胡开文还在上海《申报》上打了一场"广告战"。光绪元年（1875年）五月三日，屯溪胡开文在《申报》刊发了一则具有现代商业意义的广告，这则题为《胡开文墨庄》的广告在《申报》上持续了两周时间。内容是：

本号向在徽州屯溪镇，开张百有余年。按易水法制造各种名墨。士商赐顾每因道路远隔，不甚便捷，故汉镇向有分寓，在小夹街两仪栈内。今上海亦有分寓，如蒙赐顾请移趾至大东门外大街震源染店内寓便是。

徽州屯溪镇胡开文墨庄谨识

后来屯溪胡开文又在《申报》刊登了自己的第二则广告。他们以《徽州胡开文老墨庄》为题，向公众发布了上海分号搬迁新址的消息，这则广告在《申报》上刊登了两周时间。

本庄前寓大东门外大街震源染坊内，今移址新北门外永安街义和栈内，凡士商赐顾者须认明屯镇胡开文图记，庶不致误。

189

面对家族内部其他分号的营销压力，休城胡开文也在光绪四年（1878年）刊发了自己的第一则广告。这则题为《老胡开文墨庄》的广告，虽然是向公众发布自己在苏州开设分号的消息，但是广告内容充满回应挑战的意味，并且连续刊登了一个月。广告内容是：

> 本庄向在徽州休邑，自制徽墨百有余年，远近驰名。前在扬州、安庆、汉口三处分设墨号。今又在苏州分设，并精制各种湖笔，如蒙诸公赐顾，请认明苏州察院场北仓硚口老胡开文墨庄为要。

光绪五年至八年（1879—1882年），休城胡开文与屯溪胡开文之争全面爆发。为占据主动，争取舆论制高点，休城胡开文和屯溪胡开文开始在《申报》刊登维权广告。在这场广告战中，休城胡开文打响第一枪。他们刊登了题为《休城胡开文起首老墨庄告白》的广告。内容是：

《休城胡开文起首老墨庄告白》

> 本号开设徽州休宁县城西门正街，历百数十年，虔造贡墨，货真价实，中外驰名。近有无耻本家假料伪造，到处冒挂开文招牌，沿门投售，仕宦未知，多受其欺。今特于京都、姑苏、扬州、汉口、武昌、安庆、徽郡设立分号，以便大雅得购其真，而渔利者无可蒙混。所有上海、芜湖、南京、屯溪均非本号分销。凡蒙光顾务请认明休城分号图记，庶不致误。
>
> 馥庭主人谨启

这则广告虽然仅刊登了三天，但是它主题鲜明，措辞强硬，矛头直指其他家族分号，直接标榜休城胡开文才是胡开文的合法继承者，才有权经营胡开文字号及开设分号。这则广告提到的上海、屯溪分号属于胡开文屯溪系所开，芜湖、南京分号属于胡开文老六房后代所开。面对休城胡开文的指责，屯溪胡开文采取了反抗措施，他们将一则题为《屯溪胡开文起首老墨庄告白》的广告在《申报》上刊登了一周时间。

《屯溪胡开文起首老墨庄告白》

启者本号自先曾祖起首即在屯溪镇开设胡开文墨庄，监制贡墨，中外驰名。嗣二房伯祖顶替休城汪启茂墨店，遂为休城胡开文焉。迨曾祖见背遗命，以休城开文分授二房，屯溪开文分授七房。货期一例，价值相同，各树一帜，历百余年毫无异议。近年二房在苏扬等处开设分销，本号亦在沪鄂开张分号，业已有年。去腊馥庭来沪，见本号沪店货真价实，颇见称于大雅。不顾周亲，暗思垄断，妄列报单，谬称无耻本家，希图暗害，非特灭亲，抑亦欺祖也。兹本号亦不与伊安诋，谨赘原尾，请质高明识者鉴之。

光绪九年（1883年），胡开文家族内部的休城胡开文与屯溪胡开文之争进入高潮。休城胡开文和屯溪胡开文相互指责，维权广告你来我往，长达半年之久，起因是休城胡开文在上海开设分号，并在《申报》刊出了题为《老胡开文墨庄》的广告，并连续刊登了半个月。广告内容是：

休城老胡开文自造名墨四远驰名，已历百余年，安庆、汉口、长沙、苏、杭、扬等处俱设分销，以便尊客就近赐顾。上海为中外通商大埠，兹特设分庄在英租界三茅阁桥直北大街，坐西朝东石库门内便是。凡蒙仕商惠顾，须认明休城老铺分庄，庶不致误，谨此布闻。

1883年3月7日，同日同版的休、屯两店的维权广告

这则广告说明休城胡开文开始进入上海市场，并摆出一副向屯溪胡开文宣战的架势。从广告内容看，休城胡开文分号直接开到了屯溪胡开文分号附近。这则广告停发的第二天，屯溪胡开文便以一篇题为《徽州屯镇真老胡开文》的广告回击了休城胡开文的行为。广告的内容是：

本庄分设上海三茅阁桥棋盘街中市，朝西门面，发兑名墨业已经有年，颇蒙四方大雅赏识，现在原处交易并无分店。近有射利之徒，专贩杂号低货，设于本庄左近，悬挂本庄招牌，另加休城二字以异。鱼目混珠，欺蒙客商。赐顾者请仍至原处，认明屯镇老胡开文招牌，庶不致误，特此告白。

此后，休城胡开文又刊出一则带有"檄文"色彩的《休邑老胡开文告白》。内容是：

本庄休邑老胡开文分设上海英界棋盘街北首，坐西朝东石库门内，价目悉照休邑老铺，并不伸抬分厘。乃有屯溪分庄，自以为真胡开文，反以休邑起首之老铺名为低货。试思屯溪原在屯溪，休邑原在休邑，上海皆不过运货分庄，乌可同行嫉妒，况说坏敝分庄即说坏休邑胡开文，亦即说坏屯溪胡开文。然则伊庄之货从何处而来，殊为可

笑，识者知之。凡仕商赐顾者须认明休邑老胡开文招牌，包纸内有起首老店告白，庶不致误。

除了这则广告，休城胡开文在《申报》上又刊发了先前那则《老胡开文墨庄》的广告。就在这一天，屯溪胡开文也不甘示弱地继续刊发了《徽州屯镇真老胡开文》广告。同一期报纸同时出现了三篇来自休城胡开文和屯溪胡开文的维权广告，足见双方纠纷的激烈程度已经达到一个高度。从光绪九年（1883年）三月六日起，上述三则广告反复出现在《申报》上，前后持续了近一个月时间。三月七日《申报》，同期同版上同时出现休、屯两店的维权广告。三月九日以后，还多次出现同日异版同时刊登的两店维权广告。至光绪九年（1883年）三月三十日，屯溪胡开文的《徽州屯镇真老胡开文》广告为纠纷的白热化阶段画上了一个句号。

三个月后，休城胡开文刊登了一则题为《休城胡开文谨白》的广告。

　　　　本号开设徽州休宁县城内西门大街百数十年，货真价实，虔制贡墨，中外驰名。近有无耻之徒，减料假冒本号招牌，沿门投售希图渔利，仕宦未知误假为真，受欺不少。今本号分设于京都、上海、姑苏、扬州、浙省、安庆、汉口、长沙、武昌、徽州府等处以杜其伪。大雅光顾请认明休城分庄，庶不致误。上海大英老巡捕房南首双间门面便是。

这则广告在《申报》刊登了整整一个月。后来，这则广告断断续续在《申报》上刊到七月二十三日，其间再未见屯溪胡开文刊发广告驳斥。胡开文家族内部的这场休城胡开文与屯溪胡开文之争才告一段落。

从上面墨票和广告的内容来看，此时的休城胡开文与屯溪胡开文两店都已彻底放弃了店址不清、新老不分、家族共用的"徽州胡开文"这一题款，这也可以从同治三年（1864年）以后出现大量带具体地名的"徽州休城（老）胡开文""徽州屯镇（溪）（老）胡开文"题款墨中得到证明。

　　从上面广告内容看，胡开文墨店在生产经营过程中已经产生了有关发明、商标甚至产品外观设计的知识产权。它的墨品能够享誉中外，离不开几代人发明创新的心血。从现代知识产权角度看，这场发生在《申报》上的广告战就是一场典型的知识产权纠纷。休城胡开文和屯溪胡开文对"真"和"老"的争夺，本质上是对胡开文字号继承权、使用权及处分权的争夺，也是胡开文发展到一个崭新阶段，内部各支系纷纷走出徽州，一边建立覆盖长江流域的销售网络，一边占领中心城市市场，业务不断壮大，内部各支系纠纷随之激化，进而导致的一场争夺知识产权的广告战。从这场知识产权纠纷中，能够看出胡开文墨店经久不衰的原因，它的经营理念和价值追求确有过人之处。但是这件事也提醒后人，家族企业在发展过程中尤其要重视并处理好知识产权问题，避免家族内部争夺知识产权给企业发展带来灭顶之灾。本以为此事会以"你死我活"的结局收场，但这场纠纷却在白热化阶段戛然而止。最终以休城胡开文上海分号从三茅阁棋盘街搬到上海大英老巡捕房附近，放弃了和屯溪胡开文的直接对峙而结束。在探究过程中，虽未发现这场激烈纷争到底因何而平息，但它应该成为反思家族企业管理制度的契机。俗话说"清官难断家务事"，制度化、规则性往往难以在中国家族企业内部发挥作用。在这种文化氛围下，家族企业内部其实存在着某种矛盾或风险化解机制。就像胡开文"休城和屯溪之争"，无论多么激烈，双方最终能够达成一种默契，使纠纷归于平静。这其中或许存在血缘关系的纽带作用，或许存在对家族事业的共同维护，抑或是对家族信仰的共同追求，这些非制度性因素是中国传统家族企业管理中不可或缺的组成部分。这本身彰显了中国的文化自信，同时为今天中国家族企业发展提供了可供借鉴的经验。

　　这里需要说明的是，胡天注六房开设的胡开文没有卷入胡开文各房之间的"老"字之争。由于六房开设的胡开文有其固定的沿江销售地区和销售群体，据中国人民政治协商会议全国委员会文史资料研究委员会编《文史资料选辑》（第二十三辑）《芜湖胡开文墨店调查》中记载：其销售对象"主要是书生和官场中人物；……官场把徽墨作为礼品互相赠送，一次交

易就值银几百两",其生产的高级墨产量占其总产量的八成,题款中有没

有"老"字对其销售并无影响。所以,六房生产的高级墨的题款一直是用"徽州胡开文"和"苍佩室",有的时候也按照定墨人的要求灵活运用。笔者收藏有六房芜湖总店生产的"八宝五胆"药墨,背面的题款是"徽州胡

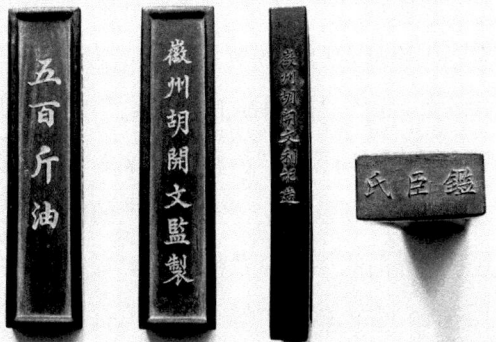

利记生产的"五百斤油"墨

开文虔制";"黄海松精"墨,背面的题款是"徽州胡开文沅记造";"唐诗人"墨,正面是诗人像及其诗,背面是诗人姓名及"徽州胡开文制",侧面是"光绪十年苍佩室按易水法制"。南京分店利记生产的"五百斤油"墨,背面是"徽州胡开文监制",侧面的款识是"徽州胡开文利记造"。另外,芜湖是李鸿章家族的第二故乡,其家族中有多人长期定居芜湖,李鸿章及侄子李经畲就曾在胡开文沅记定制"李氏珍藏"墨,其背面为"同治己巳少荃属新安胡开文选隃糜清烟按十万杵法制"和"建初虑偄铜尺寸"墨,下作两行"新安胡/开文造",一侧为"合肥李氏伯雄书画墨",伯雄是李经畲的字,另一侧为"光绪戊寅秋谪州牧摹孔东塘拓本制藏"。

综上所述,胡开文各房所制之墨的题款变化以同治元年(1862年)为界。此前各房都使用"徽州胡开文""苍珮室"或者"苍佩室",此后题款开始复杂纷繁,但仍有规律可循。二房休宁胡开文用的题款是"徽州休城胡开文""徽州休城老胡开文""徽州老胡开文"和"苍珮室"。七房屯溪胡开文用的题款是"徽州屯镇(溪)胡开文""徽州屯镇(溪)老胡开文""苍珮室",以及七房内部各房店号,如"胡开文俊记""胡开文寿记"

"李氏珍藏"墨

"胡开文义记"等。八房"徽州广户氏老胡开文"的题款比较单一，基本上用的就是"徽州广户氏老胡开文"，但有时也使用"苍珮室"这一题款。最复杂的是六房用的题款，据笔者所知至少有"徽州胡开文沅记""徽州胡开文亨记""徽州胡开文利记""徽州胡开文贞记""徽州胡开文立记""徽州胡开文正记""徽州胡开文源记""徽州胡开文""苍佩室"或"新安胡开文"等题款。由于六房生产的胡开文名墨"棉花图""铭园图""十二生肖"等高级墨，以及据《文史资料选辑》（第二十三辑）《芜湖胡开文墨店调查》中记载的"墨子的花色有近百种"，用的都是"徽州胡开文""苍佩室"或者"新安胡开文"等题款，所以在当今收藏者收藏的六房墨中，特别是以六房总店"胡开文沅记"题款的墨就很少。

第三节　有关胡开文的质疑

一、胡开文墨业的创始人应该是谁？

在徽墨业中，胡开文是我国一家闻名中外的老店。对于胡开文墨业创始人，现在有两种说法：有人说是胡天注，也有人说是胡余德。对于胡开文墨业创始人的问题，笔者认为有必要加以探讨和澄清，还历史一个本来面目。

（一）胡开文墨业的创始人是谁？

胡开文墨业的创始人是胡天注。胡天注是徽州绩溪上庄人，胡余德是胡天注的次子。在《上川明经胡氏宗谱》中有这样的记载：

> 天注公，貤赠奉直大夫，名在丰，字柱臣，事迹见善行。生乾隆壬戌年六月二十七日未时，故于嘉庆戊辰年十二月初一日巳时。
>
> 元首公派，从九品……独修观澜阁下至杨林桥大路，建竦岭半岭

亭，始创胡开文墨业。同治中重修祠宇，其子孙克守先业，合力捐银五百两赞助其事。

余德公，议叙监运司知事，覃恩累赠中宪大夫，晋赠资政大夫，名正，字端斋，号荣朗，又号开文，事迹见善行。生乾隆壬午年十一月二十九日辰时，殁道光乙巳年九月三十日午时。

道光八年，合邑议建东山书院，公捐银一千余两以为之倡设。开文墨业于休城一艺名家，迄今贡墨均开文虔制。

从上面摘录的《上川明经胡氏宗谱》内容来看，胡天注"始创胡开文墨业"，应该是无须争论的事实。至于胡余德"又号开文"，本文将在下文"胡开文墨业起名于何时？"中另述。其实，号（开文）和店名（胡开文）毕竟是两回事，两者不能画等号。对于上面《上川明经胡氏宗谱·善行》中，关于胡余德的有段无标点的文字，有人断句成"道光八年，合邑议建东山书院，公捐银一千余两以为之倡，设开文墨业于休城，一艺名家，迄今贡墨均开文虔制"。并由"设开文墨业于休城"，而得出胡开文墨业是胡余德创设的结论。

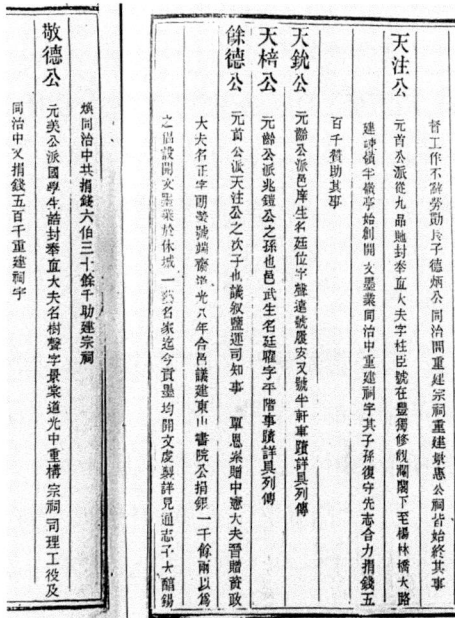

《上川明经胡氏宗谱·善行》

这样的断句和结论至少有两点值得商榷的地方：其一，"议建"和"倡设"是两个不能拆开的词，而且两词是相互对应的，"议"对应"倡"，"建"对应"设"，前后联系起来看，应该是"倡议建设"的意思，不能将"倡设"拆成"……倡，设……"。其二，仅以"设开文墨业于休城"这句话，也不能说明胡开文墨业就是胡余德创设的，整段文字应该前后联系起来分析，不能断章取义。笔者认为《上川明经胡氏宗谱·善行》中记述的是胡余德捐银倡设东山书院之事，没有必要说明胡开文墨业是谁创设的。如果说胡开文墨业是胡余德创设的话，那么《上川明经胡氏宗谱·世系》中的胡余德条应该有所记载。因为世系记载的是家谱中先人的姓氏名讳、字号谥号、生卒年月、功名行事、科第职官、妻妾子女、坟茔葬地等，也就是说世系记载的是家族成员的传记或简历。可是在《上川明经胡氏宗谱·世系》中，记载"始创胡开文墨业"的不是胡余德，而是胡余德的父亲胡天注。还有在《上川明经胡氏宗谱·善行》中，与胡余德条同在一页的还有胡天注条，其内容是：天注公"……独修观澜阁下至杨林桥大路，建竦岭半岭亭，始创胡开文墨业……"这前后两条联系在一起，我们只能理解胡余德只不过是子承父业，捐银一千余两是经营胡开文墨业所得。在胡余德所立的《思齐堂天注公分析阄书》后序中，也曾明确记载"先父创海阳、屯溪二店，屯店命长兄恒德经持，海阳命余管理，与兄长各承父命"。以上二处记载都更足以证明胡开文墨业的创始人是胡天注。

（二）胡开文墨业起名于何时？

要搞清楚胡开文的起名问题，首先得解决是先有胡开文墨业，还是先有胡余德的"又号开文"，有人认为胡开文得名于胡余德的"又号开文"，是胡余德用自己的号来命名店名的，并由此推测出胡开文起名的时间。

（1）"胡开文"招牌的挂起，当在胡天注去世（1808年）后不久。因为那时胡天注已去世，胡余德已自立，又适逢壮年得志之时，因此胡余德才有抛开旧字号的可能。

（2）"胡开文"招牌的挂起，最早不超过乾隆五十四年（1789年），即胡余德生母汪氏郁郁病逝之时。因为汪氏是汪启茂之女，汪氏去世胡余德才有可能撇开和更换"汪启茂"的店名。否则，胡余德要受到汪氏的强烈谴责。

以上两种推测，两个时间点似乎有点想当然。

首先，早在胡天注逝世前，胡开文招牌就出现在绩溪上庄。胡开文纪念馆保存的胡天注立的《思齐堂天注公分析阄书》中："店业：休宁城墨店坐余德，屯溪墨店坐颂德，听其永远开张，派下不得争夺。屯店本不起桌，所卖之墨向休城店制成发下。往后不论墨料贵贱，照买价不得增减。屯店代休城店买办各货，照原价发上，不得加增，倘屯店起桌，不得更换胡开文招牌字样。"在安徽师范大学现藏的抄件《胡氏阄书》中，原段文字为："屯店起桌自造，更换'胡开运'招牌，不得用'胡开文'字样。"两份阄书虽然文字有所出入，但都出现了"胡开文"的字样，而且两份阄书都是胡天注立的，这也说明"胡开文"招牌是胡天注创立的。

至于"胡开文"是因胡余德又号"开文"得名，还是胡余德的又号"开文"是因"胡开文"而得名。我们从《上川明经胡氏宗谱》关于胡余德的记载中，可以看到胡余德原来就有号"荣朗"，"开文"只是他的"又号"。对于又号"开文"的由来，据上庄族人听老一辈说，清末民初上庄族谱编撰人是根据礼部尚书祁寯藻撰写的《墨赞》中有"胡君开文"之句，并认为"胡君开文"指的就是胡余德，因而推出胡余德有"开文"的别号。其实《墨赞》题写于道光二十八年（1848年），此时胡余德已经逝世三年，胡开文墨店已由胡余德的儿子胡锡熊主持，此"胡君开文"应该指的是胡余德的儿子胡锡熊。

那么，胡开文墨业的招牌到底起名于何时？笔者认为：胡天注初租采章墨店，期满后创开海阳、屯溪二店之日就是胡开文招牌挂出之时，即乾隆三十年（1765年）。理由有三：

第一，众所周知，过去不论是独资开店，还是合资开店，事先必须起好店名，新店开业没有店名，那是绝对没有的。胡天注在海阳、屯溪开设墨店时，不可能没有店名，也不可能用采章墨店的店名。因为采章墨店是租开的，既然租期已满另开新店，当然不能再用采章墨店的店名了。而目前已发现的有关胡开文墨业的档案材料中，除了采章墨店外，还没有其他店名，因此店名只能是胡开文。

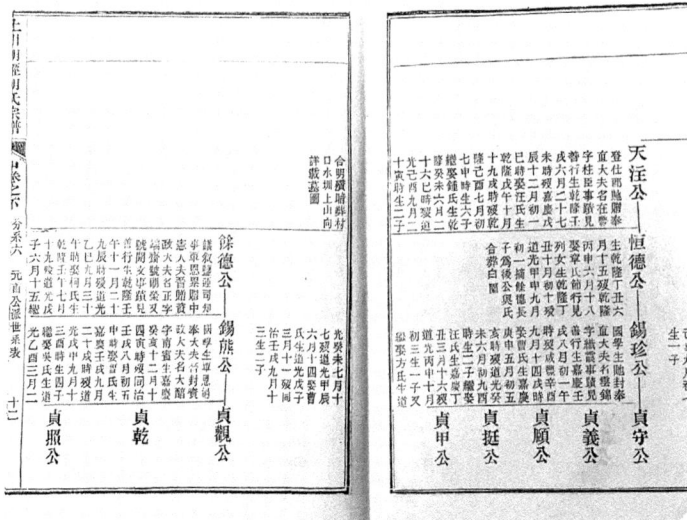

族谱中关于胡余德的记载

第二，在《思齐堂天注公分析阄书》中有："……初在屯租采章墨店，期满后创开海阳、屯溪两店……不得更换胡开文招牌字样"之句。在安徽师范大学现藏的《胡氏阄书》抄件中有"更换'胡开运'招牌，不得用'胡开文'字样"之句。虽然两份《阄书》在海阳、屯溪两店前都没有加上"胡开文"的店名，但笔者认为《阄书》是胡氏家族的家庭"内部文件"，语言应该精练，而店名"胡开文"对于家庭成员来说，是各房皆知的，没有必要把店名写成"海阳胡开文墨店"和"屯溪胡开文墨店"的字样。更何况在两份《阄书》的后段中都出现了"胡开文"字样，那前段就更没有必要在"海阳墨店"和"屯溪墨店"的店名中写上共性店名"胡开文"了。

第三，笔者收藏有"休城胡开文老店一百五十年纪念墨"，面题"休城胡开文老店一百五十年纪念墨"，背面题"诗篇删定犹逾倍，易数推求竟得三"，一侧为"徽州老胡开文制"，另一侧为"民国四年制"。所谓"徽州老胡开文"即休城胡开文老店；"民国四年"即为1915年。由1915年上推150年即为乾隆三十年（1765年）。有人认为胡开文墨业创始于乾隆四十七年（1782年），其根据是胡余德所立的《思齐堂天注公分析阄书》后序中有："余忆乾隆四十七年，先父创海阳、屯溪二店"的记载。但是就在这句话的后面，还有"屯店命长兄恒德经持"之句。

查《上川明经胡氏宗谱》得知，恒德殁于乾隆四十一年（1776年），时20岁。既然屯店曾命恒德经持，那么屯店就应该在乾隆四十一年之前创办，而绝不可能是恒德殁后的乾隆四十七年（1782年）。再者，如果说胡天注创办二店是在乾隆四十七年（1782年）的话，那时他已经是40岁的人了。难道胡天注从十三四岁学徒

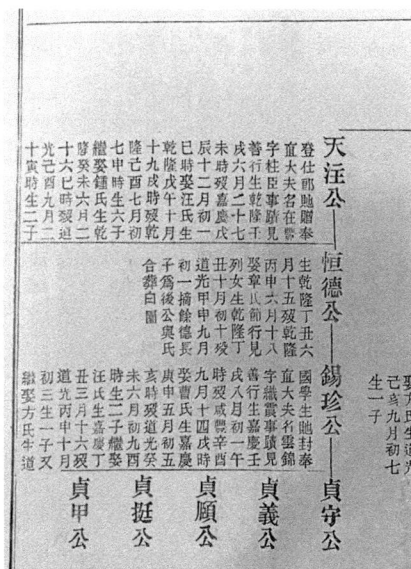

族谱中关于胡恒德的记载

起的这二十多年的时间里都在当学徒、租开采章墨店吗？这和《思齐堂天注公分析阄书》序中的"期满后创开海阳、屯溪两店"有出入。胡天注十三四岁经人介绍到屯溪的墨店当学徒，后来租采章墨店，经营墨业，期满后创开海阳、屯溪两店。在学徒和租店期间，由于他聪明能干，勤奋好学，很有开拓精神，不仅掌握了制墨技术、市场情况和经营管理之道，还积累了一定的资金，为自己开店创造了有利的条件。在这些条件的形成过程中，他酝酿了新开墨店的店名——胡开文，增强了以自选招牌继续经营的信心和决心。所以，在乾隆三十年（1765年），胡天注23岁时创开海阳、屯溪胡开文墨店已是水到渠成的事了。

（三）胡开文的品牌是谁打造的？

乾隆三十年（1765年），胡天注创设胡开文墨店。此后，他千方百计地提高产品的质量，创造出高质量的产品，打开销路，以薄利多销占领市场，在竞争中以优取胜，积累了相当可观的产业。仅在《思齐堂天注公分

析阄书》序中，就记载有田地、山塘、屋宇及海阳、屯溪二店等多项产业。而且"年近五十，六子俱完聚"。胡天注逝世后，胡余德主持胡开文店务二十多年，使胡开文墨业得到较大的发展，继承光大了胡开文墨业的声誉。到了胡余德孙胡贞观主持店务期间，胡开文墨业的生产规模得到极大发展。胡贞观儒而兼商，财雄势大，时人称他为"三公"或"三爷"，他在休城的房产，包括墨店、住房、书房、客厅、戏楼、花园等共有一百零八个门阙。曾国藩在驻扎徽州祁门期间，还为休城胡开文书写了"胡开文"的招牌。

从胡开文墨业的地域发展来看，胡余德时代经营的胡开文只不过是徽州地区的休宁、屯溪两地。胡开文墨业真正走出徽州、走向全国，是从咸丰二年（1852年）胡天注的六房四世孙胡贞一在芜湖创设胡开文沅记开始的。休城胡开文在这以后，才由祥字辈孙先后在扬州、杭州、上海、汉口、安庆等地开设了分店。胡贞一在芜湖创设胡开文沅记之后，又在芜湖下长街开设了胡开文源记分店，在九江开设了胡开文亨记，在南京开设了胡开文利记，在汉口开设了胡开文贞记（后由其侄胡祥善经营），在安庆开设了胡开文立记（后由其另一个侄子胡祥龙经营）。胡天注的八房硕德曾孙胡祥钧兄弟等于宣统元年（1909年），合资在上海创设了广户氏老胡开文。后来，他们又在南京、天津、北京、汉口、沈阳、成都、重庆等地开设了广户氏老胡开文分店，以上这些墨店都是自产自销，与休城、屯溪胡开文没有任何联系。

胡开文墨业走向全国，使胡开文的品牌饮誉中外。如果胡开文是创名于胡天注以后的胡余德的话，那么胡开文品牌的专利权，应该属于胡余德及其子孙，与胡余德平辈的胡天注的其他各房子孙则无权使用胡开文品牌。正是因为胡开文品牌是创始于胡天注，所以作为无形资产，胡天注之后的各房子孙都有权使用。

胡开文墨业是胡天注始创的，胡开文墨业的发展也不是一蹴而就的，胡开文品牌的打造凝聚着胡开文家族几代人的心血。我们不能因为胡开文墨业在胡余德手中曾得到发展，就认为胡开文墨业是胡余德创立的，这不符合历史的事实。胡开文墨业的创始人只有一人，即胡天注。

二、对《徽墨志》的几点质疑

徽墨是中国传统文化中的珍品，有"精、美、贵、久"的特色，是古代徽州人民的伟大创造，对中华文明的积累、展示、传播、弘扬发挥了不可估量的作用。2016年，绩溪县地方志编纂委员会编纂了《徽墨志》，徽墨成志意义重大。但是，在《徽墨志》中，有些与胡开文墨业有关的重要史实，并非信史。文章千古事，有必要加以澄清，以免以讹传讹。笔者认为应该与《徽墨志》的编者商榷，并以此请教对徽墨和胡开文墨业有研究的同志。

绩溪县地方志编纂委员会《徽墨志》

（一）《徽墨志》第12页记载："'胡开文'为墨肆名。乾隆二十一年（1756），绩溪上庄人胡天注受雇于休宁县城著名的汪启茂墨店，后娶汪氏之女为妻。乾隆三十年（1765），于屯溪租赁采章墨店，此为胡开文墨业之创始墨肆。次子胡余德（号开文），十三四岁即随父经营墨业。乾隆四十七年（1782），胡天注承顶汪启茂店业，约在此时与采章墨店同时改店号为'胡开文'。"上面这段话有几处值得商榷的地方：

（1）"乾隆三十年（1765），于屯溪租赁采章墨店"。

笔者认为：乾隆三十年（1765年），不是胡天注租赁屯溪采章墨店的时间，应该在乾隆三十年（1765年）以前。具体时间，我们不妨根据徽州旧时的民俗以及《上川明经胡氏宗谱》和胡天注生前订立的《天注公分析阄书序》的记载来推算。

《上川明经胡氏宗谱》记载：胡天注的长子恒德"生乾隆丁丑六月十

五，殁乾隆丙申六月十八"。由此可以推算，胡天注最迟在乾隆二十一年（1756年）时就已经娶汪启茂之女为妻，他去汪启茂墨店当学徒的开始时间应该在此以前。根据徽州旧时"前世不修，生在徽州，十三四岁，往外一丢"的民俗，胡天注应该是乾隆十九年（1754年）13岁时，最迟乾隆二十年（1755年）14岁时就去休宁汪启茂墨室当学徒。乾隆二十一年（1756年）胡天注15岁时，娶汪启茂之女为妻。乾隆二十二年（1757年）胡天注16岁时，长子恒德出世。乾隆二十五年（1760年）胡天注19岁时，在经过三年学徒，三年帮作后，去屯溪初租采章墨店。

（2）"乾隆四十七年（1782），胡天注承顶汪启茂店业，……改店号为'胡开文'。"

笔者认为：胡天注承顶汪启茂店业，改店号为"胡开文"，不是乾隆四十七年（1782年），应该是乾隆三十年（1765年）。这从笔者收藏的几块胡开文墨就可以找到答案。

笔者收藏有"胡开文"生产的"五老游河"和"归昌叶瑞"两块御墨，这两块御墨的两侧都分别刻有"徽州胡开文制"和"乾隆甲午年"。"乾隆甲午年"即是乾隆三十九年，也就是1774年。从这两块御墨的款识来看，最迟在1774年就已经有"胡开文"的店号了。难道胡天注是先生产胡开文墨，后再改店号的吗？胡天注承顶汪启茂店业，改店号为胡开文，应该在乾隆四十七年（1782年）以前。

另外，笔者还收藏有一块对胡开文墨业历史研究极富研究价值的纪念墨。纪念墨的面题是"休城胡开文老店一百五十年纪念墨"，背面题"诗篇删定犹逾倍，易数推求竟得三"，一侧为"徽州老胡开文制"，另一侧为"民国四年制"。这里的"徽州老胡开文"，即"休城胡开文墨店"；这里的"民国四年"，即为1915年。由1915年上推一百五十年，就是乾隆三十年（1765年）。这说明胡天注承顶汪启茂店业，改店号为胡开文，应该是乾隆三十年（1765年）。

（3）"乾隆三十年（1765），于屯溪租赁采章墨店，此为胡开文墨业之创始墨肆。"

前面已经说明了胡天注于屯溪租赁采章墨店的时间，在乾隆三十年（1765年）以前。另外，还需说明的是采章墨店和胡开文墨店并不是一回事。从胡开文墨业的发展历史来看，采章墨店虽然与胡开文墨店有一定的联系，但两者之间不能画等号。胡开文墨店是胡天注初在屯租采章墨店期满后，自己创牌开设的墨店，此时胡开文墨业已经创立；而采章墨店则是胡天注租别人招牌开的墨店，那时胡开文墨业还没有创立。两个墨店的性质是不同的，一个是别人的墨店，另一个是自己的墨店。怎能把胡开文墨店的创立时间作为胡天注租采章墨店的开始时间呢？"休城胡开文老店一百五十年纪念墨"也明确地指出纪念的是胡开文墨店，怎么得出"乾隆三十年（1765），于屯溪租赁采章墨店，此为胡开文墨业之创始墨肆"的结论呢？乾隆三十年（1765年），只是胡开文墨业正式创设的时间，与胡天注于屯溪租赁采章墨店的时间无关。

（二）《徽墨志》第270页记载："胡贞乾（1831—1910）胡锡熊的三子，人称'三爷'，是休城胡开文的第三代传人。"上面这句话有几处值得商榷的地方：

（1）胡贞乾"是休城胡开文的第三代传人"。

这句话有明显的错误。休城胡开文的第三代传人是胡锡熊。从绩溪上庄明经胡氏的字辈排序"天、德、锡、贞、祥、洪、恩、毓、善、良"来看，胡贞乾应该是胡天注的四世孙。从胡开文墨业的发展历史来看，天字辈的胡开文创始人胡天注应该是休城胡开文的第一代传人，第二代传人是德字辈的胡余德，第三代传人是锡字辈的胡锡熊，第四代传人才是贞字辈的，但不是胡贞乾，而是胡贞观。如果胡贞乾是休城胡开文的第三代传人的话，那么此后休城胡开文的传人应该是胡贞乾的子孙。但是实际上休城胡开文的第五代传人是胡贞观的次子胡祥符，只不过由于胡祥符逝世较早，而且无子则暂由胡贞观四子胡祥禾代管，后来将胡祥禾的长子胡洪椿过继给胡祥符为嗣。第六代传人胡洪椿也是胡贞观的子孙。胡贞乾的儿子胡祥光后来经营的只是休城胡开文在长沙和武汉的分店。这里需要说明的是休城胡开文墨店在胡贞观入仕期间，是由管事代管的，即对内的管理由其弟胡贞乾监管，对外则由其小九叔胡锡焕负责。

（2）"胡贞乾……人称'三爷'。"

这与事实不符。大家都知道，在古代称"爷"是有条件的。据《辞海》的解释"爷"是："①父亲；②对尊者的称呼，如王爷、相爷、老爷。"按照《辞海》的解释，对于胡开文家族成员来说，可以称"爷"的除了自己的父亲和直系长辈外，必须是对胡开文墨业有过贡献的尊者。胡贞观咸丰元年（1851年），中举；咸丰六年（1856年），援例补户部员外郎；后迁户部贵州司员外郎；同治元年（1862年），转任户部广东司员外郎。胡贞观入仕，光宗耀祖，胡开文家族始获封赠，家族后人尊敬他，称他为爷。同时他三任户部员外郎，所以胡开文家族成员都称他"三爷"。胡贞乾就根本不能和胡贞观相比。在《上川明经胡氏宗谱》记载的《宗祠东庑彰善室祀主名目》中，名列祀主名目的胡开文家族成员有：天注公、余德公、锡翰公、锡焕公、贞观公，但就是没有贞乾公。如果"三爷"是胡贞乾的话，《宗祠东庑彰善室祀主名目》中没有其名，那简直是不可思议的。

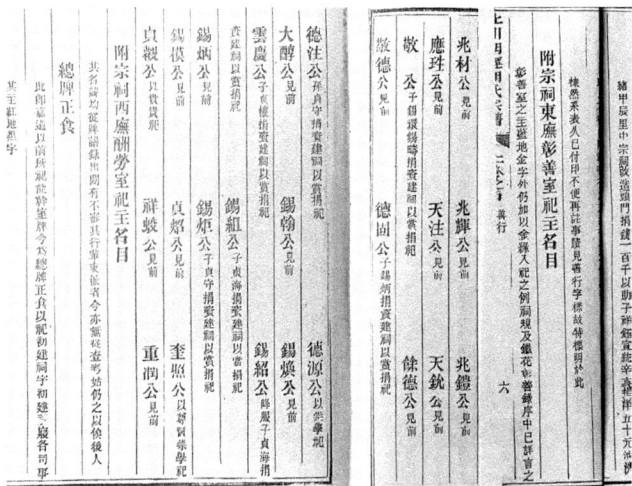

《宗祠东庑彰善室祀主名目》

（三）《徽墨志》第12页记载：同治八年（1869年），"老六房裔孙胡贞益（1829—1899年）与同乡旺川墨工曹文斋合资在芜湖业墨，以生产经营高档油烟墨而迅速致富。光绪五年（1879年），曹退股，贞益遂独立经营'胡开文沅记'"。

这里，首先是胡贞益的名字有误。据《上川明经胡氏宗谱》记载，应该为胡贞一。另外，此处采用的是全国政协文史资料中的《芜湖胡开文墨店调查》。该资料对于芜湖胡开文的店名及创办时间的说法，值得商榷，为此笔者曾经撰写了《芜湖胡开文是"源记"还是"沅记"？》一稿，先后发表在中国政协文史馆编《文史学刊》第三辑，安徽省政协机关报《江淮时报》2013年7月19日，安徽江南徽商研究院编辑出版的《徽派》杂志总第19期，黄山市社会科学界联合会和

中国政协文史馆编《文史学刊》
第三辑

中共黄山市委党校主办的《徽州社会科学》2013年第9期，绩溪县汪华故里徽学研究会和胡适研究会编的《绩溪徽学通讯》2013年总第18期上。下面就芜湖胡开文沅记的创始时间提出以下看法。

芜湖胡开文沅记究竟创设于何时？有两种说法：一种是清同治八年（1869年），另一种是清咸丰二年（1852年）。芜湖胡开文沅记创设于清同治八年（1869年）之说，是源自《芜湖胡开文墨店调查》的报告。报告中说："芜湖胡开文是在前清同治八年（1869年）创设的，创办人是胡天注的重孙胡源（沅）阶。"据笔者的了解，在《芜湖胡开文墨店调查》的写作过程中，当时的调查组调查访问了胡开文沅记老职工胡中孚和曹筱庄两人，他们当时仅凭传说和回忆推算出"胡开文沅记"的创办时间及与"胡开文沅记"历史有关的几个关键点的时间，没有任何文字和实物佐证。由于没有任何文字和实物佐证，可信度大打折扣。但是，由于《芜湖胡开文墨店调查》曾在全国政协《文史资料选辑》第23辑和1962年4月9日的《光明日报》上公开发表，因此对此后全国的胡开文和徽墨研究，影响很大。

几年前，笔者在胡天注的家乡绩溪上庄发现一块芜湖胡开文沅记民国元年（1912年）生产的"驻芜胡开文沅记六十年纪念墨"。该墨长10厘米，宽2.5厘米，厚1厘米，正面为"民国千秋 胡开文法造"，背面为万年青图案，两侧分别阳识题有"驻芜胡开文沅记六十年纪念墨"和"民国元年沅阶氏第三孙鑑臣制"。按照纪念墨提供的信息，民国元年（1912年）时，胡开文沅记已经创办60年了，由此推算，胡开文沅记的创办时间应该是由民国元年（1912年）上推60年的1852年即咸丰二年。题中的沅阶是芜湖胡开文沅记的创始人胡贞一（1829—1899年），名元，字沅阶，是胡开文创始人胡天注的六房胡懋德之孙，为胡开文墨业走出徽州的第一人。

《芜湖胡开文墨局》的广告

另外，最近笔者发现胡贞一在光绪元年（1875年）六月十八日的上海《申报》上曾经发布了一则广告，这则题为《芜湖胡开文墨局》的广告刊登了一周时间。广告内容如下："本号向在徽州开张百十余年，货真价实，天下闻名。老六房五世孙（应为四世孙）胡元阶（即胡贞一）按易水法制虔造进呈贡墨，士商赐顾者每因路道远隔不甚便捷。分店芜湖城内皖南总镇前，赐顾者请认本号招牌，庶不致误。——胡开文谨识。"从这则广告的内容来看，此时的胡开文沅记已经是由胡贞一独资经营了。如果按照《徽墨志》说，胡贞一独资经营胡开文沅记的开始时间是光绪五年（1879年）的话，这又怎么解释呢？这从另一个侧面也证明了芜湖胡开文沅记的创设时间不是同治八年（1869年），胡贞一开始独立经营胡开文沅记的时间也不是光绪五年（1879年）。

咸丰二年（1852年）以前，胡贞一在家乡绩溪上庄以胡开文款识制墨，后来就制墨，背墨包，沿旌德、泾县、南陵到芜湖，再过江到附近地区推销徽墨，多次往返，因此对芜湖及其周边的情况有所了解。咸丰二年（1852年），胡贞一和同乡徽墨技工曹文斋、程连水和程平均兄弟一起集资在芜湖古城内的南正街开设了胡开文沅记墨店。同治元年（1862年），此时太平军与清军在芜湖的争夺战即将结束，股东之间对今后的形势发展看法有分歧，最后只好拆股。胡开文沅记墨店由胡贞一独资经营，墨店也从南正街迁到西门附近的鱼市街。墨题中的鑑臣即胡文研，谱名胡洪昭（1887—1956年），是胡贞一子胡祥祉（1849—1909年）的三子。宣统元年（1909年）胡祥祉逝世后，芜湖的胡开文沅记由胡鑑臣继业。此胡鑑臣即是国学大师胡适在日记中称的"族兄鑑臣"和"湖畔诗人"汪静之在家书中称的"三舅鑑臣"。

以实物为证，因此可以确定芜湖胡开文沅记的创始时间应该是咸丰二年，即1852年。

（四）《徽墨志》第16页记载："芜湖'胡开文源记'，业主为胡恩森。"

此处店名有误，可能与前面提到的全国政协文史资料中的《芜湖胡开文墨店调查》有关。在芜湖胡开文的历史上，既有沅记，又有源记，不过沅记是总店，源记是分店。沅记在芜湖上长街井儿巷口，源记在芜湖中长街陡门巷口，源记在1937年12月日寇飞机轰炸芜湖长街时被炸毁，中华人民共和国成立时已不存在。笔者通过查阅芜湖市档案馆有关材料发现，芜湖市档案馆的20世纪50年代的胡开文资料中，之所以开始出现"沅"和"源"不分的现象，和当时的有些官方文件开始使用手工打字机打印文件材料有关，加之20世纪60年代初的芜湖市工商联的《芜湖胡开文墨店调查》的报告在全国主要的报刊上发表，因此使"沅"和"源"不分的影响扩大，以致出现了以"源"代"沅"的现象，变成芜湖胡开文总店是"源记"的"主次颠倒"情况。

笔者在芜湖市档案馆查阅20世纪50年代有关芜湖胡开文资料时发现，在所有手写的有关芜湖胡开文的资料中用的都是"沅记"，而在所有打印的资料中用的都是"源记"，这可能是因为当时的手工打字机的字盘备用字有限，"沅"字不是常用字，备用字盘中没有，故出现以"源"代"沅"

的现象，这也为后来的"沉记"和"源记"不分埋下伏笔。上报给上级领导机构的《芜湖胡开文墨店调查》都是打印稿，因此对芜湖胡开文的称呼也都是"胡开文源记"，这才发生所有公开发表的文章中芜湖胡开文都变成了"源记"。其实中华人民共和国成立以后的芜湖胡开文是"沉记"，业主为胡恩森的胡开文也应该是胡开文沉记。

打印资料中的"源记'"　　　　　　　手写资料中的'沉记'"

（五）《徽墨志》第16页记载："南京'胡开文利记'，业主为绩溪上庄余村汪智成。"

此话与事实不符。南京胡开文利记是芜湖胡开文沉记的分店，由芜湖胡开文沉记创始人胡贞一开设，业主一直是胡贞一的后代。其传承情况是胡贞一、胡祥祉、胡洪昭、胡恩涛、胡毓丰，只是在胡恩涛与汪静之一起离开绩溪，从事革命的地下工作，被国民党秘密杀害（此事《绩溪县志》有记载）后，南京的胡开文利记才由汪智成管事负责，但业主还是胡贞一的后代。1948年，胡恩涛之子胡毓丰开始接管南京胡开文利记的店务，直至1956年公私合营。公私合营后，胡开文利记并入南京市工艺美术服务部，业主胡毓丰任经理部副经理。

三、汪近圣的《鉴古斋墨薮》中有胡开文墨

　　汪近圣，清代制墨名家，号鉴古，徽州绩溪县尚田村人，原是曹素功墨店墨工。清康熙、雍正年间，汪近圣崛起，摆脱曹家羁绊，独自在徽州府城开设了一家鉴古斋墨店。其墨雕镂之工，装饰之巧，无不备美，与曹素功、汪节庵等齐名，一时购求之家咸以汪氏为最。有"今之近圣，即昔之廷珪"之誉。子惟高（兆瑞）能世其业，其曾孙天凤，曾以当时名墨辑为《鉴古斋墨薮》四卷。

汪氏《鉴古斋墨薮》

　　乾隆六年（1741年），清廷向徽州征召制墨教习，歙县县令赵本介绍汪近圣次子兆瑞前去应诏，在京城御书外教习制墨。汪兆瑞做了教习之后，鉴古斋墨品更高，名声更大。汪近圣的孙子炳宇、君蔚、穗岐，曾孙天凤均好制墨，曾将汪氏所制墨图辑为《鉴古斋墨薮》四卷刊行。每卷封面均注明编辑的时间"清乾隆十三年"。卷一首页为"汪氏鉴古斋墨薮总目，歙，汪近圣，子尔臧、惟高制，孙君蔚、炳宇、穗歧，曾孙天凤辑"，再则分别注明四卷的内容："卷一，睿亲王赞、赵青藜序、明晟序、乾隆朝贡墨；卷二，乾隆朝贡墨；卷三，嘉庆朝贡墨、王绶集文心雕龙赞；卷四，鉴古斋制墨；附录，诸家题赞。"其中卷一目录：御制重排石鼓文诗、御制四库文阁诗、御制仿古砚、御制淳化轩快雪堂记、御制四友图诗、御

制四灵图诗、御制咏墨诗、御制题画诗。卷二目录：御制花卉图诗、御题关槐洋菊诗、御制棉花图诗、御制西湖名胜图诗、进呈辋川图诗、附御用彩朱。卷三目录：御制铭园图墨：含经味道、兰室、三希堂、四美具、烟云舒卷、怡情书史、天然图画、飞云轩、芝兰室、碧琳馆、长春仙馆、玉玲珑馆、颐和书屋、补桐书屋、鉴古堂、攸芋斋、湛虚楼、古籁堂、同豫轩、蟠青室、渊映斋、蕉雨轩、□画轩、澹吟室、韵古堂、涵雅斋、韵藻楼、含碧堂、清辉阁、茹古堂、漱芳斋、漪兰堂、春藕斋、古□斋、慎俭德、玉壶冰、琴德簃、韵琴斋、翠云馆、古柯庭、阅古楼、镂月开云、含经堂、抒藻轩、翠微堂、鉴光楼、□芳书院、韵泉书屋、丰泽园、委宛藏、品诗堂、九洲清晏、墨池云、环碧楼、写妙石室、涵德书屋、天禄琳琅、水镜斋、丰乐轩、绮吟堂、韶景轩、延春阁、画禅室、交翠庭。卷四目录：黄山图、新安山水、乌玉丛珍、千秋光、龙光万载、龙翔凤舞、恩承湛露、天膏、触石云、麝香月、天门山、采石山、夫子璧、圭璧光、青麟髓、漱金、南宫池水、八仙、开天容、青云路、江畹香制、黄左田制。

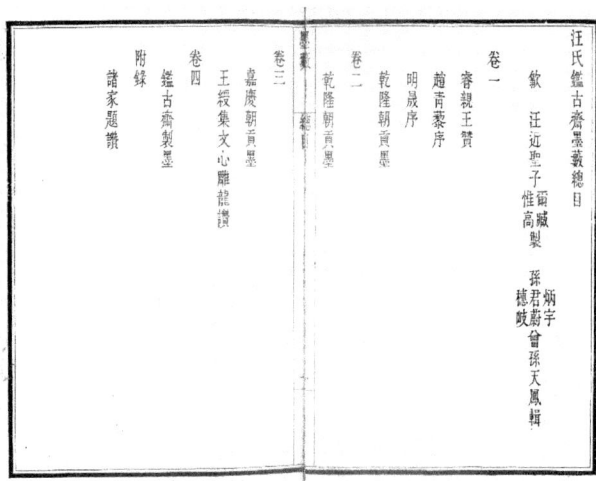

汪氏《鉴古斋墨薮》总目

对于以上《鉴古斋墨薮》中提到的墨，有人认为都是鉴古斋的墨。理由是：第一，每卷封面均注明编辑的时间是"清乾隆十三年"，"清乾隆十三年"时"胡开文墨店"还没有设立；第二，汪近圣家族怎么会为其他墨的名墨作宣传呢？

上面提到的理由是站不住脚的：

首先，从编辑的时间上来看，尽管每卷封面均注明编辑的时间是"清乾隆十三年"，但是成书的时间最早也只能是嘉庆年间，因为《鉴古斋墨薮》中的卷三是"嘉庆朝贡墨"，成书"乾隆十三年"的《鉴古斋墨薮》，不可能预知嘉庆朝的贡墨。至于《鉴古斋墨薮》的成书时间，我们可以从卷一首页"汪氏鉴古斋墨薮总目，歙，汪近圣，子尔臧、惟高制，孙君蔚、炳宇、穗歧，曾孙天凤辑"中提供的信息来分析。

据《歙县志》记载：汪近圣是绩溪人，初在曹素功墨店打工，后自己在府城开墨店，店名叫鉴古斋。乾隆辛酉岁（乾隆六年，即1741年），他的次子惟高应召进京，所制之墨很称皇上之意，由于这样，鉴古斋的名气就大起来了。惟高入都供奉内廷三载，始归。卷一首页就讲"汪氏鉴古斋墨薮总目，歙，汪近圣，子尔臧、惟高制，孙君蔚、炳宇、穗歧，曾孙天凤辑"。所谓之"辑"，就是聚集材料编书。何年编此书，是乾隆十三年（1748年），惟高进京奉内廷归来后的第五年。这时胡天注仅7岁，还要六七年后他才走上墨坛，难怪文人以为《鉴古斋墨薮》中所收集的墨谱不可能有天注制作的。然而，这本书是到汪近圣的曾孙手上才辑成，清时早婚，就按隔代差的年龄以15岁计算，编辑时间也达45年左右。清乾隆朝有60年，减去13年，应长达47年之久。这与四代的匡算，也基本符合。乾隆晚年，"鉴古斋"墨店由惟高子汪君蔚继承家业，至嘉庆、道光年间已由汪近圣四世孙汪天凤总管店事，由此看来《鉴古斋墨薮》编辑成书的时间，应该是汪天凤总管店事的嘉庆、道光年间。从编辑的内容来看，卷一、卷二的墨薮全是"乾隆朝贡墨"，而卷三整卷又都是"嘉庆朝贡墨"，"御制铭园图墨"六十四锭，即"御园图"的墨谱。"御园图"墨模，现存屯溪老胡开文墨厂，是胡天注费时数年于嘉庆年制成的墨模，墨模的边款还标有"嘉庆年制"字样。再从大小来看，《鉴古斋墨薮》中的墨谱是与原墨一样大。胡天注故里绩溪上庄的胡开文纪念馆，既收藏有"御园图"的墨，又藏有《鉴古斋墨薮》四卷全书。两者比较，"御园图"的墨与

《鉴古斋墨薮》的墨谱，在其造型、图景、大小、锭数都完全一样，而且，胡开文纪念馆里藏有的"御制棉花图诗"墨、"御制西湖名胜图诗"墨也都与《鉴古斋墨薮》卷二的墨谱造型、图景、大小、锭数一样。

其次，从卷一、卷二注目为"乾隆朝贡墨"，卷三注目为"嘉庆朝贡墨"，卷四注目为"鉴古斋制墨"来分析，可以认定：《鉴古斋墨薮》前三卷，辑的是乾隆、嘉庆两个朝代的贡墨，并未注明其墨制作的店号，也就是说所辑的都是贡墨，不一定是汪近圣鉴古斋所制的，理由是在总目的卷四有注明为"鉴古斋制墨"字样。而在卷四里的目录看，自"千秋光"以后的墨谱有"徽城汪近圣监制"的字样外，在其前"黄山图""新安大好山水"等墨谱，却未注明汪近圣监制的字样。并且在卷四里还辑有"江畹香制"、"黄左田制"、"采石山图"金尊溪制、"天门山图"木斋姚㭲制，这四锭也都不是汪近圣鉴古斋所制。

从以上分析来看，汪近圣祖孙四代编辑的贡墨谱，不是其鉴古斋独家所制的墨谱，而是乾、嘉两朝，各家墨店生产的最佳贡墨的墨谱。如果《鉴古斋墨薮》所载之墨都是汪近圣鉴古斋所制，那么在总目的卷四上就没有必要特别标明"鉴古斋制墨"了。这完全可以反证，《鉴古斋墨薮》所载之墨不全部是汪近圣墨店所制。其中的"御制棉花图诗"墨（十六锭）、"御制铭园图墨"（六十四锭）、"黄山图诗"墨（三十六锭）等，明显属胡开文墨店所制造，可以说业墨者众口皆碑，无人不晓，是胡开文墨店集锦墨的代表作。尤其是"御制铭园图墨"（又名"御园图墨"）（六十四锭一百二十八面），传说，是胡天注"当年不惜耗费巨资，遣专人至京，打入大内，千方百计取得蓝图，延请名墨模家镌刻，费时数年，才告完成"。

这里还需说明的是，在清代的辑集出版物中，选取他人的有价值的材料纳入其中也并不少见。比如，黄钺（1750—1841），字左田，又名左君，乾隆五十五年（1790年）中进士，授户部主事，嘉庆九年（1804年）由主事提升为"赞善，入直南书房"，出任湖北、山东、顺天等乡试主考官。后兼山西、山东学政。嘉庆二十四年（1819年）升礼部尚书，加封太子少保衔。嘉庆皇帝驾崩，道光帝命他任军机大臣，不久调任户部尚书。道光三年（1823年），"赐宴玉澜堂"，并给功臣绘像，以彰忠义，黄钺是十五位老臣之一。当其70岁、80岁、90岁生日时，道光亲书福寿匾联赠寿福如意等。黄钺著有《壹斋集》四十卷，其中就有《萧汤二老遗诗合编》一卷、《画品》一卷。萧即为姑孰画派创始人萧云从，汤即遗民诗人汤燕生，萧、汤二人朝夕相处，诗文唱和，黄钺辑二人诗为《萧汤二老遗诗合编》，选入其著的《壹斋集》中。

黄钺《壹斋集》

至于"汪近圣家族为其他墨店名墨作宣传"的说法也是站不住脚的。《鉴古斋墨薮》在卷四用"鉴古斋制墨、附录诸家题赞"专门介绍鉴古斋制墨外，只提到不太有名的"江晚香""黄左田""金尊溪""木斋姚林"等制墨家，根本就没有提到其他有名的墨家，更何况已是汪近圣墨店主要竞争对手的胡开文墨店。只是当时的辑集出版物为了提高其价值，往往不问其作者是谁，择其优而取之。

第四节　几块有纪念意义的胡开文名墨

一、"地球墨"与世博会

2009年，上海世博会宣传推介的《走进世博会——世博会知识150问》里，有一个关于"地球墨"的问题："在世博会上获得金奖的'地球墨'何以得名？"

问题中的"地球墨"，是在民国初年安徽徽州休城胡开文第六代店主胡洪椿（1893—1961年）手中生产的。宣统二年（1910年），18岁的胡洪椿接手请人代管理的休城胡开文，以年轻人对外来事物强烈的吸收能力创制了"地球墨",并获得在南京举行的南洋劝业会的优等奖状。民国四年（1915年）正值胡开文墨业创业150周年，胡洪椿聘请著名墨模雕刻师刘体泉，高级墨工曹观录参照民国初年出版的世界两半球图及当时的地球仪，仿制成后来参展于美国旧金山巴拿马万国博览会的"地球墨"。该墨是油烟墨，通体饰金，呈厚厚的扁圆状，中部略凸，厚约1.3厘米，边缘略薄，厚度仅1厘米，稳重厚实又不失圆形球状。该墨的重量是365克，直径12.2厘米。由于该墨其形似地球，并按当时的世界两半球图及地球仪设计，故曰"地球墨"。墨的款式设计大胆，别具一格，造型构思新颖是收藏的佳品。令人叹止的是由于墨模艺人的匠心独具和高超技艺，致使平面上的地球图形具有极强的球面透视性。

"地球墨"的两面分别是东半球和西半球图，墨面绘有清晰的经线和纬线，并标有"亚细亚"（亚洲）、"欧罗巴"（欧洲）、"亚非利加"（非洲）、"亚美利加"（北美洲）、"南亚美利加"（南美洲）、"大洋洲"等六大洲（没有南极洲）以及太平洋、大西洋、印度洋、北冰洋、南冰洋（标在南极洲附近）等五大洋以及一些知名国家的国名，如英吉利（英国）、法兰西（法国）、西班牙、意大利、德意志（德国）、俄罗斯、印度、日本、朝鲜、安南（越南）以及北美合众国（美国）、英领加拿大等国。"地球墨"上还标注了地球仪上所应有的一切标识，如经、纬线的度数和南、北极等。

民国四年（1915年），"地球墨"被选为中国的参展作品，在美国旧金山举办的巴拿马万国博览会上展出，并荣获金奖，为中国人争得了荣誉。这枚"地球墨"代表着中国制墨史上崭新的一页，也是见证中国走向世界以及与世博会渊源关系的珍贵文物。1986年，应日本泛亚细亚文化中心之邀，安徽省博物馆在日本举办中国胡开文古墨展。"地球墨"随之东渡日本展出，引起了日本友人的注意和兴趣，被誉为真正的中国瑰宝。

二、一块徽墨，一段国史

屯镇老胡开文，在光绪年间生产了一块承载了中国历史的"铜柱"墨，这块"铜柱"墨与国家的命运有着紧密的联系。上海的广户氏老胡开文，后来也翻制了这款"铜柱"墨。

清朝末年，沙皇俄国侵占了我国大片的领土，并在光绪年间迫使清政府勘界，以便使其侵占的土地"合法"化。清政府派都察院左副都御史吴大澂和珲春副都统依克唐阿会勘中俄边界。当时胡适的父亲胡传（1841—1895年），原名守珊，字铁花，号钝夫，正在东北作吴大澂的幕僚。胡传24岁进学中了秀才，28岁进上海龙门书院，学习理学、经学、史学及天文、地理等知识，学会了绘制山川地图的技术。在东北期间，他还考察过东北地理，对中俄边境特别是军事要地作过实地考察，了解中俄边境的地理形势。

光绪十年（1884年），胡传被派往珲春，会同沙皇俄国的官吏廊米萨尔，勘定黑顶子等地边界。由于胡传了解中俄边境的地理形势，他在会晤沙皇俄国代表时据理力争，并亲自与俄方人员共同实地勘定珲春黑顶子等地边界，有力地遏制了当时沙皇俄国的侵略野心。在黑顶子边界上，历史上曾经出现过沙皇俄国趁黑夜偷偷将界碑刨出，用马向中国境内驮的移碑现象，当地百姓称之为"马驮碑"。鉴于以往出现过"马驮碑"的教训，吴大澂决定将界碑铸成"定海神针"式的巨型铜界碑，上面铸上铭文强调"疆域有志国有维，此柱可立不可移"。为了纪念这一大事，吴大澂就命胡传回家乡请胡开文墨店依照铜柱碑的原型缩小制成一批"铜柱"墨，传布世间。此墨赤金皮，凹铸小篆四行，小篆文字俱石绿色。文字内容是"光绪十二年四月，都察院左副都御史吴大澂，珲春副都统依克唐阿奉命会勘中俄边界。既竣事，立此铜柱。铭曰'疆域有志国有维，此柱可立不可移'"，皆吴大澂的手笔。现在边界上的铜柱已不存在。据说八国联军入侵北京后，北边失守，沙皇俄国遂将铜柱劫走，存于伯力（今哈巴罗夫斯克）博物馆。不过，现在"铜柱"墨仍然存世，它将永远记载着这段令人难忘的国史，也表达了中国人民捍卫祖国领土完整的决心。

关于胡开文的"铜柱"墨，民间流传着这样一个故事：一个早春的黄昏，沙皇俄国的马队踏着皑皑白雪，呐喊着冲向中俄边境的高地，挡在他们面前的是一根顶天立地的铜柱，上面刻着"疆域有志国有维，此柱可立不可移"。那是光绪十二年（1886年）竖立的，它标志着中国领土的神圣。但是，丧心病狂的侵略者却熟视无睹，挥着马刀一路杀了过来。紧跟其后的是潮水般的沙皇俄国的步兵。顷刻之间，铜柱被毁，边界上血流成河。

对于沙皇俄国的暴行，清政府提出严正抗议，但在谈判桌上，俄国人却说那是他们的领土，根本没见到什么铜柱铁柱。就在这时，屏风后传来一声怒吼："中国人还没死绝呢！"只见几个清朝官员抬着一个大木箱走了上来，打开一看，里面装着上百锭胡开文墨业制的墨锭，每根墨锭都是按铜柱的式样做的，上面都刻着"疆域有志国有维，此柱可立不可移"等字样。这显然是在立柱时同时制造的墨锭，沙皇俄国的谈判代表见了目瞪口呆，无话可说。当时铜柱虽毁但"铜柱"墨依在，用墨作证，揭示了侵略者的行径，大长了中国人的志气。现在，"铜柱"墨成了沙皇俄国侵略我国的历史见证。

三、纪念辛亥革命的胡开文墨

辛亥革命是中国近代史上一次伟大的资产阶级民主革命。这次革命结束了中国长达两千多年的封建君主专制制度，对于推动社会的进步发挥了巨大的作用，深深地影响了当时社会文化的各个方面。为了纪念辛亥革命和中华民国的建立，当时的官方机构曾制作过一些纪念品。如开国纪念币、共和邮票等。在民间，徽州的胡开文墨业也顺应潮流，以辛亥革命和中华民国成立以及实现共和为题材制作了一些纪念墨，供应市场，宣传民主共和。直到一个世纪后的今天，仍然有着深远的教育意义。

辛亥革命时期胡开文墨业曾制有辛亥革命"纪念墨""宝藏墨"和

"民国千秋"墨，分别由休城胡开文和胡开文沅记生产。

（一）辛亥革命"纪念墨"

辛亥革命"纪念墨"，为长方形大锭，墨长22厘米，宽6.8厘米，厚2.2厘米。墨的正面刻有象征辛亥革命成功的五色旗，为中华民国初期的国旗。旗面为红、黄、蓝、白、黑五种颜色，以顺中国文化用五数的习惯，横长方条，五色代表汉、满、蒙、回、藏五个民族，寓意五族联合成大共和国之至德。墨中直题"纪念墨"三字，隶书阴识，下刻一首四言藏头诗："胡越一家，开我民国；文德武功，造此幸福。"这种藏头诗是诗歌中一种特殊形式的诗体，它以每句诗的头一个字嵌入要表达的内容中的一个字。每句诗的第一个字连起来读，可以传达作者的某种特有的思想。上面的这首藏头诗就巧妙地藏寓了此墨为"胡开文造"的信息。辛亥革命"纪念墨"的背面是革命军在丽日之下升旗的威武场面。墨的两侧文字分别是"中华民国元年"与"徽州休城胡开文按易水法制"，均楷书阳识。

（二）"宝藏墨"

"宝藏墨"即"宝而藏之"墨，语出清万寿祺（1603—1652，清代画家）的《墨表》，有劝世人惜墨之意，是辛亥革命"纪念墨"的姐妹墨。该墨为长方形大锭，长22厘米，宽6.8厘米，厚2.2厘米。墨的正面上方为交叉的五色旗和十八星旗，旗的上面刻金花一朵，下面有刷金旗穗，旗的上下左右四角刻刷金四朵云花图案，下饰花纹。十八星旗又称铁血旗、铁血十八星旗，其样式为：长方形，红底，中间一大九角星，九角星的边线交点上点缀十八个黄色小圆。此旗原为共进会会旗，共进会是由部分同盟会会员和会党领袖为推进长江流域革命于光绪三十三年（1907年）在日本成立，宣统元年（1909年）在武昌设立总部，是发动武昌起义的主要革命团体。该旗的具体含义是"红底、黑心、轮角，外加十八黄星，表示黄帝子孙十八省人民铁血主义精神"。墨中直题"宝藏墨"三字，隶书阴识，两旁各有三面外国旗帜，其中右侧为英国、法国、日本国旗，左侧为美国及德国和奥地利的国旗（德、奥两国的国旗都是横三条旗，但每条的颜色搭配不同），反映了孙中山先生所提倡的"世界大同"的理想。下饰花纹。该墨的背面上饰花纹，中框内铭"中华民国共和纪念"八字，阴识填金；中间二椭圆框内刻有当时的两位正副临时总统的半身头像，一位是临时大总统孙中山，另一位是临时副总统黎元洪（有人认为是袁世凯和黎元洪）。人物头像下花卉衬托，再下为藏头诗："胡越一家，开我民国，文德武功，造此幸福。"隶书阴识填金。墨的两侧分别为"休城胡开文制"和"民国元年制"，均楷书阳识。

关于"宝藏墨"背面的人物头像究竟是谁，笔者对照了孙中山、袁世凯和黎元洪的照片，都不像，很难确定是谁。因为人的脸部是一个复杂的形体，人物脸部的千差万别在于眉、眼、鼻、耳的长和宽以及厚度的位置和比例，由于"宝藏墨"上的人头像太小，眉、眼、鼻、耳的长和宽以及厚度的位置和比例很难掌握，因此人物头像不像也在情理之中。不过笔者认为墨中的人头像应该是孙中山和黎元洪。首先，这是因为从人物头像所在的"宝藏墨"背面的人物头像下面的四言藏头诗来看，诗中有"开我民国"之句，开我民国的是孙中山，袁世凯只是后来窃取了辛亥革命的成果。其次，再从人物头像上面的中框内铭"中华民国共和纪念"八字来看，此墨纪念的是共和制。孙中山主张的是"共和制"，即国家权力机关和国家元首由选举产生的国家政权组织形式；袁世凯主张的则是君主制，以君主（国王、皇帝等）为国家元首的政权组织形式，其含义是由个人掌握国家最高权力的统治形式。袁世凯不但反对共和制，后来还废除了中华民国的共和制国家政权的组织形式，改为中华帝国的君主制国家政权的组织形式，当了八十三天短命的洪宪皇帝。另外，再从中华民国总统的任职顺序来看，中华民国的第一任临时总统和副总统是孙中山和黎元洪，孙中山被称为"国父"。孙中山"倡导革命，首创中华民国，更新政体，永奠邦基"。美国的乔治·华盛顿血战七年，赢得美国独立，被美国民众尊为国父，在美国开国的纪念品中，多选择第一任总统乔治·华盛顿的肖像。由此看来，纪念中华民国共和的"宝藏墨"中的人物头像只能是中华民国的第一任总统孙中山，而不可能是第二任总统，中华帝

220

国的洪宪皇帝袁世凯。

（三）期盼千秋永存的"民国千秋"墨

"民国千秋"墨，墨模为胡国宾之长子胡松涛所刻，一套4锭，长10厘米，宽2.5厘米，厚1厘米，正面为"民国千秋　胡开文法造"，背面为盆栽万年青图案。万年青为多年生常绿草本植物，春季开花。它是民间应用得比较广泛的吉祥物，每逢喜事节日，必供万年青于案头，以图瑞祥。历代常作为富有、吉祥、太平、长寿的象征，深为人们喜爱。清《花镜》中记有"以其盛衰占休咎，造屋移居，行聘治塘，小儿初生，一切喜事无不用之"。"民国千秋"墨的两侧文字分别是"驻芜胡开文沅记六十年纪念墨"和"民国元年沅阶氏第三孙鑑臣制"，均楷书阳识。胡开文沅记是胡开文创始人胡天注的六房胡懋德孙胡贞一（号沅阶）于咸丰二年（1852年）创设于安徽芜湖。辛亥革命以前，由于两千多年的封建帝制的束缚，中国社会长期停滞不前，给广大人民带来深重的灾难。辛亥革命结束了君主专制制度，民国的建立使人们的思想从封建的枷锁中解放出来，顿生"天地昭苏，日月重光"之感。"民国千秋"墨反映出当时民众希望民国千秋永存的愿望，不过后来却被袁世凯窃取了辛亥革命的成果，资产阶级的民主革命失败。

关于胡开文的辛亥革命"纪念墨"，著名画家李苦禅先生有一精辟风趣的评价。据李苦禅先生之子李燕在《苦禅老人的收藏和收藏观》中说，李苦禅先生所珍爱的藏品中有两锭辛亥革命"纪念墨"。一锭是只包金皮而未及上色的半成品，另一锭已填色成品，下方少许磨掉一些，但未伤及诗字。李苦禅先生在评价该墨时说，墨多是讲究"古"与"名"，区区民国年的墨是难以"入品"的。但是他却很看重这两锭在偶然之机用十元钱买来的民国元年的纪念墨，认为："此墨不可仅当墨来对待，它是了结封建历史的一场大革命的纪念物，可惜这场革命好景不长，又是军阀混战，又是走马灯总统，照旧鸡犬不宁民不聊生……这革命跟这两块墨似的，半拉子货呀！等不及上色就纪念完啦！"

四、两块极具史料价值的胡开文墨

胡开文创始人胡天注的后裔中有四支经营胡开文墨业，他们是二房（休城胡开文）、七房（屯溪胡开文）、六房（胡开文沅记）和八房（广户氏老胡开文）。笔者曾经见过两块极具史料价值的胡开文墨，一块是"休城胡开文老店一百五十年纪念墨"，另一块是"驻芜胡开文沅记六十年纪念墨"，并有两块墨的照片留存。上述两块胡开文墨的发现，给休城老胡开文墨店和芜湖胡开文沅记创设时间的确定提供了强有力的证据。

前面提到的"休城老胡开文一百五十年纪念墨"，为休城老胡开文的设立提供了较准确的时间。该墨的面题是"休城胡开文老店一百五十年纪念墨"，背面题"诗篇删定犹逾倍，易数推求竟得三"，一侧为"徽州老胡开文制"，另一侧为"民国四年制"。这里的"徽州老胡开文"，即"休城胡开文墨店"；这里的"民国四年"，即为1915年。由1915年上推150年，就是乾隆三十年（1765年）。

关于芜湖胡开文沅记的创设时间，在以前有关芜湖胡开文沅记的文字资料中，胡开文沅记的创设时间都是同治八年（1869年）。

同治八年（1869年）这个时间点的由来，是源自20世纪60年代初，芜湖市工商业联合会（芜湖市工商联）的《芜湖胡开文墨店的历史调查》，该调查先后刊登于全国政协的《文史资料选辑》和《光明日报》。据了解，当时调查组访问的对象是胡开文沅记的老职工胡中孚和曹筱庄，他们当时仅凭传说推算出胡开文沅记的创办时间及与胡开文沅记历史有关的几个关键点的时间。现在由于"驻芜胡开文沅记六十年纪念墨"的发现，笔者认为有关胡开文沅记的创设等时间点应该修正。"驻芜胡开文沅记六十年纪念墨"，长10厘米，宽2.5厘米，厚1厘米，正面为"民国千秋 胡开文法造"，背面为图案，两侧分别阳识题有"驻芜胡开文沅记六十年纪念墨"和"民国元年沅阶氏第三孙鑑臣制"。

按照该纪念墨提供的信息，民国元年（1912年）时，胡开文沅记已经创办60年了。由此推算，胡开文沅记的创办时间应该是由民国元年（1912年）上推60年的1852年，即咸丰二年。

《光明日报》发表的《芜湖胡开文墨店的历史调查》

第五章　胡开文与名人和传说

第一节　胡开文与名人

一、胡锦涛同志代求沈鹏墨宝

　　1993年，胡天注长房八世孙胡云在家乡绩溪上庄的胡天注长房老屋筹办胡开文纪念馆，当年11月23日上庄镇人民政府印发上政字〔1993〕第46号文件《关于开设上庄胡开文纪念馆报告》，明确提出"整个筹备工作由天注公长房八世孙胡云先生负责"。1994年5月6日，绩溪县文化局印发绩文政字〔1994〕第17号文件《关于同意开办胡开文纪念馆的批复》。当年8月28日，胡云遵照县文化局的批复文件，开始在绩溪上庄的胡天注长房老屋筹办胡开文纪念馆。

　　在筹备的过程中，遇到不少意想不到的困难，其中就有纪念馆头门匾额上的纪念馆名的题字。经过一年的筹划，同步谋求头门匾额的赠送单位与书法家题馆名。匾额落实由民盟黄山市委员会出资制作。纪念馆名的题字，却颇受一番周折。起先得悉中国科技大学为杨振宁塑立铜像，并且邀请其夫妇出席揭幕典礼。为此胡云托黄山高等院校旅行社张郑女士带宣纸面求杨振宁教授题书馆名。杨振宁教授谦虚地说，他在国外多写英文，汉字写不好。在张女士的再三请求下，杨振宁试笔连书三张，由纪念馆选用，后制成匾额挂在纪念馆内。

　　杨振宁教授的题字挂在纪念馆后，上庄有人提出杨振宁教授是自然科学大家，而胡开文是徽墨大家，徽墨是文房四宝，属社会科学范畴，胡开文纪念馆的馆名题字最好由书法家题字。加之上庄的另一处纪念馆胡适故居的题字是由沙孟海先生书写，胡开文纪念馆的题字最好也由沙孟海先生题字。可惜沙孟海先生已在1992年去世，胡云考虑请中国书法家协会主席沈鹏先生题字。但是怎么求字，胡云动了一番脑筋。最后决定将给沈鹏先生的信，转寄给胡锦涛同志，请胡锦涛同志念在故乡文化事业之情，在百忙中代为转求墨宝。没有想到的是，信发出未到半个月，沈鹏先生就书成钤印挂号邮寄上庄，并嘱"收到后即覆，以便回报"。胡云收到信后，真是喜出望外，立即邮寄馆制纪念墨，分别向胡锦涛同志和沈鹏先生致以谢意。

二、胡适家族和胡开文家族

　　胡适是著名的国学大师，新文化运动的先驱。胡开文是徽墨的著名品牌，徽墨业的后起之秀，现在成了徽墨的代表品牌。胡开文出名比胡适早，胡适在还未出名时，这样介绍自己："我是上庄人，胡开文家乡的人。我与胡开文同宗同祖，但不是一个分厅。"

　　胡适的家族和胡开文的家族关系密切，他们同宗共祖，祖籍是安徽省绩溪县上庄村，上庄亦名上川。据《上川明经胡氏宗谱》记载，现居住于上庄村的胡氏宗族，始祖不姓胡，而是姓李，是唐朝昭宗皇帝李晔的小儿子，唐朝末代皇帝李柷的弟弟。胡适家族在胡适的高祖父时，曾经在上海的川沙开设了一家万和茶铺，到其祖父主持茶铺期间，为了防止其他人再在川沙开设茶铺与之竞争，又在川沙北街开设嘉茂茶号，垄断了该镇的茶业。以后其祖父"十余年间，竭力经理，外偿积欠，内给一家衣食婚娶之费，复扩而充之"。又在上海开设了宝山高桥茂春茶号、大东门茂春茶号、大东门内渔行桥头茂春西号、城外王家嘴角茂春茶号，最盛时有四处茶号同时经营。这十余年间，正逢战乱，其祖父在艰难竭蹶之中，不断创业。但是这些茶号旋设旋毁于兵燹，最短的只有四年。到其同治十二年（1873年）逝世时，只剩下上海和川沙两处茶号。

胡开文是徽墨的品牌，胡开文的创始人胡天注原先在屯溪租开采章墨店，乾隆三十年（1765年）承顶下休宁的汪启茂墨室，并将此店更名为胡开文墨店，随后又在屯溪开设分店。胡开文家族自创始人胡天注以后，分为休宁和绩溪两支后裔。从现有的资料来看，胡适的祖父和父亲主要是和胡天注的休宁、屯溪一支后裔交往密切，而胡适本人则主要是和胡天注的绩溪一支后裔经常往来。

胡适的祖父胡贞琦，名奎熙，字世恩，号律均。生前请胡开文按照自己的意愿情趣订制了题名"兰花墨"的自制墨。胡适家族对兰花有一种特殊的感情，故居室内的装饰都是以兰花为主体的图案。我们从胡适写的台湾校园歌曲《希望》："我从山中来，带着兰花草。种在小园中，希望花开早。一日看三回，看得花时过。急坏看花人，苞也无一个。眼见秋天到，移兰入暖房。朝朝频顾惜，夜夜不能忘。但愿花开早，能将宿愿偿。满庭花簇簇，开得许多香。"中不难看出胡适对兰花也有着一片赤热之情。这种诚挚的情感，与其家族对兰花的特殊感情不无关系。胡适祖父订制的"兰花墨"，该墨既有集书画、竹刻、造型基本为一体的外观，又有百年如石、一点如漆、宜书宜画的文化内涵，因而备受青睐。"兰花墨"藏于北京市文物研究所。中国美术协会副主席、著名书画家叶浅予先生曾发表文章，文中提到林彪曾经向该所借胡开文制的"兰花墨"。

胡适的父亲胡传（1841—1895年），原名守珊，字铁花，号钝夫。据史料记载，胡传一生做了三件大事。前半生在家乡建宗祠、修宗谱，后半生离开家乡，先在东北作吴大澂的幕僚，参与中俄勘界等各项军机，后在台湾任台东直隶州知州，直至甲午之战中国战败，屈悔割台，胡传成为"东亚第一个民主国的第一个牺牲者"（胡适《四十自述·九年家乡教育》语）。胡传24岁进学中了秀才，28岁进上海龙门书院，学习理学、经学、史学及天文、地理等知识，学会了绘制山川地图的技术。同治十二年

（1873年）胡适的祖父胡奎熙在沪逝世，胡传扶柩返乡守孝。由于太平天国运动，给绩溪地方社会带来不宁，时疫发生，胡传在极度困顿中，坚持建宗祠、修族谱，做了一件本族极为重视的大事。胡氏聚居的上庄早已建有宗祠，道光庚子（1840年）冬，重建的宗祠落成。21年后新祠毁于战火。胡传在《钝夫年谱》中说：当时"吾族宗祠颇宏敞，有寝有房，有堂有廊，前为大门，凡三层"。鸦片战争前，上庄是6000人聚居的大村庄，经商者多，家给人足，但也是经过10年时间才造起这座新宗祠。太平天国战争以后，上庄只剩下十分之二的人口，且创痍未复，室如悬磬，要在一片废墟中把宗祠再修建起来，谈何容易。胡传是重建宗祠的主持人，为了筹款建祠，他多次到上海、屯溪、休宁等地劝捐收捐。因为在外经商的族人捐款占祠堂建设总经费的绝大部分，而捐款的重要来源之一是从上庄迁往屯溪、休宁的胡氏族人。胡传在《钝夫年谱》中说："馥庭（行名贞观，休城胡开文墨店店主）族叔登咸丰辛亥恩科乡榜，现官刑部□□□贵州司行走。……亲属强盛，又饶于财，故阖族倚重焉。"胡适在《钝夫年谱》"按"中指出："这一支即胡开文墨店创办人的后代，他们在休宁县起家，故后代多住在休宁、屯溪一带。"

绩溪上庄胡传墓

　　光绪七年（1881年），胡传终于走出大山。他在得到族伯胡嘉言的资助下，来到京城，在族兄胡宝铎的鼎力相助下，使他步入仕途。胡宝铎时任军机章京，总理各国事务衙门行走，官至三品。他为胡传修书给他的同年同榜进士、钦差大臣吴大澂。光绪十年（1884年），胡传被派往珲春，会同沙俄官吏廊米萨尔，勘定黑顶子边界。由于胡传在吴大澂麾下曾考察过东北地理，对中俄边境特别是军事要地作过实地考察。他在会同沙俄代表时据理力争，有力地遏制了当时沙俄的侵略野心。黑顶子边界上，历史上曾出现过沙俄趁黑夜偷偷将界碑刨出，用马向中国境内驮的移碑现象，当地百姓称之为"马驮碑"。鉴于以往"马驮碑"的教训，吴大澂决定将界碑铸成"定海神针"式的巨型铜界碑，上面铸上铭文强调"疆域有志国有维，此柱可立不可移"。为了纪念这一大事，吴大澂就命胡传回家乡请胡开文墨店依照铜柱碑的原型缩小制成一批"铜柱"墨，传布世间。此墨赤金皮，凹铸小篆四行，小篆文字俱石绿色。文字内容是"光绪十二年四月，都察院左副都御史吴大澂，珲春副都统依克唐阿奉命会勘中俄边界。竣事，立此铜柱。铭曰'疆域有志国有维，此柱可立不可移'"。现在边界上的铜柱已不存在，据说八国联军入侵北京后，北边失守，沙俄遂将铜柱劫走，存于伯力（今哈巴罗夫斯克）博物馆。但"铜柱"墨却仍然记载着中国人民捍卫祖国领土完整的决心。著名画家李苦禅之子李燕在其写的《苦禅老人的收藏和收藏观》一文中，曾提到李苦禅所珍爱的藏品中就有一件"铜柱"墨。并说先父"他十分珍视之，并不时地取出来给我们子女看，说：'别忘国耻啊！'"吴大澂还为《上川明经胡氏宗谱》中的"明经胡"始祖胡昌翼和始迁绩溪祖胡延政的画像拜题《后唐明经胡昌翼公像赞》和《唐中王胡延政公像赞》。

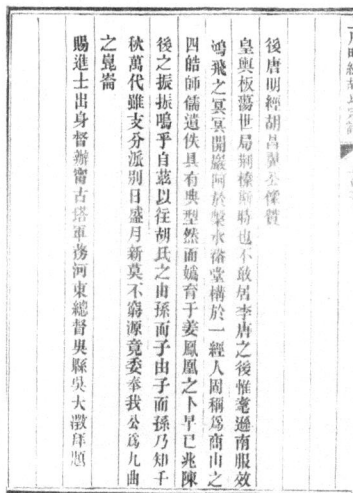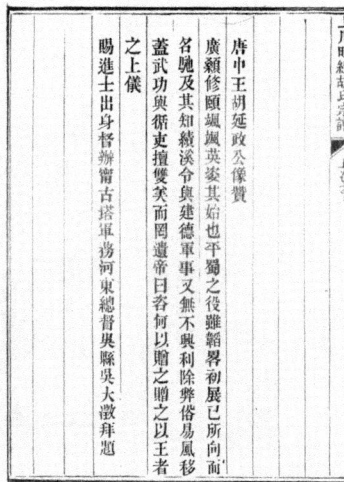

吴大澂题胡昌翼像赞　　　　吴大澂题胡延政像赞

胡适和绩溪一支胡开文后裔的往来主要是在胡适离开家乡以后。

芜湖胡开文沅记的店主胡文妍（洪昭，1887—1956年）和胡适（洪骍，1891—1962年）同辈。

胡适像

胡适离开家乡以后，给在家乡的母亲汇款都是通过芜湖胡开文沅记转汇。仅在《胡适家书》中就有民国七年（1918年）三月二十七日"又收到芜湖胡开文来信说，所寄现洋六十元已托人带回家了"，五月十一日"今日托芜湖胡开文寄上现洋三十元，暂时应用，随时筹寄"，六月二十六日"今日由开文汇上六十元，到日望写信告知"三次给母亲的信中，都谈起托芜湖胡开文沅记汇家款之事。民国七年（1918）年九月一日"今日由芜湖汇上三十元，暂应家中急用"，九月十日"昨日收到芜湖开文来信，知所寄的三十元已收到，不知此款已到家吗？"又两次提到通过芜湖胡开文沅记汇家款之事。

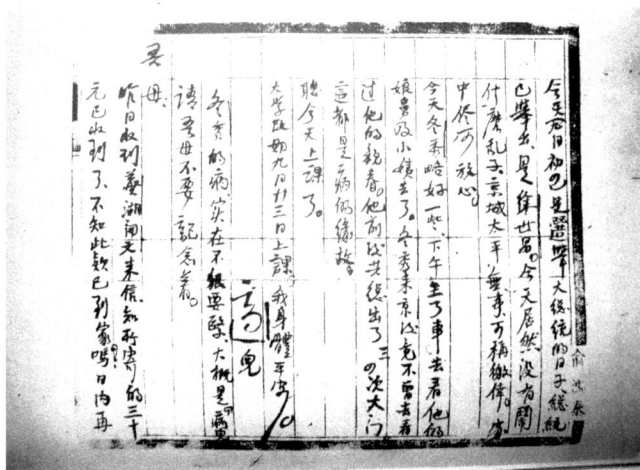

胡适家书中的胡开文

胡适离开家乡以后，曾四次返乡。光绪三十三年（1907年），胡适因病回绩溪乡居，与母亲欢聚两个多月。民国六年（1917年）七月，胡适通过哥伦比亚大学哲学博士学位的最后考试，离美返国后，经沪坐轮到芜湖转抵绩溪家中，八月二十四日到旌德县的江村探望未婚妻江冬秀，未见面。九月十日，到北京，任北京大学教授。同年十二月胡适又回绩溪上庄与江冬秀以新式文明仪式结婚。民国七年（1918年）十一月，胡适母亲冯氏病逝，胡适与江冬秀回乡奔丧。胡适回家乡绩溪上庄，芜湖是必经之地。胡适回乡路过芜湖时，都投宿在芜湖胡开文沅记墨店。据北京生活·读书·新知三联书店出版的《胡适研究丛录》中的《胡适二三事》一文的作者汪菊农回忆，他在芜湖胡开文沅记曾见到过投宿在该店的胡适。

民国二十六年（1937年）一月二十三日，胡适还在日记中记载了芜湖胡开文沅记店主胡文妍到北京拜会胡适的情况："族兄鉴臣（胡文妍）来谈家乡的匪患，我对他说，买枪练勇都不易做到。不如多装电话，多买脚踏车，从交通上入手。"民国三十六年（1947年），胡文妍六十大寿，胡适题送条幅"这样的神仙世界，多活几年好"，此条幅一直悬挂在芜湖胡开文沅记墨店的胡文妍卧室内。中华人民共和国成立初期，全国开展对胡适思想批判的运动，此条幅被烧毁。1948年，胡适去南京参加国民党政府的

"国大"会议，胡文研在芜湖胡开文沉记位于南京的分店胡开文利记设宴招待胡适，由胡文研的儿媳妇掌勺，烧的是胡适爱吃的绩溪岭北的家乡菜一品锅，陪同胡适赴宴的还有当时国民党政府的教育部部长朱家骅和清华大学校长梅贻琦。

胡适离开家乡以后，主要生活在上海、北京，他和上海、北京的胡开文墨店交往较多。上海的胡开文是广户氏老胡开文，店主是胡祥钧和胡祥莹及其侄胡洪开，胡适在上海期间经常去此店。胡适离开家乡以后，对家乡情况的了解，除了来自于家书以外，还有相当一部分消息是来自于与同乡族人的来往。因为广户氏老胡开文是外出上海的家乡人的落脚点，因此也带来了大量的家乡消息。仅在胡适家书里就有两件家乡事中提到了上海广户氏老胡开文的店主胡祥钧和胡祥莹。宣统元年（1909年）十月二十八日，胡适在给族叔胡近仁的信中说："侄前此闻烧灰（胡祥莹的乳名）叔道及老叔现方赴皖考优，侄已知老叔此行必将有后悔。盖优拔一举，为停科举后第一条生路，捷足者、强有力者早已钻营奔走，岂复尚有余润及于公等乎？"民国十七年（1928年）四月一日，胡适在给其妻江冬秀的信中说："今天去看祥钧叔，他也说，听见人说阿翠吞金。我把你信上说的病症告诉他，大概外面总有不少的怪话，这种话不知如何造出来的。"胡适在上海期间还曾为上海广户氏老胡开文监制的中级墨"松滋侯"题墨赞，曰"笔精墨妙"四字。后来，上海广户氏老胡开文将此四字制版，印刷成墨票，随墨品销售，招誉顾客。

北京的老胡开文是上海广户氏老胡开文的分店。据《北京日报》上《笔墨精华老胡开文》一文介绍，胡祥钧在当时的北京东琉璃厂250号开设分店，所经营的笔墨均由上海老店提供。该店的经理曹孔修，自幼在杭州老胡开文学徒，熟悉笔墨的历史和制造工艺。民国九年（1920年），调入上海总店，民国十三年（1924年），任天津分店经理，民国十九年（1930年），任北京分店经理，自此定居在北京。胡适长期在北京大学任职，曹孔修与胡适一家经常来往。据《胡适研究丛录》中胡应华的回忆：他到北京以后，"按照家乡人外出找同乡店的习惯，先找到北京的徽州老胡开文文具笔墨店落脚，第二天请该店经理曹根泰（孔修）带我去会见他（胡适）。曹根泰长期在北京胡开文任职，与胡适一家认识多年，关系很好，……江冬秀对我热情招待"。

胡适与胡开文家族关系密切，以至于胡适研究专家唐德刚教授认为胡适家族曾经经营过胡开文墨店，并且在其著的《胡适杂忆》中说："整个的来说，胡适之对西洋文明的吸收和对自己文化传统的继承，只可说是三七开。他自己的思想言行、立身处世，和他的胡开文老店在进出口交易上所贩卖的货色，也大致是三分洋货，七分传统。"其实，胡适家族并未经营过胡开文墨店。

三、胡开文沅记和汪静之

汪静之像

汪静之是我国现代著名的作家、诗人，也是五四运动时期全国著名的诗人之一。汪静之，原名汪立安，后因学胡适的适之而改名静之。汪静之出生于光绪二十八年（1902年），籍贯是徽州绩溪上庄镇的余村。余村与上庄仅咫尺之隔，现在两村的房屋已经连成一片。汪静之民国九年（1920年）考入浙江省第一师范学校，由于深受五四运动新思潮的影响，民国十年（1921年）下半年，与潘漠华发起成立了由柔石、魏金枝、冯雪峰等参加的，由叶圣陶、朱自清为顾问的晨光文学社。民国十一年（1922年）三月，与潘漠华、应修人、冯雪峰等组织了我国现代文学史上最早的新诗团——湖畔诗社。

汪静之和芜湖胡开文沅记的店主胡文妍是同乡。他的祖父汪维吉在家种田兼开小店，其父亲汪以法继承祖业，以种田为主，同时还在上庄村开了一爿小杂货店。汪家的杂货店与芜湖胡开文沅记店主胡文妍家相距不远，两家经常往来，其母亲还与胡文妍的姐姐结为异姓姊妹。汪静之从小就在胡开文家族办的私塾读书，经常到胡文妍家玩耍，与胡文妍的长子胡恩涛成了好朋友。1984年，《新文学史料》杂志向汪静之约稿回忆录，他写信给胡文妍的次子胡恩森（原芜湖市政协副主席、市工商联主委）："仲涛（胡恩森）弟：《新文学史料》要我写回忆录，回忆童年，要提到我母亲和你的姑母。我只记得你姑母的名字一个'姣'字，上面一个字忘了，所以要春和到上庄去打听一下。他就写信问你了。你女儿在浙大工作，望写信要她有空来我处谈谈。"从信中不难看出，胡开文家族在汪静之的童年记忆中是非常深刻的。

汪静之（左）和胡恩森（右）

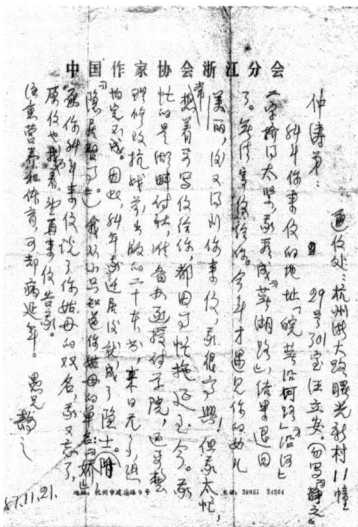

汪静之写给胡恩森的信

民国十五年（1926年），汪静之曾在芜湖省立第二甲种农业学校（简称"二农"）任国文教员，当时就住在胡开文沉记。这一年的十月，国民革命军攻下武汉，汪静之离开芜湖，由郭沫若介绍到武昌总政治部宣传科任编纂。民国二十三年（1934年），汪静之到上海浦东中学教国文，这时胡恩涛已从武汉美术专科学校毕业，正在家乡上庄毓英小学当教师，汪静之就介绍胡恩涛到上海浦东中学担任美术教员。民国二十四年（1935年）下半年，胡恩涛离沪去南京担任祖传的胡开文利记墨店经理。民国二十六年（1937年）的下半年，汪静之和胡恩涛先后回到家乡绩溪。据汪静之写的《关于胡恩涛牺牲前两年的经历》说："1938年4月我和表弟胡恩涛到武汉，我准备到总政治部第三厅工作，并替恩涛介绍工作。结果第三厅名额已满，只好另谋生路。这时他看见'战时干部训练团'的招生广告，就去报考，录取了，他就进了'战干团'（在该团所属'忠诚剧团'任美术组长）……1940年夏我听说'忠诚剧团'全是共产党员，都关了起来了。我马上想到恩涛，赶快去见军分校韩主任，请他把我的表弟胡恩涛保出来。他说'忠诚剧团'全是共产党员，他不能保。我再三请求，他说：'共产党员谁都不能保，我怎么保得出来。……不久，听说'忠诚剧团'全部枪毙了。我就写信告诉我的三舅鑑臣（胡文妍，恩涛的父亲）先生。"关于胡恩涛牺牲的情况，四川《綦江县党史研究资料》有如下记载："1939年秋，国民党'战干团'（全称是：军事委员会战时工作干部训练团）从武昌迁到綦江，因该团所属'忠诚剧团'上演话剧"李秀成之死"，被特务密报为隐射蒋介石，宣传共产主义。该团教育长桂永清（大特务）报经团长蒋介石、副团长陈诚批准，从剧团开始，继而在全团五千多学员中，大肆清查共产党人。到1940年，先后分别在綦江、桥河、湾滩子、桐梓兴隆场、江津广兴、五岔一带驻地，活埋屠杀了学员二百七十多人，其中有共产党员胡恩涛（又名胡迪之，忠诚剧团美术组长）等。另酷刑致残四十余人，关押在三角集中营摧残折磨的八十多人，受特务监视的三百多人，制造了震惊中外、惨绝人寰的大血案。"

汪静之离开家乡以后，只在民国二十六年（1937年）回乡一次。自民国二十七年（1938年）四月离开家乡绩溪以后，就一直没有再回过家乡了。中华人民共和国成立以后，汪静之曾经托人转交一封信，自己也亲自寄过一封信给胡文妍的次子胡恩森，但因地址不详而未联系上，直到1987年才收到汪静之的一封信："仲涛（胡恩森）弟：84年你来信的地址'皖芜沿河路'，'沿河'二字挤得太紧，我看成'芜湖路'，结果退回了，无法寄给你。今年才遇见你的女儿美丽，后来又得到你来信，我很高兴！但我太忙，常想着要写信给你，都因事忙拖延至今。我忙的是湖畔诗社，准备办函授诗学院，还要整理修改抗战前出版的二十本书，来日无多，恐怕完不成。因此，84年我迁居后就成了隐士（附《隐居启事》）。……注意营养和体育，可却病延年。愚兄静之。通信处：杭州浙大路曙光新村11幢29号301室汪立安（勿写‘静之’）"。

1992年，胡恩森到杭州女儿处，曾多次到汪静之家中拜访，汪静之也多次回访。汪静之多次谈到他此生还想实现三个心愿：一是去老家绩溪看看，家乡的变化一定很大，并且相约两人同去；二是写一本《汪静之传》，整理一部《汪静之诗集》；三是办一个全国性的诗歌函授学习班和私立文学院，培养文学新人。但是，后来由于病魔的无情袭击，使他并发了急性肾功能衰竭，不久便离开人间。据说，汪静之临终前仍然念念不忘他的家乡。2003年，国庆节期间，胡恩森在儿孙的陪同下回到家乡绩溪上庄，还特别去了余村，瞻仰了汪静之故居的遗址和汪家在上庄开的杂货店遗址，替汪静之还了回乡的愿。

四、赵朴初与徽墨胡开文

赵朴初像

赵朴初（1907—2000年），安徽太湖人，著名的佛学家、社会活动家及书法家，爱国宗教领袖，民进会成员。

赵朴初出生于四代翰林的安庆状元府里。父亲赵纬如，毕业于省高等学堂，后被任命为湖北省候补知事，但他无意做官，一直在家中潜心钻研书画。赵朴初自小耳濡目染，受益匪浅。家中大小事务，一律由母亲操持。母亲在闲暇之时，常给赵朴初讲一些古人勤学苦练的故事，这给赵朴初打下了良好的家教基础。由于母亲笃信佛教，对其后来的影响很大。

1950年，赵朴初与陈铭枢等创立现代佛学社，发起成立中国佛教协会。1953年，赵朴初任中国佛教协会副会长兼秘书长，中国作家协会理事等职。1980年后，任中国佛教协会会长，中国佛学院院长，及中国书法家协会副主席等职。作为爱国宗教界的代表，赵朴初参加了中国人民政治协商会议第一届全体会议，历任多届全国人大代表、政协委员、政协常委及政协副主席。

赵朴初还是享誉海内外的著名作家、诗人和书法家，他对中国古典文学有着十分精湛深入的研究，在诗词曲和书法方面都有很高的造诣。他的诗词曲作品曾先后结集为《滴水集》《片石集》，他的书法作品俊朗神秀，在书法界久负盛名。赵朴初的书法，清俊洒脱，秀美润泽，每幅作品都能体现出严谨、沉稳、力到、意到、神到，在一波一碟、一提一转之间仿佛妙手点化，益然耀眼。启功先生说："朴翁擅八法，于古人好李泰和、苏子瞻书，每日临池，未曾或辍，乃知八法功深，至无怪乎书韵语之罕得传为家宝者矣。"

赵朴初多年担任中国书法家协会名誉主席，对宣传推动中国书法的继承和发展，培养书法新人，倾尽了心血。他创作的书法作品，流传到祖国的名山、名寺，各旅游景点，也流传到异国他乡的梵宇佛殿。传世的作品之多，影响之广，是中国书法历史上无人可比的。赵朴初曾为屯溪胡开文墨厂题名"胡开文"。

在书法界，赵朴初已是一代名流大师，但他却十分谦虚。例如，他在《参观胡开文墨厂题词》中写道：

> 自幼便知胡开文，东涂西抹不肯罢。
>
> 白首来观老墨庄，黄山风云光四射。
>
> 学书不成每自惭，要我题词无可话。
>
> 只道墨家近佛家，摩顶放踵利天下。

五、齐白石与广户氏老胡开文

齐白石（1864—1957年），原名纯芝，字渭青，后改名璜，字濒生，号白石、白石山翁，湖南湘潭人。近现代中国画大师，世界文化名人。早年曾为木工，后以卖画为生，57岁后定居北京，擅画花鸟、虫鱼、山水、人物，笔墨雄浑滋润，色彩浓艳明快，造型简练生动，意境淳厚朴实。所作鱼虾虫蟹，妙趣横生。其书工篆隶，取法秦汉碑版，行书饶古拙之趣，篆刻自成一家，亦能诗文。曾任中央美术学院名誉教授、中国美术家协会主席等职。

齐白石像

印章是用作印于文件上表示鉴定或签署的文具。印章艺术也是华夏民族独树一帜的传统艺术，是我国文化百花园中绽放异彩的一朵奇葩。名家印章因其特有的人文价值和丰富的思想文化内涵，尤为世人所欣赏和珍爱。名家印章"缩龙成寸"，方寸中蕴涵博大，不但极具考古和文物价值，其艺术品位和观赏意味也非同一般。明代中叶以后，我国的印章进入文人领域和流派篆刻的发展阶段，印章艺术异彩纷呈，内涵愈加丰富。名家偏爱名家印，在具有深厚文化传统的南北各方成了普遍存在的文化现象，故而名家用印多是篆刻大家的精心之作，刻印水平大都不同凡响。据郑逸梅《艺林散叶续编》载：徐悲鸿钦佩齐白石篆刻，因请白石刻"见贤思齐"印。齐者，齐白石也。必须说明的是，名家喜欢使用和收藏名家所刻的图章，不完全是单纯出于钤印的需要，也是一种精神上和艺术上的追求，与他们的个人情趣、文化素养和欣赏能力都有直接的关系。齐白石刻的两对胡开文印章就颇有文化渊源，从印文中还可引出了一段多年前齐白石与上海广户氏老胡开文墨店的交往史。

上海广户氏老胡开文墨店的创始人是胡开文创始人胡天注的八房五世孙胡祥钧。民国二十四年（1935年）胡祥钧逝世后，其侄子胡洪开接管广户氏老胡开文。此后广户氏老胡开文开始向外地扩展，在全国各地开设了多家分店和特约经销店。

齐白石为胡洪开刻的两对石印，一对为青田石材质，在齐白石印章中称得上是大件，印文上分别刻"胸间富丘壑""腕底有鬼神"，边款中题："洪开先生属刊四巨石，余以自家联句篆其二刻成，视之几可为胡开文墨范矣。望正，丁丑白石。"另一对是寿山石印章，印文分别刻有"洪开长寿""胡洪开印"，边款刻"洪开先生属刊，丙子白石于故都"。两对石印的印面大刀阔斧、直率雄健，将齐白石的篆刻风格体现得淋漓尽致。刀法朴拙浑穆，一笔一刀，绝不回刀，刻出的线条一面光洁一面毛糙，呈现出纵横之气，变化万千。大印气势雄浑，既有雷霆万钧之势，又极沉稳厚重。字体整体造型看起来瘦长、直

齐百石为胡洪开刻的印章

落横出，笔意流畅、收放自如、成竹在胸。印面构图疏朗明快，疏密布局考究，字与字之间呼应转换，用笔老到有力，行至尾端力未尽却戛然而止，极富韵律感，观之听之，仿佛一曲清宁古朴又柔肠百转的古琴曲。

另外，根据《白石印草》跋提供的信息，齐白石成熟期的篆刻作品，主要集中在七八十岁这一阶段。而上述的四方印章，据印章边款所记，可知两对印章分别为：丙子年（1936年，齐白石时年72岁）和丁丑年（1937年，齐白石时年73岁）所刻，应该是齐白石成熟期的篆刻作品。另据考证，此四方印是民国二十五年（1936年）三月初齐白石应四川王缵绪之邀，携妻、子入蜀，在蜀地游玩之时结交了胡洪开，九月五日回北京之后为其所篆刻。其中一对大的对联印章的印材是胡洪开所提供，并篆刻了齐白石自己的对联，在边款所称的"胡开文"是胡洪开的墨店字号。据说，目前除此对章外还没有发现齐白石刻制的其他对联章。齐白石在印章的边款还提出设想能按此对章制出墨范（墨模），生产新的品种墨，这也可见他对此两方印章的重视程度。齐白石在其手稿《蜀游杂记》第5页有记载："胡开文（胡洪开），安徽人……"并在《丙子杂记》第15页也有记载："胡开文（胡洪开），十月五日，航空双号寄去扇一件……"这些都显示了

齐白石在四川结交胡洪开之后，回到北京后依然与胡洪开有着书信和物品往来。胡洪开和齐白石，一个在上海，一个在北京，怎么会在四川成都相遇结交，这也是天意。民国二十四年（1935年），胡洪开接管上海广户氏老胡开文后，为了墨业的发展，民国二十五年（1936年）去四川考察徽墨在四川的市场情况，这才正好结识到应四川王缵绪之邀入蜀的齐白石。民国二十六年（1937年），广户氏老胡开文在成都、重庆开办了分号。书画名家齐白石与制墨名家胡洪开相交相惜本就是一段佳话，而今天我们看到的两对印章正清晰地记录了这一段佳话。

顺便提一下，胡洪开既是上海广户氏老胡开文的老板，也是上海著名的齐白石印章收藏家陆质雅的亲家，陆质雅的女儿陆时贤嫁给了胡洪开的次子胡恩德。由此看来，作为中国近现代艺术史上的著名书画家齐白石与胡开文墨业是颇有渊源的。另据上海广户氏老胡开文的职工说，当年书画名家如齐白石、张大千、吴湖帆等常到胡开文墨庄与胡家交流切磋，齐白石与胡洪开的关系也特别好，墨店的职工就曾在胡家中见到过多幅齐白石赠予胡洪开的字画。

六、周而复的《上海的早晨》中提到胡开文墨

周而复像

周而复，原名周祖式，安徽旌德人，民国三年（1914年）一月三日出生于江苏南京，自幼受庭训，入私塾，为文化部原副部长，中国作家协会名誉委员，中国书法家协会顾问，著名作家。2004年1月8日，在北京因病逝世，享年90岁。周而复是中国最早将白求恩事迹介绍出来的人，人们从他那里知道了这位国际主义战士和他的国际主义精神。1949年5月，周而复按党组织指示赴北平，之后，随第三野战军进入上海，历任华东局统战部秘书长、上海市委统战部第一副部

长、上海市政协党组书记、华东局上海市委外宾接待委员会秘书长、中国保卫世界和平委员会上海分会秘书长等职。1950年，周而复参与创办《群众文艺》半月刊，普及文艺，培养工农兵作家。次年，作为"五反"工作队员，在上海一个棉纺厂和商店参加"五反"工作，积累了丰富的生活素材，为创作长篇小说《上海的早晨》奠定了基础。他的长篇小说《上海的早晨》先后出版过多种外文译本，被拍摄成电影和电视连续剧，在当时几至家喻户晓，周而复也因此成为无愧于时代的文坛巨擘，他在《上海的早晨》中提到了胡开文墨。

《上海的早晨》

············

"细纱间的报喜队来了！"

他们热热闹闹出发了。徐义德一个人冷冷清清地在办公室里。余静到车间找汤阿英去了。梅佐贤因为公方代表到车间去，觉得他这个厂长也应该到车间去了解了解工人的情况，不久也去了。徐义德想起今天庆祝全业合营的情景：棉纺织业全部合营了，私营棉纺织业再也不存在了，私营沪江纱厂的寿命也只剩下今天最后一天了！不，连一天也不到了，只有几个小时了。顿时，一种无边空虚的感觉充满他的心房。望着厂长办公室的家具，雪白的墙壁，窗外高大的厂房，矗立在夜空中的烟囱不断喷出火星，依依不舍，他今晚舍不得离开沪江。他拿起桌上的电话，拨了号码，那边接电话的是林宛芝。他告诉她今天不回家了。她吃了一惊，根据她的经验，只有在"五反"的辰光，他常常讲今天不回家了，最后也还是回去的。今天是庆祝全业合营的大喜日子为啥不回家呢？他说厂里有事，明天一早回去。她坚持不同意，要他今天一定回去，她等他。他表示无论如何不能回去，要她不要等。她只好希望他明天尽早回去。

他挂上电话，一屁股坐在写字台的转椅里，打开绿色的台灯，揭开红木盒盖，里面是一块长方形的端砚，用徽州胡开文的墨在砚台上磨研，拿起上海笔庄制造的极品净纯紫狼毫，蘸了蘸墨，想在刻着沪江纱厂四字的信笺上写点啥。往事如潮水一般，不断涌现在他的心头，沪江纱厂开办的那一天，他也坐在这里，和裘学良、梅佐贤他们商量怎样发展企业，以后成立了总管理处，创办了信孚记花行，投资聚丰毛织厂，担任了茂盛纺织厂的董事长，吃进了永恒纺织机器厂。沪江的企业一天比一天发达，不仅在上海滩上逐渐扩大，连苏州的泰利纱厂也请他兼任董事长。就是在这张写字台上，他批过无数的计划，写过计算不清的条子。他在沪江企业里，一句话就是一条法律，一张条子就是一道命令，没有一个人敢不遵照他的意志行事。他现在拿着净纯紫狼毫，好像当年办厂一样，准备批写，可是没有一个人进来请示。他也不知道要批写啥，他的笔停留在信笺上，啥也写不出来。忽然沪江纱厂四个红字触目惊心地在他面前跳动。他用净纯紫狼毫在上面狠狠地划了一叉，然后把它撕碎，扔到字纸篓里。

他站了起来，推开门一看：外边办公室的职员都回家去了，写字台都收拾得干干净净，鸦雀无声，显得有点冷落。他向办公室仔细一望，像是第一次看到一样，角角落落都看到了。这间办公室是他和梅佐贤亲自设计的，靠近厂长办公室，有事办起来方便，厂长对职员的工作也容易监督。他威风凛凛地站在那里，好像每张写字台上的职员都埋头紧张地工作，让徐总经理观察。

七、胡雪岩与胡开文药墨

据《医药经济报·药店周刊》第35期报道，叶子同志在编纂《上海胡庆余堂志》时，发现一段有关药墨的记载，原来胡雪岩和胡开文的药墨大有关联。

胡雪岩（1823—1885年），号光墉，徽州绩溪人，与胡开文创始人胡天注同宗共祖，都是"明经胡"长房胡延政后裔。胡雪岩是中国近代著名的红顶商人，富可敌国的晚清著名企业家，政治家，著名徽商，开办胡庆余堂中药店。后入浙江巡抚幕，为清军筹运饷械，同治五年（1866年），协助左宗棠创办福州船政局，在左宗棠调任陕甘总督后，主持上海采运局局务，为左大借外债，筹供军

胡雪岩像

饷和订购军火，又依仗湘军权势，在各省设立阜康银号20余处，并经营中药、丝茶业务，操纵江浙商业，资金最高达二千万两以上，人称"为官须看《曾国藩》，为商必读《胡雪岩》"。

但是，显赫一时的一代豪商胡雪岩，最后一贫如洗。他曾经拥有的万贯家财和浮华一生，都没能给后人留下基业与向往。倒是他精心创下的胡庆余堂，至今仍以其"戒欺"和"真不二价"的优良传统矗立在杭州河坊街上，虽然钦差大人文煜为了保存这座国药国库，帮助胡雪岩接管了胡庆余堂，但善良的百姓，至今仍记得他姓胡，并因胡庆余堂而传颂着胡雪岩的名字。

墨能做药，由来已久，最早的墨是由油烟、松烟等原料制成的黑色颜料，随着时代发展，工艺改进，人们在制墨过程中加入了麝香、冰片、珍珠粉等名贵中药，使墨具有了清热止血、镇惊去痛的功能。但入药之墨必须为松烟，石油烟制墨有毒不可入药。据《本草纲目》记载，药墨，味辛性温，无毒，有止血生津、生肌利便、合疮除痛的作用，可治疗产后血晕、血痢和月经不调。胡开文墨业善做药墨，被誉为"药墨华佗"。

然而真正让胡开文成为一代药墨宗师的是他创制的"八宝五胆"药墨，他以熊胆、蛇胆、青鱼胆、牛胆、猪胆等，和入水牛角、羚羊角、蟾酥、珍珠、牛黄、麝香、朱砂等几种珍贵药材入墨，制成了凉血止血的"八宝五胆"药墨，治疗阳症有奇效，尤其对皮肤病、咽喉疾病、口腔疾病、痈疽疮疡、无名肿毒、症瘕积聚、关节疼痛、血症等疗效明显。

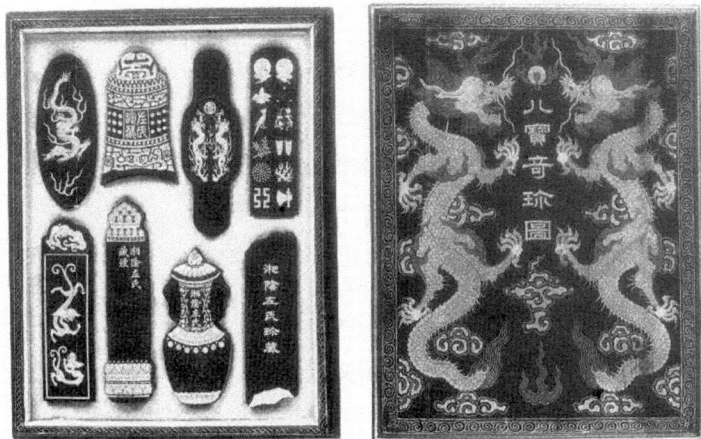

"八宝五胆"药墨

胡雪岩生于道光三年（1823年），本与胡开文创制"八宝五胆"药墨的时代不同。但是，有着"江南药王"之称的胡雪岩，看好"八宝五胆"药墨的发展前景，决意帮助胡开文的后代将这味良药发扬光大。他利用自己的影响力和社会关系，先将药墨推荐给左宗棠，又经由左宗棠引入皇宫，成为贡品。据说在慈禧太后西行避难时，背上生疮毒，就是靠此药墨治愈。因此，"八宝五胆"药墨与云南白药、漳州片仔癀并称为中国古代三大奇药，药墨的身价倍增，被誉为"金不换"。

八、祁寯藻题《墨赞》

祁寯藻（1793—1866年），字颖叔，一字淳浦，后避讳改实甫，号春圃、观斋、息翁，山西寿阳县平舒村人。嘉庆进士，历官至军机大臣，左都御史，兵、户、工、礼诸部尚书，体仁阁大学士、太子太保。道光十九年（1839年）赴福建筹办海防，查禁鸦片。咸丰帝即位，更得重用。后自请辞官。咸丰、同治之际，密陈厘捐病民，力请罢止。论时政六事。同治元年（1862年），供职弘德殿，教同治帝读书。五年后卒，谥号文端。世称"三代帝师（道光、咸丰、同治）""四朝文臣（嘉庆、道光、咸丰、同治）""寿阳相国"。他一生忠清亮直，勤政爱民，举贤荐能，政绩卓著，对朝政有影响。其书法由小篆入真行，师承二王，出颜柳，参以山谷，深厚遒健，自成一格，为清代中晚期著名书法家，有"一时之最，人共宝之""楷书称首"的赞誉。

道光二十八年（1848年），祁寯藻题《新安胡君开文精制墨赞》，后由胡开文墨店制成墨票广为流传。

祁寯藻像

九、曾国藩题写"胡开文"招牌

曾国藩（1811—1872年），初名子城，字伯涵，号涤生，出生于湖南长沙府湘乡县杨树坪（现属湖南省娄底市双峰县荷叶镇）。晚清重臣，湘军的创立者和统帅。清朝战略家、理学家、政治家、书法家、文学家，晚清散文"湘乡派"创立人。晚清"中兴四大名臣"之一，官至两江总督、直隶总督、武英殿大学士，封一等毅勇侯，谥曰文正。

曾国藩像

咸丰八年（1858年）七月，曾国藩在家守制未满，即奉清帝谕令再次出山，先后奉旨增援浙江、福建，将石达开驱入赣南、湘南，远离主要战场。八月，清廷应胡林翼疏请，诏曾国藩与胡林翼共图安徽。曾国藩提出图皖的战略总方针："……必先围安庆，以破陈逆之老巢，兼捣庐州，以攻陈逆之所必救。"根据这一"剪除枝叶，并捣老巢"的战略总方针，曾国藩决定发动安庆会战，与陈玉成决战皖北，以夺取战争的主动权。为此，曾国藩制定了四路进兵的具体计划，并始终贯彻执行之，甚至因不救苏、常而受到清廷朝野上下责难也不为所动，终于在咸丰十年（1860年）六月将安庆严密包围。为了便于指挥，曾国藩将大营移至战略位置十分重要的皖南祁门。太平军方面，在二破清军江南大营之后，领导者即制定了分兵两路合取武汉以解安庆之围的计划，称为"二次西征"。根据这一军事部署，太平军决定兵分五路援赣，其中有一路便是攻打曾国藩的祁门大营。咸丰十年（1860年）十二月一日，李秀成带两万人"突由羊栈岭窜入，图解休宁之

曾国藩在祁门的行辕"洪家大屋"

围，断鲍（鲍超）、张（张运兰）两军粮路"，但是被鲍超、张运兰击败，被迫退出羊栈岭。李秀成的这一次进攻，对曾国藩震动极大，因为羊栈岭距曾国藩祁门大营仅60余里。祁门防守兵力单薄，他的身边仅有三千余人，而太平军却是人多势众。当时，曾国藩料定难以活命，连遗嘱都写好了，向弟弟曾国荃和曾国葆妥善安排了后事。然而，李秀成此次出兵的目的"并非欲争此处，实上湖北招兵"，尤为重要的是，他对"二次西征"始终不感兴趣，更多的是注意保存自身的实力，故而被击败后，便退出了羊栈岭，致使进攻祁门的大好战机丧失，使曾国藩绝处逢生。不过，曾国藩并没有从根本上摆脱困境，太平军在皖南的实力还是要优于湘军。咸丰十年（1860年）十二月中旬，太平军兵分三路再次向祁门地区发动进攻，曾国藩四面楚歌，又一次陷入惊恐之中。他在家书中说："自十一月以来，奇险万状，风波迭起。文报不通者五日，饷道不通者二十余日。"可见当时情况已十分危急。后来，曾国藩急调悍将鲍超救援，击败了太平军，恢复了粮道，暂时渡过了危机。咸丰十一年（1861年）二月四日，曾国藩派湘军进攻休宁，一则攻其不备，二则乘太平军专注婺源之时，湘军从后面击之，以分太平军之锋芒。二月二十一日曾国藩的湘军收复休宁。三月二

日，曾国藩决定率兵攻打徽州府城，三日率军进至休宁。

休宁是胡开文墨业的诞生地，到咸丰十一年（1861年）时已有近百年的历史，此时的店主是胡天注孙子胡锡熊。在此之前的道光二十八年（1848年），大学士、礼部尚书祁寯藻曾为胡开文墨业题写了《墨赞》，后来由胡开文墨店制成墨票广为宣传。曾国藩率兵进驻休宁后，胡锡熊作为地方绅士拜访了曾国藩。此时的徽州制墨业整体处于凋敝状态，清墨四大家中的汪节庵和汪近圣已停业，曹素功也已离开徽州多年，在徽州唯有胡开文墨店独呈繁荣，继续经营。曾国藩对胡开文早有了解，自己使用的也是胡开文墨。拜访中，曾国藩问到胡锡熊的家庭情况和胡开文的经营状况，了解到其子胡贞观咸丰元年（1851年）中举，咸丰六年（1856年）援例补户部员外郎，后迁户部贵州员外郎，加三级记录，这些都拉近了胡锡熊与曾国藩之间的距离。胡锡熊提出请其题写招牌的请求，曾国藩欣然命笔，题写了"胡开文"三个大字，写上自己的名字，并盖上了自己的印章。此后，胡锡熊将题字制成招牌，挂在店内，广为宣传。曾国藩题写的"胡开文"招牌，黑底白字，正反两面内容一样，各竖写"胡开文"三个苍劲的大字。题字除了是白色颜料写成外，还铺有蚌壳类的白色粉末，很考究。后来传世的胡开文招牌，四个角上的边框角和上端的铜扣已经只剩痕迹，但是招牌的左下角，曾国藩的印章和名字依然清晰可见。这是胡开文墨业发展史上的一件重要文物。此招牌在"文革"抄家后失踪，不知去向。

十、重新现"身"的"胡开文"招牌

2003年，不知去向的曾国藩题写的胡开文招牌出现在山西平遥的古玩市场上，著名的徽墨收藏家王毅先生的朋友在山西平遥发现了这块招牌，并将此信息告诉了王毅先生。王毅先生立即请朋友代为收购。在洽商招牌的价格时，古玩店的老板提到北京的一位收藏家也想收藏此招牌，并出了较高价格准备收购，但没有成交，意思是此招牌价格不菲。最后双方经过讨价还价，王毅先生以 5000 元的价格购得此招牌。5000 元虽然不是天文数字，但是对于工薪阶层的王毅先生来说也是一个不小的数字，这是他当时几个月的工资。但是，王毅先生还是花巨款收购了曾国藩题写的胡开文招牌。

王毅和其收藏的胡开文招牌

王毅先生花巨款收购胡开文招牌，是和他的收藏理念有关。他从小练过书法，下放过，当过工人，做过编辑，曾为上海市历史博物馆研究员。20 世纪 90 年代，上海民间组织了一次收藏展，王毅先生去参观展览时发现这些民间藏家中有收藏书画的、瓷器的、笔砚的，唯独没有墨。想到家中还留有几锭外婆传下来的墨，王毅先生萌生了收藏墨的想法，"兴许可填补民间收藏的一个空当"。后来，王毅先生结识了收藏家周超然、郭若余等几位老先生，他们对文物和墨都多有研究。周超然远在北京，王毅先生每年都要跑几趟北京去跟老先生探讨墨事。交谈中，周超然提点他，"要注意墨的细节"。这句话启发了他，"原来收藏并不一定要追逐大名头的东西，哪怕做一些拾遗补阙的工作也很有意义，比如收藏一些小名头或无名的但能够填补墨史的东西"。现在看来他们的思路是超前的。

王毅先生是上海著名的藏墨家，坐拥古墨 2000 余锭，其中不乏大名头的文人订制墨、御墨和集锦墨，件件精妙绝伦。不过，超前的思路使他在拥有了众多大名头的精品、孤品后，着重去关注国内各省市生产的墨以及一些墨谱、墨单、墨票、墨模等与墨有关的文物，意在使中国的墨史趋于完整。这次他花巨款收购曾国藩题写的胡开文招牌，也是他"填补民间收藏的一个空当"的一次重大的实践。王毅先生多年来，不但从事古墨及有关文物的收藏，并有志于墨学的研究，曾在上海、安徽等地举办墨展，著有《中国墨文化大观》《古墨》《中国墨文化问学》《中国徽墨》等著作。这些著作，较为全面地介绍了中国墨文化的发展脉络、艺术品位、文化内涵、审美情趣，也以他自己的藏墨实践叩问沉淀在墨上的历史。

第二节　有关胡开文的传说

一、李廷珪梦点胡开文

绩溪小九华

胡开文创始人是胡天注。关于胡天注取店名"胡开文"一事，在民间还流传着一个李廷珪梦点胡开文的传说。

胡天柱接手岳父的汪启茂墨室时，墨室濒临倒闭，已为叶姓所有。接手后，他日夜思索着如何振兴店业。为了不重蹈岳父的覆辙，他决计去绩溪小九华向银屏古寺方丈、他父亲的老朋友了空和尚请教。

胡天注到银屏古寺后，了空和尚喜不自胜，便将他请到禅寺后院的丹桂树下，促膝而谈。了空将自己四十余年挥毫作画的用墨体会以及如何使墨"运笔不胶，入纸不晕，浓而不滞，淡而不灰"，细腻清晰和层次分明的道理，一一说给他听。接着，了空和尚一再叮嘱胡天注，要展拓墨模图案，把栩栩如生的人物、花草、鸟兽、风光绮丽的河山、壮丽肃穆的殿宇、娓娓动听的民间故事都精心设计进去，在点烟、和料、做墨、晾墨、锉边、描金等工艺过程必须样样精益求精，这样才能永远立于不败之地。之后，了空把胡天注引进卧室，将自己珍藏的描绘名山大川的国画，一齐送给胡天注，供他作为设计墨模图案参考，胡天注收下墨宝，感激万分。

胡天注辞别了空和尚后，顺便回老家上庄村省亲。他越过荆磖岭，到翚溪口时，日已西沉，因探亲心切，仍然径直往翚溪源走去。爬到半山腰，天色已黑，只得到附近一座山神庙夜宿。睡至半夜，忽然眼前一亮，只见一位白发老翁手托一墨，飘然而来。老翁在他面前站定，问道："你就是休宁汪氏墨店的胡天注吗？"胡天注说："正是。老翁怎知贱名？"老翁笑道："我便是南唐李廷珪，知你接替汪氏墨店，店业待兴，特来转达神明旨意。你可将店名改为'开文'，取'天开文运'之意。"说罢，将印有"犀岭耀彩"字模的神墨交给胡天注后，飘然而去。胡天注从梦中惊醒，朦胧间见庙堂正上方有一块斑驳的匾额，上书"犀岭耀彩"四字，大喜过望。

胡天注回到休宁县城后，就挂出"胡开文"招牌。接着，根据梦中的幻境，融合徽州山水的风光，花了九九八十一天时间制作了一套"犀岭耀彩"墨模，用它制出的墨，震动了制墨界和文坛。胡开文墨店很快兴旺起来。后来，胡天注又和其他墨工高手一起，选来江南最好的楠木，又请名师锤炼成了第一流的锋利刻刀，按照了空和尚赠送的国画，夜以继日、长年累月地画了又刻，刻了又画，刻成的墨模足足堆满了三间堂屋，有"龙翔凤舞""丹凤朝阳""松鹤遐龄""龙光万载""黄海钟灵""西湖十景""黄山风景""御园图"等等，琳琅满目，应有尽有。用这些墨模制的各种极品墨，翻山越岭，走向全国，飞向世界。

二、胡天注入宫"偷"绘"圆明园"

乾隆年间的一天，乾隆皇帝传谕工部尚书曹振镛进宫。

曹振镛是徽州府歙县雄村人。乾隆六下江南，所耗川资银两，全由曹振镛的父亲曹文埴出面，游说徽商们提供。有资料说，在乾隆年间，徽商共向国库提供了白银三千六百万两。曹文埴曾任过乾隆的宰相，深受乾隆宠信。曹文埴后来因年迈退官，乾隆为感念曹家的忠诚，授予曹文埴的儿子曹振镛工部尚书的官衔。曹振镛深秉家父遗风，办事较谨慎，不敢有半步越轨行为。曹振镛在去宫中的途中，心中不断嘀咕。今天有什么要事，早朝时皇上为何不说，却要传旨另行召见。

果然不出他所料，进宫后他跪拜尚未起身，就受到乾隆皇帝的一顿训斥。"朕本想早朝时责问你，但考虑当众臣之面，朕怒于爱卿，似有不妥，故另行召见。我朝乃国逢盛世，疆固民强，岁贡之物，花色翻新，而唯独朕所喜之徽墨，仍为前朝之作。你身为工部尚书，岂不愧对朕躬！朕南巡时，曾到过徽州，那里墨坊遍地，为何竟造不出本朝新墨，却要用祖宗的墨贡朕，实在令朕费解。难道当今的墨肆都是酒囊饭袋，碌碌无为之辈。"

听了乾隆皇帝的责问之后，曹振镛回到府里，连夜备文发往徽州。徽州知府立即在府城张贴征召贡墨的官榜。但是墨的品类繁多，花色各有千秋，识者是宝，不识者是炭。谁知当今皇上喜欢什么样的墨？碰得好，功垂千古；弄不好，要冒杀头的风险。因此，官榜贴出三日无人敢揭。此时胡天注正值年少气盛之年，不知天高地厚，他不顾岳父汪启茂和妻子汪氏的反对，从休宁赶到徽州府城揭了官榜。揭榜后，怎样造出乾隆皇帝喜欢的墨品，确实让胡天注伤透了脑筋。胡天注想自己制的是贡墨，宫中对贡墨的质量有什么要求必须弄清楚。他通过各种途径最后见到曹振镛，提出自己想制"圆明园墨"的想法，得到了曹振镛的支持。在曹振镛的支持下，胡天注和哑巴墨师打扮成曹振镛的轿夫，多次进入圆明园画出了圆明园各景草图。回到徽州以后，胡天注延请名墨模师，镌刻成集锦"御制铭园图"六十四锭套墨墨模，并用最好的原料制成"御制铭

圆明园

园图"六十四锭套墨，供奉朝廷，得到乾隆皇帝的青睐，成了徽州的贡墨。

"御制铭园图"套墨多达六十四锭，该套墨造型之多变，图绘之精细，达到了匪夷所思的境地，为古代墨中之国粹。其另一特点是造型丰富，式

样繁多，且装饰华丽精致，多饰以金银彩色，具有很高的实用价值和工艺美术价值。1963年，安徽省博物馆从胡开文墨店征收了五套精品墨模，其中就有"御制铭园图"六十四锭套墨的墨模。

三、胡天注捐修竦岭路、亭

胡天注在休宁汪启茂墨室学徒期间。从上庄去休宁必须翻越竦岭，经歙县前往。竦岭上下十余里，中间没有村落。

有一年岁末，天注从休宁回老家过年，绝早从休宁店中起程，打算赶路一百多里，当天回到家。但是偏偏老天不作美，走到中途，天气乍变，午后下起了鹅毛大雪，顷刻间大地成了白茫茫一片。他归家心切，顾不得寒风刺骨，路滑难行，急匆匆向前赶路，到达绩溪和歙县交界的竦岭时，已是大雪封山，皑皑一片，天色昏暗，分不出天和地，辨不出山和路，只得高一脚低一脚探索着攀上岭头。他又冻、又累、又饿，更是步履艰难。下岭行走不远，不慎失足跌倒在深雪掩盖的塌坡下，难以挣扎起来。正在这"叫天天不应，唤地地不灵"的危急时刻，幸好有人带着灯火从后面赶路来到。依靠来人的帮助，从雪窟中脱身。借着灯亮下得山岭。

绩溪竦岭的茶亭

天注脱险回家，认为这次能绝处逢生，全赖祖宗阴德，得神仙护佑。同时想到，如果岭上建一茶亭让人遮蔽风雨，就不会有这样的险遇，也可让来往行人免遭同样的劫难。于是，暗地许下修建竦岭茶亭的誓愿。

后来，胡天注成为胡开文墨业创始人和商业巨子。事业上的成就，经济实力的增长，有条件实现早年的誓愿了。胡天注捐银千两，回乡修建竦岭石阶路和竦岭半岭茶亭，购置田地山场十余亩为茶亭资产，顾人长年居住，为行旅烧水供茶；常备灯笼数十盏于茶亭，为过往行人赠送烛火，订立"赠烛还灯"规约，世代相传，从此消除了夜晚行人之苦。

后来，随着公路交通的发展，山道上的行人稀少，茶亭也成了历史遗迹。但胡天注修路建亭的善举已载入地方史志，并在当地乡间广为传颂。

四、永远不忘汪家恩德

胡天注在乾隆十九年（1754年）时，经人介绍到墨家林立的屯溪的程正路墨店当学徒。一年后，经程正路介绍转入休宁海阳的汪启茂墨室当学徒。由于胡天注为人忠实，办事干练，能吃苦耐劳，受到汪启茂的赏识，第二年他就将自己的独生女许配给胡天注。乾隆二十五年（1760年），胡天注学徒出师后，去屯溪初租采章墨店，经营墨业。后来汪启茂在墨业竞争中失利，将墨店盘给了叶姓。胡天注很有开拓精神，他在学徒和初租采章墨店期间，不仅掌握了制墨的技术、市场的情况和经营管理之道，还积累了一定的资金，为自己开店创下了有利的条件。乾隆三十年（1765年）时，胡天注收购已为叶姓所有的岳家汪启茂墨室。不过此时的汪启茂墨室已在墨业竞争中失利，很难东山再起，胡天注决定将墨店更名为"胡开文墨店"。

在"胡开文"招牌挂牌那天，仪式极其隆重，胡天注摆了香案，挥泪率子孙拜祭，与众人将查士标手书的"汪启茂墨室"之匾从门楣上摘下，移入店堂中悬挂，并且告诫子孙永远不忘汪家恩德，并且充分利用汪启茂墨室的原有资源（墨模等）。同时又要有别于岳父的汪启茂墨室，就在汪启茂墨室原有墨模的横头（顶部）或空白处添加刻制阳题款"胡开文制"或"胡开文墨"，以示是新店胡开文之墨。因此，出现了有"胡开文"和"汪启茂"双款识的"大国香"圆柱墨和"松萝玉液"墨等。如"大国香"圆柱墨，侧面题款为"徽州休宁汪启茂墨""苍珮室"，墨顶题款则为"胡开文墨"。乾隆甲午年（1774年）以后生产的胡开文墨，虽然只用"胡开文"的题款，而没有"汪启茂"的题款，但是由于胡开文和汪启茂的特殊关系，胡开文墨业一直继续使用原汪启茂墨室的题款"苍珮室"，有时还使用相似的仅有一字之差的"苍佩室"这一题款。如乾隆四十八年（1783年），胡开文墨业生产的"天开文运"墨，正面为"天开文运"四字，背面为"徽州胡开文制"，侧面为"乾隆四十八年苍佩室珍藏"。由此可以看出胡氏子孙牢记胡天注的教导"永远不忘汪家恩德"。

五、胡余德毁墨于一池

胡余德是胡开文的第二代传人。清代咸丰、同治年间，由于战乱和社会的腐败，徽州制墨业逐渐衰退，名家、名品的声誉也随之冷落。但唯有胡开文墨业一家独呈一时之秀，一直保持着兴盛的局面，特别是"苍珮室"墨成了"抢"进皇室的贡品。

传说，第二代胡开文（即胡天注次子胡余德），曾造出一种墨，声称在水中浸泡多长时间也不溶化散色，因此慕名购此墨的人越来越多。一日，有位游学的先生访问休宁，购买一布袋这种墨。不巧，他过河时跌了一跤，连人带墨都跌到河里去了。上岸后，黑墨水淋了他一背，打开袋子一看，原来袋子里的墨经水浸泡，有的已溶化了。游学先生背着这袋墨找到了休宁胡开文，胡余德开始不信，游学先生当场以盆盛水，将墨浸入其中，不久，便见墨裂色散。胡余德当下连声道歉，并且以一袋"苍珮室"墨赔还。此后，他便立即停售该墨，并以高价买回这种墨。再将这些墨全部倒入休宁城外的一池塘中，这池塘也变成了"墨池"。

如今，那"墨池"早已被泥土淤塞，再也看不到当年的痕迹。但胡余德毁墨于一池的故事，却还在徽州一带流传着。胡余德毁墨于一池也成了徽商讲究诚信的典型案例。

六、慈禧太后与胡开文的"八宝五胆"药墨

胡开文"八宝五胆"药墨并非一般清热解毒败毒药物，药理极为深

奥，有入木三分奇效。二十二味中药构成强大搜毒、化毒、解毒、排毒药阵，针对人体五脏六腑彻底搜毒，釜底抽薪，毒无藏身之地、毒尽百病不生，人体生机盎然，治疗各种顽症，有药到病除奇效。

该药墨对于各种多年不愈皮肤、口腔、咽喉等顽疾，如鱼鳞病、慢性湿疹、慢性荨麻疹、带状疱疹、神经性皮炎、顽癣、痤疮、酒糟鼻、无名肿毒、慢性咽炎、复发口腔溃疡等临床有效率高，除个别患者需长期使用缓解症状外，绝大部分患者均在2至4疗程（1至2月）后彻底治愈，是治疗这类病症疗效最好的药物。"八宝五胆"药墨为纯中药原方制作，无任何毒副作用，能治病更能防病养生，清咽利嗓、除口臭、提神醒脑、凉血润肤消斑、防止皮肤病毁容。药中的熊胆、羚羊角、珍珠等成分为美容要药，能使肌肤变得更加光滑细腻，极大地满足了人对健康生活的需求。

"八宝五胆"药墨的功能与主治：消炎解毒、活血止痛、凉血止血、消肿软坚、防腐收敛，用于吐血、咯血、鼻衄、便血、赤白痢下、痈疽疮疡、无名肿毒、顽癣、皮炎、湿疹等。光绪二十六年（1900年），八国联军侵华。直隶提督聂士成死于阵中，陕军马玉昆单骑败走，川军李秉衡全军覆没后，自刎而死。八国联军向北京进迫。警报传来，风声异常紧急，总督裕禄服毒自尽，荣禄忙进颐和园奏知慈禧太后，把八国联军攻下天津，现已迫进北京的消息报告太后。

慈禧太后与光绪皇帝匆匆启行，出得胜门一路西奔，路上狼狈不堪，全无仪仗。慈禧太后西逃途中罹患背疮（鱼鳞病）顽疾，寻遍诸药不治，御医一筹莫展。忽然太监李莲英在文房四宝箱里发现由左宗棠引入皇宫的胡开文"八宝五胆"药墨，并将此墨的由来告诉御医。御医将信将疑地将药墨在砚池里研磨，再用毛笔蘸了些浓墨涂在慈禧太后的顽疾处，太后顿感患处一阵清凉，疼痛缓解，患处的红肿小了许多，又经过数次的涂抹，慈禧太后的背疮（鱼鳞病）顽疾居然痊愈。胡开文"八宝五胆"药墨一时名震天下，因善治顽症、防病养生、美容功效奇绝，与云南白药、漳州片仔癀称中华三大奇药。达官显贵、富商巨贾、文人雅士、名门闺秀皆以追逐拥有"八宝五胆"药墨为荣。因药源珍贵稀少，手工制作、工艺复杂、产量有限，重病患者往往只能望药兴叹，故民间流传"黄金易得而药墨难求"之说，被誉为"金不换"。此药远销海外，至今仍广泛流传于东南亚一带。

第六章　与胡开文有关的纪念馆

第一节　胡开文纪念馆

上庄，是胡开文徽墨创始人胡天注的故里。胡天注自清乾隆三十年（1765年）承顶休宁县汪启茂墨室后，取南京乡试考场中"天开文运"额中"开文"二字，立"胡开文墨庄"。创业后胡天注起堂名"思齐堂"，教育子孙要"见贤思齐"。自己更是身体力行，博取众艺，苦心经营。墨质不断提高，造型更加讲究，并寓使用价值与观赏价值于一体，独创集锦墨。在胡天注及其子孙的共同努力下使胡开文墨业遍及全国，蜚声名外，现今即成为徽墨的代名词。

为弘扬民族文化、适应旅游业的发展，由上庄当地党委、政府倡导，经胡天注长房八世孙胡云先生的精心策划，在上庄、瑞川、旌德、屯溪、歙县等胡开文墨厂和北京益康电脑公司黄山分公司的大力支持下建成胡开文纪念馆。同时，为满足游客的需求，该馆还特制有优质纪念馆墨三种，供旅游参观者收藏。1993年11月23日，由上庄镇人民政府印发上政字〔1993〕第46号文件《关于开设上庄胡开文纪念馆的报告》；提出"整个筹备工作由天注公长房八世孙胡云先生负责"。1994年5月6日，绩溪县文化局印发绩文政字〔1994〕第17号文件《关于同意开办胡开文纪念馆的批复》。8月28日，胡天注长房八世孙胡云遵照县文化局的批复文件，在胡天注的家乡绩溪上庄胡天注长房旧宅开设胡开文纪念馆。1999年10月，胡开文纪念馆建馆五周年，绩溪县人民政府赠送"天注公·胡开文故居"金字匾额，以鉴其宅，地、县、镇领导参加赠匾仪式。

纪念馆坐落在上庄村口水圳边，占地面积达二百余平方米，坐西朝东，系两层砖木结构的通转楼。南有步廊楼舍、客厅和庭院，通水圳、常溪，东有大门金，北接街道，南入庭院。精致的砖木雕装饰，内外可见，这座清代古宅，是典型的徽派建筑。

纪念馆头门馆名匾额由民盟黄山市委员会赠，"胡开文纪念馆"6个行草大字系中国书法家协会主席沈鹏题写，沈鹏的题字是由胡锦涛同志代为求得的。原来，胡云先生不详沈鹏书法大师地址，便写信托胡锦涛同志代求，真是来之不易！这也说明锦涛同志对家乡文化的关心。

走进大门，迎面照壁上，悬挂着黄澍书："百稔古庐，千年墨苑"两块玻璃横框。从照壁两侧门进入纪念馆陈列厅，厅分上下堂，上堂正中悬挂一幅胡开文创始人天注公的巨型造像中堂，中堂上方，有"思齐堂"金字匾额和胡锦涛同志题"高风亮节"匾。两边显柱上的木质抱柱楹联，如："徽墨千秋唯天注；江山万里独思齐""天注创开文名驰禹域；端斋研徽墨誉满人寰"等六副楹联书法。大厅四壁的绫裱条屏，或吟赞诗，或填颂词，均出于名家之手。下堂的匾额是由美籍华人、世界著名物理学家、诺贝尔奖金获得者——杨振宁教授所题。

纪念馆的陈列厅设有六只靠壁玻璃大橱和中间一张大玻璃桌，分别陈列有胡开文祖创各种名墨的复制品，如"骊龙珠""古隃麋""千秋光""八宝五胆""龙翔凤舞""孔圣像""弥罗像""天女撒花""麻姑娘娘""十大仙""大小金龟""金蝉""墨宝壶""御园六十四景图""黄山三十六峰图""西湖景诗图""棉花图""十二生肖诗图"等墨，及荣获巴拿马万国博览会金奖的"地球墨"，还有奖状、奖章复印、照片等。另外，一部不可多得、皖境属孤本的《墨薮》全集，这是清代制墨四大家的御制墨谱，已线装入馆内。还陈列有《徽墨志》《徽州志》及徽州各县县志和《明经胡氏宗谱》的有关部分。胡天注家族的《思齐堂天注公分析阄书序》和《思齐堂天注公分居后序》，也敬录公示于大厅两边。这些资料对胡开文家族史及徽墨史的研究，大有裨益。

胡开文纪念馆周围是胡天注后裔居住的区域。由于胡天注的八房子孙中，除了二、六、七、八房外，其他各房均因早亡无子，都由二房余德各子继顶，故分家后未回上庄定居，都在休宁定居与余德一起生活。长房虽然也是由二房之子继顶，但是因其在家族中的地位特殊，故也回原籍绩溪上庄定居。七房因在屯溪接掌屯溪胡开文，子孙都在屯溪定居生活。所以，后来实际在绩溪上庄定居生活的胡天注子孙，只有长房、六房和八房的子孙。因此，在胡开文纪念馆附近只有六房胡开文沉记和八房广户氏老胡开文的老屋。

八房广户氏老胡开文的老屋——红门楼，此民居具有一定的历史和艺术价值。胡天注八房五世孙胡祥均（乳名烧炭），在沪创业广户氏老胡开文后，经过苦心经营，业务蒸蒸日上，在全国各大商埠开设分店。此后，回故里将旧屋改建成西式门面，又在正屋右边用钢筋水泥建造洋式平台会客室一间，钢筋水泥就由上海从新安江、扬之水运至临溪码头，再由人力接运至上庄。此房的建筑材料非传统的单一砖木结构，使用了水泥混凝土，据江苏美术出版社出版的《老房子》记载，这是皖南建筑中水泥混凝土的首次使用。由于此房的墙面上用有红色涂料，因此后人称"红门楼"。

六房胡开文沉记的老屋，坐南朝北，硬山屋顶，封火山墙。砖木结构，宅高两层，正房面阔三间，左边附设厨房，进深为前庭，中堂。庭、堂之间是天井，天井两旁为廊厢，上下为厢房。庭堂是方砖地面，宅外部采用如意撑拱承挑出檐，檐下四方开启矮窗。门楣上部建有飞檐门楼，门框、门槛均用青石砌构。屋内木雕饰件有人物撑、隔扇、雀替、驼峰、窗板等，其中木雕窗板尤为精美，窗板有黄宾虹题字木刻。

第二节　胡云书法艺术馆

胡云书法艺术馆位于上庄胡开文老胡开文墨厂，馆名由书法家、安徽省文学艺术界联合会主席、中国文学艺术界联合会第十届全委会委员吴雪题名。

胡云（1930—2016），字毓英，号月影，绩溪上庄人，徽墨世家胡开文长房八世长孙。毕业于合肥师范学院中文系，原黄山市档案局副研究馆员，曾任中华名人协会中国书画研究院名誉院长、中国书法家协会安徽分会会员、安徽新安书画研究会常务理事、黄山市书法家协会顾问。

胡云书法艺术馆外景

胡云先生醉心书艺，卓成风格，自幼亲承庭训，苦攻书法，先师颜、柳，后学何绍基，大胆突破何氏弊端，强化自家笔意，形成遒劲凝练、意态奇逸的艺术风格。1964年，郭沫若到徽州看到所书匾额，称赞曰："字写得非常苍老，超过了年龄的一倍，腕力已相当好，只要灵苗自探，可以走出新路。"著名书法家沙孟海称他："字写得很有修养，用笔与众不同。"著名书法家、书法理论家曹宝麟得知胡云出版书法集消息，欣然题写《胡云书法集》书名。著名书画家、书画评论家陈传席在见到《胡云书法集》时说："学何绍基学到位了，还有创新！这是真正的艺术！"著名书法家、评论家刘佑局专作书评，称："颇具奇逸之气，古意含幽。得先人贤士宋克之风迹。"

胡云

胡云先生硕果累累，闻名遐迩。1973年，他的对联、中堂选送日本展出；1984年，他的对联入选中国美术馆，与吴作人、刘海粟、赵朴初、启功等同堂展出；1995年，荣获"中国书画篆刻家精作邀请展"银奖；1997年3月，获中国美术家协会、上海民族画院举办的"中华民族艺术杯"书画大赛"民族一等奖"；1998年9月，被中国艺术研究院评定为"一级书法家"；在第三届中国书画《兰亭杯》大赛中，经中华书法家协会、中国兰亭书法院和大赛组委会评审荣获终身成就奖。作品被选为中国网教中心名家书画教材。

胡云先生是徽苑精英，书坛翘楚。一生为教育、方志、档案事业无私奉献，业绩公认；集资创办胡开文纪念馆，钩沉史料，发表新见，对徽墨文化的继承与发展作出积极贡献；书艺自成一家，影响深远，对新安艺术与徽州文化的复兴与创新起着积极推动作用。他被列为"绩溪名人"，生平业绩由绩溪名人档案馆立档，这是对他贡献的最好评价。

胡云先生曾任《徽州魂》电视剧主创总顾问，为求书剧名三字致函胡锦涛同志，胡锦涛同志阅函后非常高兴，当即挥毫写就。在欣慰乡情之时，他主动书写"高风亮节"横幅交其秘书转赠给胡云先生。胡云先生将胡锦涛亲笔书写"高风亮节"横幅题字的仿真件捐赠黄山市档案馆，该馆收藏了邓小平、江泽民、胡锦涛三代国家领导人的题字。

胡云捐赠胡锦涛"高风亮节"题字

附　录

一、《思齐堂天注公分析阄书》

《思齐堂天注公分析阄书》现有两个版本，安徽师范大学版和屯溪胡开文版，附录为安徽师范大学版。

（一）《思齐堂天注公分析阄书》序

……予未成童，怙早见背，兢兢业业，恐其不克自立以贻先世羞。娶室汪氏颇称贤德，生六子，长恒德，次余德，三谅德，四骖德，五骒德，六懋德。……予年近五十六，子俱完娶……初在屯开采章墨店，期满后，开创海阳、屯溪两店，俾诸子各有恒业，庶不致游手好闲。奈数丁其厄，长子物故，不数年，三、四、五子相继云亡，六子又得痰迷症，不省人间事十余年矣。室人痛诸子之亡而痰迷者不省人间事（忧）郁成疾，继亦溘逝。续娶钟氏生二子，曰颂德、硕德，俱年幼。十数年来，一切店务藉次子余德掌持，克俭克勤，颇有进益。当此之时，而欲分居析爨，固予所不忍言。而寡媳辈从前有兴讼者，有投祠者，恐予年迈，日后多生事端。爰浼亲房依序立继，俾诸子继继承承，各延一脉。再将祖遗及予年创田地、山塘、屋宇并海阳、屯溪两店资本，除坐膳、坐酬劳外，品搭八股均分，编成"道""以""德""宏""身""由""业""广"八阄，各拈一阄执业。又立"定例"附于"序"后，各宜遵守。噫！创业艰难，守成不易，能体

261

此意，复能大振家声，此予之愿望也。夫时

嘉庆十四年岁次己巳季春月序。

定 例

一、坐膳产目下备予与继室食用，日后永为祭田，以备祭扫及扦造风水之用，子孙不得易变。

一、立继：锡珍继长子恒德，锡翰继三子谅德，锡服继四子骖德，五子骢德俟有所出再议。

一、酬劳：田地、山塘、屋宇并海阳、屯溪两店资本，坐余德九股之一。

一、店业：休城墨店坐次房余德，屯溪墨店坐七房颂德，听其永远开张，派下不得争夺。屯店本不起桌，所卖之墨向系休城店制成发下。嗣后不论墨料贵贱，仍照旧价，不许增减；屯店代休城店办买各货，照原买价发上，亦不许加增。屯店起桌自造，更换"胡开运"招牌，不得用"胡开文"字样。（屯溪胡开文版阄书是"倘屯店起桌，不得更换'胡开文'招牌字样"）

一、店本：屯溪、海阳两店资本，除坐酬劳外，按八股均分。

(二)《思齐堂天注公分析阄书》后序

……余忆乾隆四十七年，先父开创海阳、屯溪二店，命长兄恒德经持海阳墨店，命余管理。……奈家运不齐，长兄病殁，三弟谅德、四弟骖德、五弟骢德相继而亡。先母竟以恸哭丧明，奄然弃世，痛何如也。六弟懋德素病痰迷，先父自是郁郁家居，无复他计，一切店务命余胜任。续娶继母钟氏生七弟颂德、八弟硕德。维时余年已近四十，室人柯氏尚未育子，余于海阳娶妾陈氏、翁氏、吴氏共生八子。长锡珍、次锡熊、三锡翰、四锡服、五锡麟、六锡琯、七锡璧、八锡瓒。余年四十八岁已得四子，而寡嫂及寡弟媳辈遂以余亡兄弟未议嗣续，啧啧有言，先父示余曰："儿既多生男，吾家之福也。亡儿未立嗣，是吾之忧也。"因于嘉庆十四年命余子依序立继，锡珍继长兄，锡翰继三弟，锡服继四弟，五子锡麟斯时

262

未生，以故俟出再继。又将家产、店业清理分析。海阳墨店坐余开张，屯溪墨店议坐七弟，其余田地、山塘、屋宇等业，品搭均匀，除坐膳、坐酬劳外，仍八房均分，编成"道""以""德""宏""身""由""业""广"八阄。嘱稿已成，缮写未就，不料一病缠身，父竟弃养。斯时七弟颂德年方八岁，硕德年方四岁，六弟所生一子锡庚年方七岁，各房嗣子年亦俱幼。余承先父易箦时，遗命统持家政，迄今二十余年，于本村增开典铺一业，造屋数间，买屋数业，置田百余亩。又买海阳屋场一业，……今弟侄辈俱成立，余亦可以差堪自慰矣。不幸八弟硕德前年病逝，五房继子锡麟复又云亡，虽各有一子，尚在襁褓，而余之须眉尽白，亦倦于勤，且事益纷繁，实难照拂，理应爨析箸分，交弟侄儿辈各自掌持。然以余自揣，若从遗稿，则长房、三房、四房、六房均未有店业，诚恐数房闲荡，余心不忍。若将各店资本照股分派，而五房贞元、八房锡炯尚俱年幼，未识持守之艰难，日后恐生嫌隙，余心不安。惟思一本相顾之谊，照先父遗稿，权以时宜，特将五、八两房股分所派店屋及资本，照时田价以田业另立租谱，权交弟侄儿辈代为掌持，俟其成立，然后交与执业。再将余手创本村启茂典业坐与长房、三房、四房、六房合同开张，庶各房皆有恒业。再，余自坐资本银一股以资食用，坐房一业备余目下居住，日后永属二房执业。其余田地、山塘、屋宇及各店资本并海阳、屯溪两店，悉遵遗稿派与弟侄儿辈亦咸愿之。爰是以禀继母，浼凭亲戚编立"道""以""德""宏""身""由""业""广"八阄，谨将遗"序""例言"弁于书前。续定后例，分授各房执业，永远为定。

续 例

余手典到休城开文墨店后吴姓培桂轩屋一业，又典到金姓屋一业，永属二房执业。

屯溪墨店并绩邑上塘和太枣栈坐七房执业。

本村启茂典并启茂茶号坐长房、三房、四房、六房合同执业开张。

启茂典余手开创，阅今二十余年，凡诸出纳及典中一切调度井井有规，日后各宜遵守，和合办理。倘能增创四股合办，不得怀私匿已，不得背众独行；倘各房之内有违拗者，则将该股所存典本如数抽出，定以五年抽清，并该股所派典屋及典帖招牌家伙四股之一定作价洋钱五百元一并抽出，浼凭亲房合其自写收领注明该股所存典本及所派典屋并典帖招牌家伙一并收讫，并批"典屋永无分"等语，以杜争端。

启茂茶号逐年做茶，长房、三房、四房、六房商量合作，不得以一人偏见生端违拗。

资本：本村启茂典并海阳、屯溪两店资本，照现盘实际，余自坐食用、坐酬劳、坐贴补七房店屋外，仍长房、二房、三房、四房、六房、七房均分。

店业：休宁西街胡开文墨店一业并墨印、墨作家伙俱全，并替到叶姓汪启茂招牌。

道光十四年三月

立阄书 余德

继母 钟氏

七房 颂德

二、《芜湖市私营胡开文教育用品股份有限公司组织章程草案》

第一章　总则

第一条 为了贯彻新民主主义经济政策，搞好新民主主义文化事业，从自由散漫的生产，改善为有计划的生产，由个体经营方式走向集体经营方式，沅记胡开文、洽记胡开文、友记胡开文、老胡开文、复新、华泰、大华、新华等文教同业，在自主自愿的原则上，取消原有组织，集中现有的人力和资金，依据私营企业暂行条例第五条及第三条乙类第四项之规定，从事合营，组织股份有限公司，以达到发扬文化，繁荣经济为宗旨。

第二条 本公司定名为芜湖市私营胡开文教育用品股份有限公司（简称芜湖胡开文股份有限公司）。

第三条 本公司设总管理处及分支机构于芜湖市。

《芜湖市私营胡开文教育用品股份有限公司组织章程草案》

《关于芜湖市私营胡开文教育用品股份有限公司组织章程草案的批复》

第二章　业务

第四条　本公司业务范围如下：

一、自造自销徽墨；

二、加工销售毛笔；

三、经营其他文教用品。

第三章　股份

第五条　本公司资本暂定为人民币玖亿元，分为九千股，每股人民币拾万元。

第六条　本公司各股东应将原店中现有资金除去应纳税款及负债外投作资本，其物资价格由发起人评估，经创立会审查决定。如不足壹股之尾数，由该股东补足之。

第七条　本公司之股票遵照规定为记名式，除公司图记外，并必须董事长及常务董事签名盖章。

第八条　本公司股票不得转让与抵押，股票如有遗失或损毁，该股东应备手续向本公司请求补发。

第九条　本公司股东所入股份不得退股，如有特殊事故不得已而要求退股者，须经股东大会决议，报请工商局核准后，始能退股。

第四章　股东

第十条　凡愿参加本公司组织之同业，经股东大会审查合格，认股缴款后，得为本公司之股东。

第十一条　股东有以下之权利及义务：

一、选举与被选举董事、监察之权；

二、享受分配红利之权；

三、就其所认股份对公司负责；

四、遵守本公司所订之章程。

第五章　股东会

第十二条　本公司以股东大会为最高权力机构。

第十三条　本公司股东会分为常会及临时会两种。常会每半年召开一次（每年一月及七月为开会期），临时会在董事会及监察认为必要时或三分之一以上股东联名请求时，均得召开之。

第十四条　股东会之表决权，订为每股壹权。

第十五条　股东大会须有半数以上之股东出席方足法定人数，其决议事项须有表决权过半数以上之通过方得成立。

第十六条　股东因事不能出席会议而委托代表，必须出具正式委托书，方为有效。

第十七条　股东会之职权如下：

一、选举与罢免董监事；

二、听取与质询董事会关于业务及会计之报告；

三、通过预算及决算；

四、审查或修正本公司重要章则；

五、其他应属于股东大会决定之事项。

第六章　组织与职务

第十八条　本公司董事会全体董事，由股东大会选举之，董事任期为壹年，连选得连任。

第十九条　董事会设董事七人，选三人为常务董事，再由常务董事互选一人为董事长。

第二十条　董事会每月召开一次，必要时得开临时会，董事会由董事长或常务董事主持之。

第二十一条　董事会如在本公司亏损达资本总额三分之一以上时，必须召开股东大会，报告情况，共谋补救。

第二十二条　董事会职权如下：

一、执行股东会决议；

二、任免经副理及会计主任；

三、核定业务计划；

四、核定业务费用预算及各项临时预算；

五、审核各项会计报告；

六、其他应属于董事会决定之事项。

第二十三条 本公司设监察壹人，由股东大会出席人数过半数选举之，其任期为一年，连选得连任。

第二十四条 监察应负专责，不得兼任公司其他职务。

第二十五条 监察之职权如下：

一、监察董事执行职务及重要从业人员之工作；

二、检查公司财务，并审核账簿、表册及有关凭证；

三、合理建议董事会召开股东大会，如被拒绝时，得单独召集之；

四、其他有关监察事项。

第二十六条 本公司设经理一人，副经理二人，会计主任一人，由董事会聘任，报请股东大会通过。

第二十七条 经副理及会计主任，均秉承董事会指示，处理一切业务。

第二十八条 本公司设一总管理处，内设总务、业务、生产、会计四股，每股设股长一人，外设营业所五处，每处设主任一人，由经副理聘任，报请董事会通过。

第二十九条 总务、业务、生产、会计四股股长及各营业所主任，均秉承经副理指示，处理一切业务。

第七章　盈余与分配

第三十条 本公司会计年度以公元一月一日至十二月三十一日为起讫。

第三十一条 本公司之资产负债表、损益计算书、财产、目录应于年度终了时，由会计部门造就，交董事会与监察审核，并报告股东会通过。

第三十二条 本公司年度决算后，如有盈余，除缴纳所得税及提取百分之二十为公积金外，再分派股息（年利率）百分之八（依据私营企业暂行条例第二十五条之规定），其余数字得按下列百分比分配之：

一、股东红利占百分之五十；

二、董监事及经副理酬劳金占百分之十，由董事会拟订分配方案，提交股东会通过施行；

三、职工福利基金及奖励金占百分之十五；

四、改善卫生、安全设备基金占百分之十五；

五、其他占百分之十。

第八章　附则

第三十三条　本公司发起人为：胡恩森先生（住上长街87号）、曹筱庄先生（住中长街66号）、盛名华先生（住上长街172号）、盛名达先生（住国货路26号）、宋吉吾先生（住上长街148号）。

第三十四条　本公司公告登载本市《新工商报》。

第三十五条　本章程如有未尽事项，得由股东大会决定之。

第三十六条　本章程经股东大会通过呈请主管机关批准后施行。

三、各级志书上的胡开文

（一）《安徽省志·商业志》中的胡开文

《安徽省志·商业志》

徽州生产墨、砚、纸、笔的历史悠久。"澄心堂纸，李廷珪墨，龙尾砚三者为天下冠。"（道光《徽州府志》卷十六《杂记》）"汪伯玄笔"也颇负盛名，世称"新安文房四宝"，并且都曾经作为贡品，誉满天下.是徽州商人经营的传统行业。

徽墨生产始于南唐。当时易州（今河北易水县）著名墨工奚超和他的儿子奚廷珪，因避战乱逃到江南，见徽州"地多美松，因而居留，遂以墨名"（《墨书丛抄》，绿丝兰抄本）。到了明朝，徽州制墨业已很发达。那时的著名徽墨商有"国初之查文通、尤忠迪、苏眉杨；嘉（靖）、万（历）之罗小华、汪中山、邵青丘、方于鲁、程君房、汪仲嘉、吴左于、丁南羽……"（赵吉士：《寄园寄所寄》）清代，徽墨生产进一步发展，并涌现全国知名的"曹素功、汪近圣、汪节时（汪节庵）、胡开文"四大制墨名家（胡恩森：《胡开文墨店》，载安徽文史集萃丛书之七《工商史迹》）。此外，还有众多从事徽墨生产的中、小商人，"擅名墨薮者，尤不下百数十家，胥能行世传远"（许承尧：《歙县闲谭》18册《歙风俗礼教考》）。徽州墨商当中，胡开文是后起之秀，大约在乾隆四十七年（1782年）时创建。休宁（胡开文）老店的产品，宣统二年（1910年）曾获巴拿马万国赛金质奖章和南洋劝业会优质奖状，分支店遍及各地，除徽州的休宁、屯溪等地的胡开文之外，芜湖、九江、南京、汉口、上海、天津、北京、安庆、苏州、镇江、济南、杭州等地都设立了胡开文墨店。"胡开文"几乎成了"徽墨"的象征，中华人民共和国成立后，全国各地的胡开文大都成为公私合营企业。

歙砚创产唐代，"唐开元中，有猎人叶氏逐兽至婺源长城里，见垒石如城，莹洁可爱，携归成砚，自是歙砚闻天下"（洪景伯：《歙砚谱》）。"唐五代时，歙州辖歙、休宁、祁门、黟、婺源、绩溪诸县。……产砚诸坑主要在歙县、祁门、婺源等地，而以婺源所出为优"，"从元末以来的六百多年里，歙石（砚）的正式开采，不过一二次。因此，歙砚传世者，远比端砚为少，歙砚之精者尤为罕见"（穆孝天，李明回：《中国安徽文房四宝》，安徽科学技术出版社1983年版，第134页）。

徽州所产"澄心堂纸"，自南唐就已闻名。这种纸"长者可五十尺为一幅，自首至尾，匀薄如一"（民国《歙县志·杂记·拾遗》卷十六）。南唐后主李煜视这种纸如珍品，"特辟南唐烈祖昇节度金陵（今南京）时的宴居、读书、阅览奏章的日常活动场所——'澄心堂'来贮藏它"（穆孝天，李明回：《中国安徽文房四宝》，安徽科学技术出版社1983年版，第14页）。因被称为"澄心堂纸"。清初生产宣纸的地方达10个县以上。清嘉庆后，"或以环境变迁，或以原料用罄，不得不去旧从新，另寻出路，始由黟（县）、歙（县）而徙至绩溪，复由绩溪而宣州"（安徽地方银行：《宣纸调查报告》，1936年）。此后，人们只知宣纸之名，甚至误以为"澄心堂纸"原来就为泾县所产。

徽州制笔业的产生，系受宣笔影响，虽出过一些制笔名匠，甚至生产过传名后世的名笔，但始终没有形成主要产地。史籍对此曾作如下记载："在诸葛笔的影响下，江南歙州一带，在宋代也相继出现了不少著名笔工。"（穆孝天，李明回：《中国安徽文房四宝》，安徽科学技术出版社1983年版，第122页。）"歙州有吕道人亦精于制笔。黟县人吕大渊，悟得三国韦仲将制笔技法，制笔无不可人意。"（周始：《皖志述略》下册，第597页，转引北宋黄庭坚《笔说》）

"新安文房四宝"，虽具盛名，但是，作为商品大量供应的，仅有"徽墨"，其他三种，徽州都非主要产地。徽商胡开文等文具店经营的笔、纸、砚，不少都系从外地采购。

（选自《安徽省志·商业志》，安徽人民出版社1995年版，第358—359页。）

(二)《徽州地区简志》中的胡开文

墨砚纸笔"文房四宝"、工艺竹编和螺钿漆器等，为徽州传统工艺美术品。1987年全区有工艺美术厂40个，产值8500万元，占全区工业总产值9.91%。

《徽州地区简志》

徽墨　为南唐李廷珪始创。宋时，徽州每年向朝廷进贡大龙凤墨千斤。明代，徽墨进入全盛时期，有墨业作坊120余家。清康熙至乾隆年间（1662—1795），出现曹素功、汪近圣、汪节庵、胡开文四大造墨名家。乾隆四十七年（1782年），绩溪县胡天注承顶休宁县汪启茂墨室，创设胡开文墨店。咸丰时期，墨业始衰，唯胡开文墨店独呈繁荣，当时有墨工百余人，年产高级墨2.25吨。民国四年（1915年），休宁胡开文墨店生产的"苍珮室""地球墨"，在美国巴拿马博览会上获金牌奖。清末以后，徽墨业日益走下坡路。1935—1938年，歙县、休宁县4家胡开文墨店年产墨仅4吨。中华人民共和国成立后，徽墨生产得到恢复和发展，1954—1963年先后恢复和建立绩溪、屯溪、歙县、旌德4家徽墨厂和徽墨生产小组，1957年产墨19.46吨。1958年，徽墨首次出口2.45吨。1966年徽墨产量高达110吨，1968年下降到13.64吨。1973年以来，政府先后对屯溪、歙县、旌德3个徽墨厂投资106.8万元，建设厂房，购置机械设备，产量和质量逐步提高，品种不断增加。1987年全区产墨64.25吨，其中高级漆烟墨5.12吨，出口19.96吨。1979年和1983年，屯溪胡开文墨厂生产的"超顶漆烟墨"两次获国家银质奖章。歙县老胡开文墨厂生产的"宝剑""金蝉""金龟"墨，1982年获全国工艺品优秀作品奖，生产的"超漆烟李廷珪墨"，1983年获国家银质奖。屯溪胡开文墨厂生产的"鉴真东渡墨"，1984年获全国百花二等奖。旌德县墨厂生产的"欢天喜地墨"，1985年获全国出口旅游产品优秀奖。

（选自《徽州地区简志》，黄山书社1989年版，第110—111页。）

（三）《休宁县志》中的胡开文

南唐以来，徽州墨工众多，名墨层出，因有"徽墨"之名。

徽墨以松为基本原料，渗入20多种其他原料，经过点烟、和料、压磨、晾干、挫边、描金、包装等工序精制而成。成品具有色泽黑润、坚而有光、入纸不晕、舔笔不胶、经久不退、馨香浓郁、防腐防蛀等特点，休城胡开文所制徽墨，还镌绘"海阳八景""黄山三十六峰""西湖十景"等名胜图案和反映人民生活的"耕织图""棉花图"等，美观典雅，是书画艺术的珍品。因此，徽墨在国内外享有盛誉，远销海外。

《休宁县志》

休城胡开文墨店开设于清乾隆三十年（一说乾隆四十七年），创设人胡天注。同年，在屯溪镇开设分店，只销不产。以后，又先后在渔亭、绩溪、芜湖、安庆、上海、杭州、苏州、扬州、镇江、武昌、汉口、长沙、广州、成都等地分设墨店。这些墨店的招牌都冠以"休城"二字，以示系休城胡开文老店的分支。民国四年（1915年），休城胡开文制作的"地球墨"在美国巴拿马万国博览会上展出，获得金质奖章，并获得南京南洋劝业会优等奖状。民国时期，墨汁、墨水销路日广，墨业日趋衰落。

中华人民共和国成立后，人民政府对制墨业十分关心，为了保存这一古老企业，采取加工订货方式，维持生存。后在政府有关部门的帮助下，胡开文墨店又增设文具、小百货代销业务。1962年，店主胡智圃病故，墨店关闭。"文化大革命"中胡开文墨店最后一点珍贵遗产，老店招牌、匾额（曾国藩手书）、陈墨、部分原材料及1900多副墨模，尽数被抄，毁于一炬。曾轰轰烈烈两个世纪、名震中外的胡开文墨业发迹地——休城胡开文从此销声匿迹。

（选自《休宁县志》，安徽教育出版社1990年1版，第174—175页。）

（四）《屯溪市志》中的胡开文

《屯溪市志》

清乾隆四十七年（1782年），绩溪上庄人胡天注在休宁和屯溪分别创设了"起首胡开文墨店"。屯溪墨店原不设作坊，只从休宁老店批发销售。道光十四年（1834年），屯溪墨店由胡天注第七子胡颂德接管后，另起单桌，独立制墨。

同治、光绪年间，屯溪胡开文由胡贞奎、胡贞堤合股经营，职工多达100多人，年产量5000余公斤。宣统二年（1910年），在南京南洋劝业会上，纯油烟高级书画墨"胡开文徽墨"获优质奖。民国四年（1915年），"地球墨"获巴拿马金牌奖。

同治九年（1870年）胡开文墨店从休宁迁来屯溪。年产量2500公斤左右。

民国时期，西烟的进口和墨水的盛行，使墨的销路锐减，冲击了制墨业，尤其影响了以本地松、桐油烟为主要原料的徽墨业的发展。民国三十五年（1946年），虽有老胡开文、胡开文仁记、胡开文义记、胡开文寿记、胡同文、李鼎和6家墨庄，但资金都很少，连老胡开文也只2000元，全年总产量不上5000公斤。

1955年3月，胡开文仁记、胡开文义记和木材行商程襄候3家联合成立屯溪市胡开文墨品工业社。1956年3月，由胡开文墨品工业社、日新化工厂、胡同文、胡同文大记、胡同文仲记合并成立"公私合营屯溪徽州胡开文墨厂"，同年5月，墨厂成立以老技术工人组成的"技术研究和合理化建议小组"，恢复生产已停制多年的高档油烟墨，1959年、1960年，先后兼并了休宁县师范文化用品制造厂和休宁县万安骨粉厂。1963年产量达1.5万多公斤，"文化大革命"开始后，传统徽墨曾被当作"四旧"来批判，墨厂两度转厂，1968年改为扬声器厂，1970年又改为无线电厂，仅生产少量中、低档墨品。

1973年9月，墨厂恢复。1984年制墨生产部分工序机械工艺改造通过省级鉴定。1985年底至1987年，实现墨汁车间改造和制墨车间扩建等技改项目，投资37.63万元，新增各种机械设备8台，1987年，徽墨产量达28130公斤，是1949年的6.5倍，比1985年增长61.75%，产值73.4万元。产品包括普通用墨、传统的集锦墨、高档书画墨及旅游纪念墨，超顶漆烟墨和仿古旅游墨等名优产品占全年产量的80%。屯溪徽墨厂起草制定的《超顶漆烟高级书画墨产品标准》，已经地区标准计量局正式颁布，并定于1988年起执行。

…………

墨模 已有200多年历史的屯溪墨业，积累墨模多达一万多副，为国内首屈一指。历史上富有代表性的有"御制棉花图""御制耕织图""御园图""黄山图""新安山水""铜柱""仿支神""西湖名胜图"等墨模。屯溪徽墨厂绘刻的有包括手卷式、脸谱、动物造型、仿古集锦墨、旅游纪念墨的墨模，以及依照刘海粟、程十发、黄胄等著名书画家的新制作的中国名家选烟墨的墨模，如紫玉光、清心、金章八座、鉴真东渡、松柏知有心、云云珍品、潇湘八景、骊龙珠、古隃麋等。1987年，新刻墨模66副。

"御园图"，是胡开文墨店在清嘉庆年间制作的一套集锦墨模，共有64幅，取材于大内（故官）、西苑（中南海、北海）和圆明、畅春、清漪3园的胜景。胡开文墨店曾不惜重资派专人赶京描摹蓝图，延请名家绘画，巧匠镂刻，费时数年而成。摹绘清新逼真，雕镂精巧细腻，艺术地再现了昔日名园的宏丽景观。

"仿支神"，又名"十二生肖"，共12幅，每幅一个故事，如苏武牧"羊"、伯乐相"马"、嫦娥奔月"兔"、李密挂角"牛"……以人物为主体、衬托以动物属相，以寓生肖，背面诗词题赞。这套墨模为泾县著名雕刻家王绥之刻制。

"铜柱"，是清末屯溪胡开文墨店根据光绪十二年（1886年）勘定的中俄边界上的铜质界柱仿制而成的圆柱形墨。墨模正面有铜柱和著名金石家吴大澂（1835—1902年）亲书的铭文，顶端是"玉石顶烟"四字。"铜柱"墨是当时中俄关系及疆界的见证，具有一定的历史价值。

"鉴真东渡"，是屯溪徽墨厂制作的人物脸谱墨模。鉴真（688—763年）为唐代的高僧，日本律宗的创始者。作者以传神之刀塑造了这一历史上的名僧、中日两国文化交流使者的形象。人物形象生动逼真。

（选自《屯溪市志》，安徽教育出版社1990年版，第77—79页。）

（五）《绩溪上庄村志》中的胡开文

艰苦创业　胡开文墨业的创始人胡天注（1742—1808），名在丰，字柱臣，从九品，赠奉直大夫。童年丧父，13岁由里人介绍到屯溪程正路墨店当学徒。一年后，经程正路介绍转入休宁海阳汪启茂墨室，从事制墨兼购销业务。胡天注为人忠实，办事干练，能吃苦耐劳。老板汪启茂见他是个人才，甚是喜爱，于1756年将自己的独生女许配与胡天注，天注成了汪启茂的女婿。后，汪启茂自顾年老体衰，又亏欠外债，便与天注商量，将墨室连同作坊一并廉价盘给他独立经营。汪启茂墨室经天注打点之后，业务兴旺，很有起色。此后，天注又在屯溪租汪采章墨店作为在屯溪的经销点。

在经商过程中，天注一直在寻谋一个叫得响的招牌字号。因经营需要，天注经常往返于屯溪休宁间。一天，天注在屯休间的居安村村口茶亭休息时，无意间见茶亭门楣上有"宏开文运"四字横联。天注此时已由识字不多的伙计，历练成略通文墨的小老板，感觉"宏开文运"四字与自己从事的制墨业极有渊源。"文需墨，墨助文"，"开文运即开

《绩溪上庄村志》

墨运"，顿觉心怀开朗，决定取横联中"开文"二字，加上自己的姓氏，作为店号招牌。1765年，胡天注在休宁（海阳）老店正式打出"胡开文"招牌。一个传承百年、在制墨业中经久不衰的老字号，在经意和不经意中诞生了。屯溪所租汪采章墨店租期满后，胡天注又在屯溪开设"胡开文墨店"。至此，胡天注拥有休宁（海阳）和屯溪两爿以"胡开文"为字号的墨店。

创业之初，天注虽有自己的店号，但在使用"胡开文"字号的同时，仍遵用其岳父汪启茂的钤记。其中最著盛名、为历代所用的"苍珮室"钤记就是汪启茂的钤记。"汪启茂墨室"的招牌，也一直悬挂在休城胡开文墨店店堂中，足见胡天注创业时的良苦用心。

天注公有了自己的招牌之后，除沿用汪启茂旧法制墨外，决心励精图治，从头开始。炼油烟、漂松煤、熬皮胶、选香料，采用易水古制墨法，千锤百杵，提高墨品质量，为胡开文墨业在制墨名家林立的徽州脱颖而出打下了坚实的基础。

精益求精 经十年努力，胡开文墨业初见规模。1775年，胡天注将屯溪店交予19岁的长子胡恒德掌管。14岁的次子胡余德被安排在休宁老店学习制墨，习研经商之道。

　　胡天注率子业墨，身体力行，博采众长，重用墨师、印模师，精制夫子墨、选烟墨、顶烟墨等高档墨，刻意特制骊龙珠、紫玉光、圭璧光、金殿余香、恩承湛露等贡品墨，博得乾隆帝的青睐。此后，胡开文每年都有贡墨选送入宫。其中，由江南织造府和徽州府选送的胡开文贡墨先后有："棉花图诗"墨、"西湖胜景图诗"墨、"御园图诗"墨、"黄山图"墨、"新安大好山水"墨及国宝、龙德、天府永藏等墨品。至此胡开文名声大振，登上了"清徽州四大墨家"。

　　1791年，胡天注膝下子孙满堂（八房子孙三代），事业有成，即建宗族传世公厅"思齐堂"（"思齐"选自《论语》"见贤思齐"），立"敬宗睦族、克绍先业、热心公益、崇文助学、行善积德"等为堂训，并嘱立《分析阄书》，嘱休宁老店由次子胡余德独立经营，屯溪胡开文由七子胡颂德独立经营，但屯店只能到休宁老店进墨出卖，不得以"胡开文"名号起桌做墨。胡天注的这一专嘱，保证了胡开文产品的质量，起到制约他人乱用"胡开文"字号、鱼目混珠的作用，但无形中也给胡天注家族的发展加了一道无形绳索。

　　晚年的胡天注乐善好施、热心公益，捐资独修杨林桥至观澜阁的大路，又建竦岭半岭亭、捐资修建宗祠等等。

　　1808年，胡天注去世，次子胡余德（1762—1845）继承父业，掌管胡开文墨业。胡余德，14岁随父业墨，习研经营之道，在父亲的教诲影响下，在商场摸爬滚打数十年，不仅是制墨大师，而且还悟出了一套经营之道。深知制墨、销墨需与文人雅士、官宦、宫廷相交，故他除自己捐官买爵外，还督促弟、子、孙辈习儒学、攻仕途，形成贾而好儒的风气，集官商于一家。在墨的品种上，制作大路墨、贡墨、集锦墨、珍藏墨、礼品墨、药墨、素墨、彩色墨等系列产品，扩大营销对象。在生产上，从原料到生产工艺均讲究精益求精，货真价实。他在黟县渔亭办"正大烟房"，自己生产松烟，既降低了生产成本，又保证了原材料的质量。他还以墨业为龙头，先后在休宁和老家上庄购田置地，造房买屋。在休宁县城开设"和兴枣栈"，在绩溪上塘开设"和太枣栈"，在上庄开设"启茂典铺""启茂茶号"等，和墨业互补，共谋利润。在胡余德的策划、经营下，胡开文墨业在徽州得到了极大的发展，财力雄厚。1828年，绩溪胡培翚倡建绩溪东山书院时，胡余德捐白银一千余两，并与子孙捐资建村中宗祠。

1845年，胡开文墨业二代传人、为胡开文墨业崛起而辛勤耕耘一生的徽墨大师胡余德逝世，其子胡锡熊继承祖业后，继续为"胡开文"品牌奋斗，并重用族内和外戚墨师，培养了一支嫡系技术队伍。

1862年，胡锡熊逝世，"休城胡开文墨业"（原名"徽州胡开文"，后为与屯溪胡开文区别而改为"休宁胡开文"；1821年，道光帝旻宁继位，为避帝讳而改成"休城胡开文"）由其长子胡贞观（1845—1879）掌管。胡贞观，名桂森，字馥庭，号凫玎，咸丰辛亥恩科举人，诰授奉直大夫，覃恩晋封通奉大夫，授例补户部员外郎，后迁户部贵州司员外郎兼广东司员外郎，官历咸丰、同治、光绪三朝。贞观亦官亦商，亦儒亦贾，统管休城胡开文墨店事务。为官期间，店内事务由其弟胡贞乾监管，店外各种交往由其九叔锡焕辅佐。锡焕善书法，好交友；贞乾善管理，喜墨业，弃为官机会，专心墨业。在这期间，遇曾国藩军队与太平军石达开部在徽州进行拉锯战，贞观与曾国藩同朝为官，交往甚好。曾国藩为休城胡开文墨店题写店号招牌，并嘱兵丁不得危害其店及墨业。锡焕公通过石达开部将范汝杰结识太平军翼王石达开，并结为兄弟。石达开谕部下对胡开文产业予以保护。在兵乱期间，徽州一带工商企业均遭打、砸、抢、烧，唯胡开文墨店及墨业避灾趋吉，得以存留发展。

在胡锡熊、胡贞观的管理下，休城胡开文墨店达到鼎盛时期。在这期间，胡贞观在休宁县海阳镇齐宁街育才巷建了一座占地5000平方米，由厅、院、楼、堂、住房、书屋、亭、阁、花园、戏楼、水榭组成的建筑群，有108个门阙相互连通（现已荒废多半），可见当时财力之雄。这一时期，胡开文墨业虽然称雄徽州，但却是"二房一花独放"。

三足鼎立 胡开文家族的《分析阄书》专嘱胡开文墨由二房胡余德的休城胡开文墨店及子孙起桌制作，其他胡开文墨店可从休城胡开文墨店进货出售，不得以"胡开文"字号起桌做墨。为此，从"德"字辈开始至

"贞"字辈数代间，一直为其他各房能否用"胡开文"字号起桌做墨之事争执不休。其中，以六、七、八房争执最厉害，最后形成"你说你的，我做我的"之局面。首先是七房屯溪胡开文墨店起桌以"胡开文"字号做墨，六、八房则在上庄村以"胡开文"字号起桌做墨，并以走街串户的方式在周边城镇出售。

1864年前后，由二房孙胡贞观、胡贞乾主持召开各系房会议，重新议定：胡天注派下子孙均可利用"徽州老胡开文墨庄"字号起桌做墨，但须以"记"字区别，以示各负其责。"休城胡开文墨店"和"苍珮室"钤记，为二房子孙专用。此议为胡开文墨业走出徽州铺平了道路。其中，二房派下胡祥醴在扬州，胡祥钰在杭州，胡祥光在长沙、汉口，胡祥泰在上海，胡祥厚在苏州、安庆，胡祥暹在歙县，胡祥裕在芜湖等地分别开设了休城胡开文墨店。

胡天注六房懋德孙胡贞一（1829—1899），名元，字沅阶，例授奉直大夫，为胡开文墨业走出徽州第一人。1869年，贞一与乡人曹文斋、程连水合股在芜湖南正街开设胡开文沅记。1879年，曹、程撤股，胡开文沅记由胡贞一迁至渔市街独立经营。芜湖是水陆码头，交通要道，四方文人墨客、举子仕人常聚于此，聚集了油烟墨、礼品墨的各种消费人群。胡贞一在上庄时就已从事墨业，有承祖业之道。他不但在墨的制作技术、配料等方面精益求精，而且利用上庄地区盛产优质绿茶的优势，动用资本经营茶叶，与墨业经营互为补助，提高经营利润。1890年后，胡开文沅记已拥有雄厚的资本，开始东征西进，相继在芜湖增开源记、在九江设亨记、南京设利记、汉口设贞记、安庆设立记、长沙设正记等"记"字胡开文墨庄。

1892年，胡贞一因茶叶经营亏蚀，将汉口胡开文贞记墨庄盘予族侄胡祥善经营。九江胡开文亨记墨庄也就此歇业。汉口店在胡祥善及其子胡洪震的经营下较为兴旺。后又在汉口周边如辰溪、长沙等地开设数家分号。1938年，胡洪震去世后，由其长子胡宝森承父业，在连年战乱中坚持到中华人民共和国成立。安庆胡开文立记则由胡贞一族侄胡祥龙经营至中华人民共和国成立后。

　　胡天注八房硕德孙胡贞松颇有经商头脑，早就率子在上庄老屋起桌以"胡开文"字号做墨到周边城镇贩卖，或长途贩卖。村人需用墨，只需到柜上无偿拿用。贞松之子胡祥钧（1871—1936），国学生，名国钧，字秉成，原为汉口胡开文贞记墨庄墨师，后辞工沿江贩运墨、茶叶、中药材等。经历练，深谙经营之法，生意日渐兴隆。1890年，在胡祥善及其他乡友的扶持下办起徽州胡开文笔墨庄汉口新店。胡祥钧性格外向，极具开拓精神，看准了上海巨大的市场潜力，与兄弟胡祥礼、胡祥莹，于1900年全力在上海创办徽州胡开文笔墨庄，经营徽墨、湖笔、八宝印泥、黄山野术、鼠牙、葛精等。该店前店为门市，后堂设批发和制墨作坊。

　　1909年，胡祥钧正式向上海工商局申报，注册店号为"广户氏老胡开文总店"，注册商标为"广户氏"，经营产品为徽墨、墨汁、毛笔等文化用品。同时，胡祥钧还与"汪裕泰"老板汪立政联手经营茶叶生意，自己在上海设"黄山茶庄"营销茶叶，以茶、墨互补，扩大经营，提高利润。

　　胡祥钧在制墨工艺、配方、墨印、装潢等方面均十分讲究，他恪守继承休城胡开文老店的制作方法，严格按墨品配料。为保证油烟墨质量，胡祥钧在宁国河沥溪购买山场，种桐子，榨桐油，设广户氏点烟房，点炼桐油烟。

　　清末民（国）初时期，西方资本主义国家不但以武力瓜分中国，而且以经济侵略中国，向中国倾销产品。西方的自来水笔、墨水在中国的推销，使制墨业这一中国传统手工业受到严重冲击。胡祥钧以过人的胆识，根据当时的实际情况，开发制图用墨、记账用墨、文牒用墨及墨汁、墨水等品种，以适应市场需要。大胆以国外进口的价格较低的西烟（工业碳黑），加松烟、油烟作为原料，调整配方比例，生产出优质西烟墨。经测绘、记账、文牒、书画等各方使用者试用，效果极好，质量可靠。由于成本降低，墨店获利甚丰。广户氏老胡开文在与国内外强手竞争中占领了制高点。随后，祥钧将其法推广到其他胡开文墨店，使胡开文墨业焕发新机。

　　胡祥钧的碳黑使用量较大，又有库房，加之为人忠实可靠，外商批货到达，均存放在他的库房内，由其批发。上海橡胶业、化工颜料业及其他大小墨业，均到广户氏要货（碳黑），他从中获取了丰厚的利润。抗战时期，由于广户氏老胡开文总店开在英、法等国租界区内，因而躲过了日寇的浩劫。

胡祥钧任人唯贤，知人善用。其子胡洪钊留美学建筑，祥钧就让其在建筑领域发展。1930年，洪钊回国后，在上海教授土木工程，并为上海广户氏老胡开文总店设计营造墨厂、墨店和住宅建筑群，又在故乡上庄村，设计营造了中西结合的红门楼建筑群。祥钧将黄山茶庄交予洪钊管理，而将广户氏老胡开文总店交给自己亲自培养、具有商业天赋的侄子胡洪开全权管理。

在胡祥钧和胡洪开的精心管理下，广户氏老胡开文在上海开了三家分店，并分别在汉口、南京、北京、天津、沈阳等地开了分店。各分店到总店进货销售，每年中秋节结账，各店自负盈亏。

胡开文墨业在清末民（国）初达到了顶峰。常用墨、药墨、集锦墨，誉满全国。还为李鸿章、曾国藩、吴大澂、于右任、章炳麟等名人墨客、官宦生产定制墨、收藏墨。其中，为吴大澂生产的"铜柱"墨是以中俄边境铜柱形界碑为原型缩小定制的。此墨既有纪念意义，也有现实的爱国教育意义。休城胡开文制作的"西湖十景图"诗墨，1910年获南洋劝业展览会银奖。1915年，休城胡开文生产的徽墨获巴拿马万国博览会金奖。胡开文墨业从此走向世界。胡开文墨业还以史实捣制纪念墨，如"中华民国纪念墨""休城胡开文老店一百五十周年纪念墨"等等。

胡开文墨业的创业史，处处体现了胡天注及其后裔的经营理念。在创业过程中，他们亦儒亦贾，官商结合，广交文人墨客、举子仕人，联络墨这一特殊商品的消费群体。在制作工艺上，承古创新，精益求精。在营销上，诚信第一。在经营理念上，与时俱进，随市场变化而变化，抓住商机，多种经营。在为人上，广结善缘、行善积德。在家乡修亭筑路，捐资办学，敬祖睦宗。在外办店时，只要家乡人有困难，都可在店中免费吃住，走时借给路费。胡开文在家乡口碑极好，乡里、邻家，均愿到胡开文学生意、做事，这也间接给上庄村带来了繁荣，同时也给胡开文培养了一批固定的技术人才，也使胡开文的商业机密等得以保守。

胡开文墨业逾越百年历史，经几代人的打造，经历了"创业—独占徽墨业鳌头—遍布全国—走向世界"的过程，终于成了中国制墨业一块经久不衰的金字招牌。

中华人民共和国成立后的胡开文墨业　1956年，全国私营工商企业进行社会主义改造，实施公私合营政策。开设在各地的胡开文店铺均积极响应，休宁、屯溪、歙县、芜湖、汉口、上海、南京、天津、北京等各地胡开文分店均参与当地的社会主义改造，与当地的其他制墨作坊组成以地名命名的胡开文墨厂，或以制墨业参与文化用品商业、企业中，和全国人民一起建设美好中国。

（选自《绩溪上庄村志》，黄山书社2018年版，第99—106页。）

注：上面的各级志书由于所引的资料不同，出现了相互矛盾的现象，特别是休城胡开文和芜湖胡开文沅记的创设时间。由于大部分志书引用的是《思齐堂天注公分析阄书》和全国政协《文史资料选辑》及《光明日报》上发表的《芜湖胡开文墨店的历史调查》，上述两种资料中关于墨店创设时间都是后人回忆得出的，没有文物旁证，可信度应打折扣。后来，发现了两块极具史料价值的胡开文墨，一块是"休城胡开文老店一百五十年纪念墨"，另一块是"驻芜胡开文沅记六十年纪念墨"，根据两墨提供的时间推算，休城胡开文墨店是创设于乾隆三十年（1765年）；芜湖胡开文沅记的创办时间应该是1852年，即咸丰二年。由于两店创设时间的差异，从而也造成了有关两店其他史实记述的时间差异。具体论述见第四章《胡开文墨业的形成和发展》的第三节《有关胡开文的质疑》。

后　记

　　清代，制墨业先后形成四大家。前期，曹素功、汪近圣、汪节庵各领风骚，成为墨业中的翘楚。后期，胡开文墨业崛起，很快风靡全国，迄清末成为徽墨集大成者。

　　胡开文是清代徽墨四大家之一，研究胡开文对研究徽墨有一定的意义。但是，有些书籍（包括有些志书）和文章与胡开文有关的重要史实，并非信史。文章千古事，有必要加以澄清，以免以讹传讹。许多亲朋好友建议我将以前在《文史学刊》《中国文物报》《寻根》《新民晚报》《上海滩》《东方收藏》《收藏快报》《江淮时报》《徽州社会科学》等报刊上发表过的有关胡开文的文章结集出版，以与有关作者商榷，并以此请教对徽墨和胡开文墨业有研究的同志。

　　由于本书是文章的结集，大部分是一些单独成篇或曾经发表过的文章，笔者虽然作了一些处理，但是为了便于阅读和保持文章的相对完整性，一些曾经发表过的文章不宜作过多的删节，因此有些地方仍然有许多赘述，另外，书中部分图片因年代久远模糊不清，敬请读者谅解。